ISTITUTO ITALIANO DI CULTURA DI CHICAGO

Intorno alla Via Emilia
Per una geografia culturale dell'Italia contemporanea

Atti del convegno
La Via Emilia. Cultural Journeys through Contemporary Italy
Italian Cultural Institute, Chicago
University of Chicago
11–13 maggio 2000

a cura di Franco Nasi

BORDIGHERA

Library of Congress Cataloging-in-Publication Data

Intorno alla via Emilia : per una geografia culturale dell'Italia contemporanea : atti del convegno La Via Emilia. Cultural journeys through contemporary Italy : Italian Cultural Institute, Chicago, University of Chicago 11-13 maggio 2000 / a cura di Franco Nasi.
    p. cm. -- (VIA folios ; 27)
At head of title: Istituto italiano di cultura di Chicago.
ISBN 1-884419-46-1
1. Emilia-Romagna (Italy)--Civilization--Congresses. I. Title: Via Emilia. Cultural journeys through contemporary Italy. II. Nasi, F. (Franco), 1956- III. Italian Cultural Institute (Chicago, Ill.) IV. VIA folios ; 27.

DG975.E53 I58 2001
945'.4—dc21   2001029521

© 2001 by Franco Nasi and the contributors.

All rights reserved. Parts of this book may be reprinted only by written permission from the author, and may not be reproduced for publication in book, magazine, or electronic media of any kind, except in quotations for purposes of literary reviews by critics.

Printed in the United States.

Published by
BORDIGHERA PRESS
Florida Atlantic University
Boca Raton FL 33431

VIA FOLIOS 27
ISBN 1-884419-46-1

Indice

Presentazione di Lidia Ramogida (v)

Franco Nasi
Intorno alla Via Emilia. Note introduttive per orientarsi (1)

Davide Papotti
Emilia-Romagna:
variazioni geografiche su un'identità culturale regionale (11)

Marco Belpoliti
Scrittori del magone.
Ipotesi su un sentimento della letteratura padana (33)

Rebecca West
Incontri sorprendenti con scrittori "padani" (39)

Daniele Benati
Omaggio a Raffaello Baldini (49)

Adria Bernardi
La è 'ndeda acsè e toubab: *traducendo Tonino Guerra,*
Raffaello Baldini e Gianni Celati (57)

Roberto Barbolini
Dagli Appennini alle Honda:
raccontare tra la Via Emilia e il rock (65)

Sarah Hill
L'occhio aperto: Luigi Ghirri e i paesaggi della Via Emilia. (83)

Luca Caminati
Oltre la Via Emilia e ritorno: Sul 45° parallelo (95)

Davide Ferrario
Sul 45⁰ parallelo (101)

Alberto Bertoni
Poesie per la Via Emilia (e dintorni) (107)

Davide Rondoni
Appunti sulla nuova poesia lungo la Via Emilia. E tre nomi (129)

Walter Valeri
La via dei teatri (141)

Nota sugli autori (153)

Teatro delle Albe, *Perhindérion* (1998), foto di Silvia Lelli

PRESENTAZIONE

Si raccolgono in questo volume gli atti del simposio sulla Via Emilia tenutosi all'Istituto Italiano di Cultura di Chicago e alla University of Chicago tra l'11 e il 13 maggio 2000. In una presentazione di un volume non mi sembra necessario esprimere valutazioni. Il fatto che vengano proposti a stampa gli interventi significa che si crede evidentemente nella loro utilità. Vorrei piuttosto presentare il simposio, descrivendo in breve il pieghevole illustrativo del programma. La brochure si apriva con la riproduzione della fotografia di Luigi Ghirri del Teatro Verdi di Busseto. Questa scelta permetteva di offrire un esempio dell'opera di un fotografo importante per l'immagine che oggi si ha di queste zone, ma anche di presentare, indirettamente, il tema della mostra con cui ha avuto inizio l'incontro: "La musica degli occhi: Teatri Storici in Emilia Romagna", una mostra fotografica documentaria dei numerosi e bellissimi teatri d'opera, curata dall'assessorato alla cultura della Regione Emilia-Romagna e dall'Istituto per i beni artistici, culturali e naturali di quella regione.

Nel retro del pieghevole si illustravano brevemente le ragioni del convegno. La Via Emilia intende essere il primo di una serie di incontri sulla cultura dell'Italia contemporanea, che dovrebbe avere come oggetto una regione o una zona particolare esplorata sia attraverso le parole, gli sguardi, le voci di artisti e scrittori sia per mezzo delle analisi di critici e studiosi. Tale esigenza è stata portata alla mia attenzione da italianisti di alcune università americane, dove si affrontano spesso opere contemporanee, ma talvolta riesce difficile ricostruire adeguatamente il contesto sociale e le relazioni complesse che esistono fra i testi oggetto d'indagine, gli altri prodotti artistici e il contesto politico, economico e sociale in cui si realizzano. Lo specialista, ad esempio, tratta in maniera approfondita l'opera letteraria di un autore, senza tuttavia avere sempre a disposizione materiali aggiornati sulla produzione cinematografica, teatrale, musicale che si affianca al testo oggetto di analisi e che spesso condivide con il testo stretti rapporti e affinità. Un'analisi di diversi ambiti artistici, caratterizzata da un approccio geografico permette inoltre una migliore conoscenza della specificità delle espressioni culturali particolari in una nazione come l'Italia, dove le differenze fra i dialetti, i costumi, i modi di intendere la vita non sono solo morte eredità del passato o folkloristiche attrazioni turistiche, ma piuttosto il segno dello spirito complesso, ricco e sfaccettato della nazione.

All'interno del pieghevole si poteva leggere il calendario dei lavori con l'elenco dei relatori e dei titoli degli interventi (che coincide con l'indice di questo volume), l'elenco dei film proiettati prima e durante il convegno (*Deserto Rosso* di Michelangelo Antonioni, *Amarcord* di Federico Fellini, *Novecento* di Bernardo Bertolucci, *Storie di Ragazzi e Ragazze* di Pupi Avati, *Radiofreccia* di Ligabue, *Sul 45° Parallelo* di Davide Ferrario, *Il mondo di Luigi Ghirri* di Gianni Celati) e la programmazione di due momenti di lettura di racconti e di poesie da parte di autori presenti all'incontro (Roberto Barbolini, Marco Belpoliti, Davide Benati, Alberto Bertoni, Alessandro Carrera, Davide Rondoni, Walter Valeri).

Sempre all'interno, quasi a incorniciare il calendario, c'erano due citazioni di poesie in dialetto, con le traduzioni in italiano e inglese. La prima di Cesare Zavattini è scritta nel dialetto della bassa reggiana e racconta di un uomo a cui capita di vedere in sogno una cosa inaspettata:

An me cumpaisan / Un mio compaesano / A Fellow-townsman of mine

> An me cumpaisan facia da sberli, a ga spösa anch'al fià, / a l'o sugnà c'al vulava in ciel / cun na camisa bianca cla s'infiava, / in s'al genar d'al quadar dla Resüresión, / mièr d'pasarot i rudava inturn'a la sö plada / e me cm'al nas in sö / ca m'admandava: "chi l'avrés dét?"

> Un mio compaesano, faccia da sberle, gli puzza anche il fiato, / l'ho sognato che volava in cielo / con una camicia bianca che si gonfiava, / sul genere del quadro della Resurrezione, / migliaia di passerotti ruotavano intorno alla sua pelata / e io col naso in aria / a domandarmi: "chi l'avrebbe detto?"

> A fellow-townsman of mine, a jerk, even smelly breath, / I dreamt of him flying up in the sky / With a white billowing shirt, / Like in the painting of the Resurrection / Thousands of sparrows hovering about his bald head, / And me, my nose in the air / Asking myself: "who would have guessed it?"

È un immagine che avrebbe potuto essere usata in un film di Fellini e che poteva testimoniare bene, almeno così ci sembrava, sia la marca fantastica e surrealista di tanta letteratura e di tanto cinema di questa regione, sia, allo stesso tempo, la sua forte vena sarcastica e autoironica. La seconda è ripresa da Raffaello Baldini ed è nel dialetto di Santarcangelo di Romagna.

Raffaello Baldini: E' pòunt / Il ponte / The Bridge

> Ècco, la strèda la finéss aquè, / e' pòunt l'è cash, l'è stè de stentazéinch, / una fiuména ad nòta, / la à pórt véa dò archèdi / e un òm in biciclètta. // Un pòunt che arvéil, de véint, l'era vnú e' rè, / lòngh, ch'u n finéva mai, / l'era cmè un viàz, e de la pèrta

dlà / é un u i paréva d'ès un furistír, / ènch' la zénta i zcuréva t'un èlt módi. (...)

Ecco, la strada finisce qui, / il ponte è caduto, è stato nel settantacinque, / una fiumana di notte, / ha portato via due arcate / e un uomo in bicicletta. // Un ponte che ad aprirlo, nel venti, era venuto il re, / lungo, che non finiva mai, / era come un viaggio, e dalla parte di là / uno gli pareva d'essere un forestiero, / anche la gente parlava in un altro modo. (...)

Here. The road ends here. / The bridge fell down, it happened in '75 / A flood at night / Took away two arches / And a man on his bicycle. // A bridge that the king came to open it in 1920, / Long, with no end, / It was like a trip, and on the other side / One felt like a foreigner / The people even spoke in another way. (...)

Le immagini del ponte e della vicinanza del forestiero, delle lingue diverse, ci sembravano suggestive in sé e pertinenti al nostro tema.

La fotografia di Ghirri, la mostra sui teatri lirici, le poesie, l'elenco dei film, lo spazio riservato alla lettura di testi letterari, i filmati di alcuni spettacoli teatrali in coda all'intervento di Walter Valeri stanno tutti a testimoniare l'intenzione di aprire il simposio non solo al momento critico, ma anche all'ascolto e alla visione diretta delle opere.

Nell'invito era riportato l'elenco delle istituzioni che avevano collaborato alla realizzazione del simposio: il Franke Institute of the University of Chicago, il Centro della poesia dell'Università di Bologna, The University of Wisconsin at Madison oltre naturalmente al Dipartimento of Romance Languages della University of Chicago che si è fatto promotore insieme all'Istituto del convegno: a loro va tutta la mia riconoscenza. Oltre alle Istituzioni vorrei ringraziare i moderatori delle tre sezioni: Armando Maggi, Elissa Weaver e Paolo Cherchi; i collaboratori dell'Istituto, Graziano Kratli e Luciana Boccia; Giuliano Della Casa, pittore modenese, che non solo ha presentato agli amici dell'Istituto di Cultura una splendida mostra di acquerelli nell'ottobre del 1999, ma ci ha anche fatto il dono di disegnare una copertina originale per il volume degli atti. Un ringraziamento particolare infine a Rebecca West e Franco Nasi, che con me hanno fatto parte del comitato organizzativo del simposio, e a tutti i partecipanti per le cose che ci hanno insegnato e per la disponibiltà ad ascoltare.

Lidia Ramogida
DIRETTORE DELL'ISTITUTO ITALIANO DI CULTURA

Teatro delle Albe, *I Polacchi* (1998), foto di Silvia Lelli

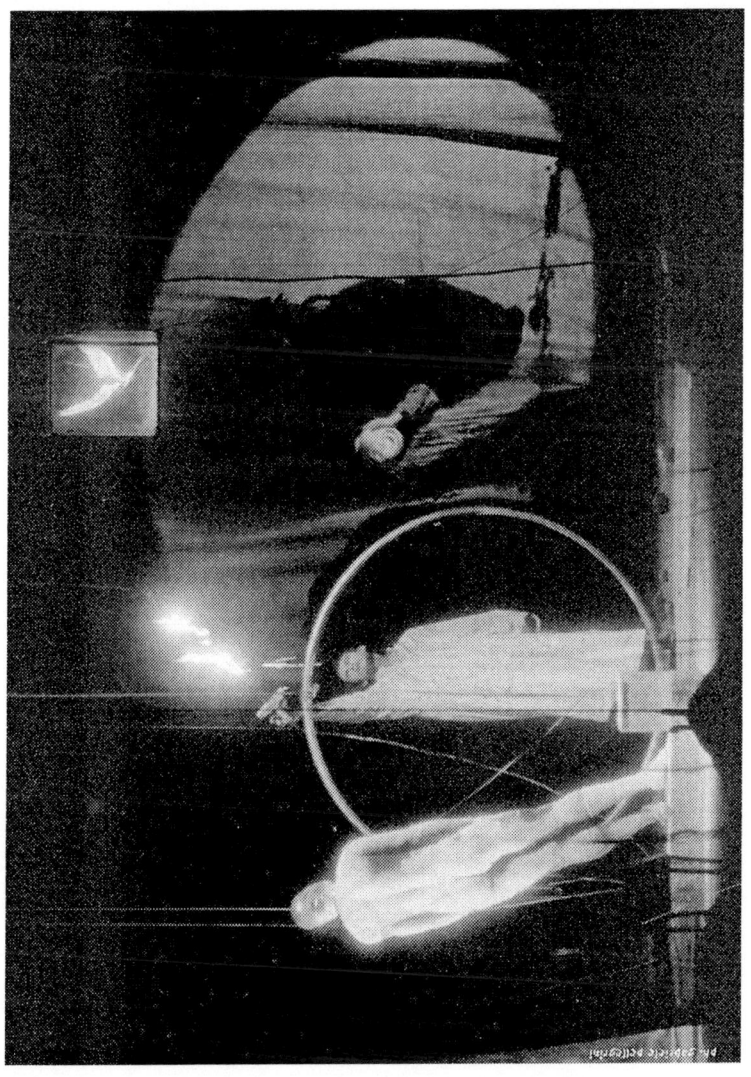

Societas Raffaello Sanzio, *Genesi* (1999), foto di Gabriele Pellegrini

Societas Raffaello Sanzio, *Genesi* (1999), foto di Gabriele Pellegrini

Franco Nasi

Intorno alla Via Emilia.
Note introduttive per orientarsi

> L'ambiente è un pezzo della pianura padana: e qui bisogna precisare che per me il Po comincia a Piacenza. Il fatto che da Piacenza in su sia sempre lo stesso fiume, non significa niente: anche la Via Emilia, da Piacenza a Milano, è in fondo la stessa strada, però la Via Emilia è quella che va da Piacenza a Rimini. (...) Il Po comincia a Piacenza, e a Piacenza comincia anche il *Mondo piccolo* delle mie storie, il quale *Mondo piccolo* è situato in quella fetta di pianura che sta fra il Po e l'Appennino.
>
> Giovanni Guareschi[1]

Non è facile oggi percorrere in macchina la Via Emilia. E non perché il traffico sia congestionato o perché le macchine corrano troppo veloci. Non è facile perché la Via Emilia scompare continuamente, come un fiume carsico. Quando si arriva alle porte delle città, le circonvallazioni moderne, con i lampioni antinebbia e le segnalazioni che mandano in "tutte le direzioni", sembrano fatte apposta per costringere chi guida ad abbandonare il percorso rettilineo della strada. Questa, con discrezione, quasi in tono minore, attraverso un modesto svincolo poco illuminato o un pertugio che passa sotto ai moderni cavalcavia di cemento, riesce a continuare la sua corsa Sud Est-Nord Ovest, e a riemergere nei centri storici delle città, dove riacquista, chissà ancora per quanto, l'antica dignità di strada consolare.

Qui, nei centri storici, è possibile a volte vedere, sotto cupole di plastica trasparente, le diverse stratificazioni del selciato della Via Emilia che scavi archeologici recenti hanno riportato alla luce. Sempre qui, protetti dalle leggi urbanistiche delle città, come in una riserva indiana, ricompaiono i ciclisti, quelli indigeni, che girano per le strade senza il casco, i guanti e le biciclette super leggere, ma con il cappello, la borsa della spesa e i bambini sul seggiolino. È questa una caratteristica di tutta la regione, come notava quarant'anni fa Zavattini:

> Si potrebbe fare un ritratto dell'Emilia parlando delle biciclette; anche se ce ne sono in tutto il mondo, sembra che qui sia la loro sede naturale. (...) Gli emiliani non usano la bicicletta per tragitti

---

[1]Giovannino Guareschi, *Don Camillo. Mondo Piccolo*, Rizzoli, Milano, 1948 (1998), pp. 6-7.

faticosi, laboriosi, ma corti, cortissimi, o per nulla (...). La usano dunque come il cappello, che non si può abbandonare, perché fa parte della persona anche quando è inopportuno. La bicicletta ha da noi qualcosa del cane, continua compagna che si porta con sé magari senza montarla, per arrivare dalla casa al caffè che dista venti metri.[2]

In queste oasi protette sopravvivono non solo i ciclisti, ma anche i fornai, i salumieri, gli ortolani; i macellai che vendono solo carne di cavallo, accanto a quelli che invece offrono carne suina e bovina, o a quelli specializzati in carni bianche e uova; i negozi di bottoni, di tessuti, di rasoi; i calzolai, gli orologiai o i pescivendoli: insomma i piccoli negozi a conduzione famigliare che ancora non sono stati definitivamente sopraffatti dalle catene di distribuzione. Può perfino capitare di entrare in una libreria dove i libri non sono esposti in file come pacchi di biscotti da mettere nel carrello, ma si devono chiedere al libraio, che sta dietro a un bancone e i libri che ha li conosce forse uno per uno. Soprattutto d'estate poi, quando sembra che anche il centro vada in vacanza, ci si può imbattere in gruppi di acrobati o di trampolieri, in sfilate di costumi medievali o in parate militari aperte da lancieri a cavallo in uniforme ottocentesca e chiuse da rombanti Ferrari. E allora, soprattutto se non si è del luogo, o se da quelle città si è assenti da un po' di tempo, si ha il sospetto di essere stati messi, con qualche strano trucco, sotto un'enorme cupola di plastica che protegge questa volta uno scavo archeologico vivente o uno spettacolo folkloristico in costume; si ha l'impressione di essere parte di un mondo inattuale, che sembra voler continuare ad andare con il proprio passo, o con la svogliata e lenta velocità del ciclista cittadino.

Già, perché quando si percorre la Via Emilia dentro queste oasi protette, che si susseguono a distanza abbastanza regolare, la velocità è un'altra rispetto a quella della Via Emilia che si stende tra un centro storico e quello successivo. Anche il panorama è molto diverso e non solo per le differenze ovvie fra i tipi di costruzione: sembra di essere sbarcati improvvisamente in un altro continente e in un altro tempo. Anzichè le cattedrali e i portici, si vedono le distese degli Shopping Centers, i capannoni prefabbricati di stoccaggio delle ceramiche, le stazioni di servizio con le gigantografie dei campioni sportivi, le concessionarie delle Honda segnalate da file interminabili di bandierine, le insegne gialle e blu dei Blockbusters, i grandi archi dei MacDonald's. Ci si trova di colpo

---

[2]Cesare Zavattini, *Straparole*, in *Opere*, a cura di Renato Barilli, Bompiani, Milano, 1974, pp. 750-51.

nel mezzo di uno di quei "non luoghi" cari a Marc Augé[3] e così comuni al panorama autostradale americano. Se si guarda bene e si è fortunati, si riesce a scovare perfino un Holiday Inn dove solo quarant'anni fa era stato costruito un allora avveniristico Motel dell'Agip.

Se è vero che il policentrismo urbano dell'Italia centro settentrionale è realtà antica che definisce identità civiche e culturali precise ancora evidenti oggi, è altrettanto evidente che questi luoghi del particolarismo culturale e linguistico sono accerchiati da paesaggi che sembrano annullare ogni particolarità. L'alternanza di centri storici protetti e di periferie del non luogo è oggi caratteristica di gran parte della pianura padana. Percorrere la Via Emilia tra un centro e l'altro non è molto dissimile dal percorrere le strade che nel Nord-est collegano Verona, Vicenza e Treviso, o in Lombardia, Milano, Bergamo e Brescia: stesse concessionarie auto, stesse catene di rivendite di vestiti, stessi prefabbricati industriali. Per questo, forse l'intera pianura padana potrebbe essere oggi vista come una grande megalopoli, omogenea nella sua schizofrenica successione di luoghi civili, cioè pertinenti alla città, e "non luoghi" o luoghi non caratterizzati.

Questa impressione è rafforzata dalla mutazione del paesaggio agricolo che si stende tra le Prealpi e gli Appennini. Le coltivazioni, che erano molto varie, determinate dai diversi microclimi, dalle diverse condizioni idriche dei terreni, ora tendono ad essere sempre più estensive e monotone: campi sterminati di granoturco, soia, girasoli hanno sostituito i piccoli appezzamenti in cui i vigneti si mescolavano ai campi di grano o di erba medica. Sembra spesso di trovarsi in terreni desolati, che nessuno frequenta più. Sempre Zavattini, nello stesso passo del 1961, ricordava il via e vai delle biciclette che si vedeva nella Bassa Padana:

> Basta che un passaggio a livello si chiuda per pochi minuti e subito si affollano decine e decine di questi veicoli; i viaggiatori delle littorine locali e dei grandi treni fanno in tempo, prima di essere portati lontani, a vedere le sbarre che si alzano e lo stuolo dei ciclisti (...) rimettersi in moto senza fretta, perché nessuno corre in bicicletta, come se il suo ritmo, a differenza dei nuovi mezzi fragorosi, sia il solo che favorendo la conversazione con la natura e col prossimo, ridia alla parola la sua proporzione.[4]

Sono immagini di un'altra Italia. Oggi, nelle campagne, per non perdere tempo, molti passaggi a livello sono stati sostituiti dai cavalcavia, e di biciclette dall'andatura lenta e meditabonda non se

---

[3]Si veda Marc Augé, *Nonluoghi. Introduzione a una antropologia della surmodernità*, Eléuthera, Milano, 1993.
[4]Cesare Zavattini, *op. cit.*, p. 750.

ne vedono più. Viene quasi paura a perdersi in queste campagne perché si ha l'impressione di trovarsi in un deserto o nelle praterie del *Midwest* americano, con nessuno che passi di lì a cui chiedere indicazioni. Se qualcuno poi passa, è ben corazzato nella sua autovettura.

Dunque il territorio della Valle del Po sembra piuttosto uniforme, almeno nella sua costante successione di luoghi e non luoghi, di concentrazioni demografiche e di desertificazioni, di zone "protette" e di zone intensamente sfruttate.

Eppure, anche se le trasformazioni del paesaggio padano sembrano indicare che si sta andando verso una progressiva omologazione, c'è chi ha pensato di poter individuare all'interno di questa ampia valle alcune zone con specificità tali da renderle qualcosa di più di semplici partizioni amministrative. La poetessa Giulia Niccolai, per esempio, nel volume *Esplorazioni sulla Via Emilia* scriveva nel 1986 che la zona da Piacenza a Bologna, per una strana frenesia viaggiatoria dei suoi abitanti, si era trasformata in una sorta di megalopoli californiana:

> Dopo esserci vissuta per dieci anni, ora, mi capita di pensare all'Emilia come alla Los Angeles dell'Italia.
> Ferrovia, Via Emilia e autostrada collegano fra loro i vari capoluoghi come le Freeways hanno congiunto in un tutt'unico abitato ed estesissimo tutte quelle cittadine e città del passato che formano altrettanti quartieri di Los Angeles. Piacentini, parmigiani, reggiani, modenesi, bolognesi sono sempre in viaggio tra una città e l'altra e all'interno delle varie tribù e consorterie si conoscono tutti.[5]

In un'epoca in cui parole come "globalizzazione", "tempo reale" e "mercato totale" sono insopportabilmente dappertutto, proporre un momento di riflessione sulle realtà locali sembra un vezzo, a dir poco, fuori moda.

Ma la questione non è oziosa e ovviamente non è priva di implicazioni politiche. Negli ultimi anni l'idea di nazione, così come l'Ottocento ce l'aveva consegnata, è sembrata lentamente svanire nel nulla in favore di una più pragmatica unità europea. Alcuni, in alternativa al modello centralizzato di stato, e spesso anche a quello unitario di Europa, hanno voluto proporre per l'Italia dei raggruppamenti di regioni. Altri hanno insistito per un regionalismo spinto. C'è poi chi non ha mai abbandonato il tentativo di ridefinire l'identità nazionale. Il problema è davvero complesso e per affrontarlo non bastano certo le notazioni ingenue su biciclette e cavalcavia, la

---

[5]Giulia Niccolai, *La Via Emilia*, in *Esplorazioni sulla Via Emilia. Scritture nel paesaggio*, a cura di Giulio Bizzarri, Feltrinelli, Milano, 1986, p. 137.

bella immagine di Giulia Niccolai o la perentoria dichiarazione di Guareschi riportata in apertura.

L'intervento di Davide Papotti, all'inizio del convegno, aveva lo scopo di affrontare il problema della partizione territoriale in modo meno intuitivo, fornendo anche alcune informazioni sulle caratteristiche del terrorio intorno alla Via Emilia a sud del Po e alcune indicazioni di metodo per una geografia della letteratura. Era questo un punto di partenza obbligato per un convegno che non aveva nessuna intenzione di risolvere questioni di questo tipo. Il suo scopo principale era semplicemente quello di offrire a chi in America si sta occupando di autori o artisti che vivono intorno alla Via Emilia l'occasione per incontrarsi fra loro, per conoscere alcuni artisti, scrittori, critici di quei luoghi, e per raccontare le loro ricerche e le loro scoperte a docenti e studenti delle università della zona e al pubblico americano che guarda con curiosità alle cose italiane. Nessuna intenzione dunque di esaurire l'argomento, né di affrontarlo con l'acribia dell'accademia; piuttosto un simposio, un incontro, come dice il dizionario, specialistico sì, ma "organizzato con semplicità e senza eccessiva ufficialità"; un'occasione, insomma, per ascoltare, guardare e possibilmente comprendere un po' meglio, partendo da un luogo specifico, le complicate trame della cultura italiana contemporanea.

L'idea di proporre all'Istituto Italiano di Chicago di organizzare un momento di incontro di questo tipo era venuta durante un Convegno dell'*American Association of Italian Studies* a Eugene in Oregon, mille miglia lontano dal Po, nel Far West, sul 45° Parallelo. Al termine della relazione di Marco Codebò su certe affinità tra i *Narratori delle Pianure* di Gianni Celati e *Winesburg, Ohio* di Sherwood Anderson, ci eravamo ritrovati, per caso, in un gruppetto, formato in gran parte da giovani studiosi di dottorato, e avevamo continuato a chiacchierare di Celati e delle Pianure. E così, per caso e non senza qualche sorpresa, si scoprì che diversi amici o colleghi si stavano occupando di autori e artisti della zona tra il Po e l'Appennino nel *Midwest* americano: c'era chi lavorava sulla letteratura, chi sulla drammaturgia, sul cinema, sul rapporto musica-cinema-documentario, sulla fotografia, sulla poesia dialettale, sulle traduzioni, sulle questioni di geografia culturale...

Nell'elencare questi interessi ci colpirono subito alcuni aspetti curiosi.

Il primo era che fra molti dei nomi di cui questi amici o colleghi si occupavano esistevano delle relazioni complicate e inattese. Così Gianni Celati che, oltre a scrivere e a tradurre, si era occupato anche di cinema, aveva dedicato al suo amico fotografo Luigi Ghirri un documentario nel quale vengono intervistati diversi personaggi fra cui il regista Davide Ferrario, il quale aveva da poco terminato di montare il film-documentario *45⁰ Parallelo*, sul viaggio in Mongolia dei CSI, il gruppo musicale punk-rock di Giovanni Ferretti, i cui versi erano stati utilizzati nel dramma teatrale *Beatrice Cenci* di Ermanna Montanari, la stessa che aveva messo in scena in precedenza una raccolta di racconti di Marco Belpoliti, il quale stava lavorando sulla drammaturgia di un *Orlando Innamorato* con il regista e scrittore Marco Martinelli, che aveva da poco diretto Ivo Marescotti nel monologo teatrale di Raffaello Baldini *Zitti Tutti*, che Daniele Benati stava curando per l'edizione in inglese, lo stesso Daniele Benati che con Celati e Cavazzoni aveva dato vita alla rivista "Il Semplice", sulla quale avevano pubblicato un articolo su Enzo Melandri, un filosofo di Bologna, che trent'anni fa con Gianni Celati, Italo Calvino, Carlo Ginzburg e Guido Neri aveva progettato una rivista dal nome strano "Alì Babà"... Sembrava una di quelle intricatissime storie famigliari fatte di zie, nipoti e lontani parenti, che solo chi è della famiglia e ha consuetudine con le narrazioni labirintiche dell'*Orlando Furioso* riesce a seguire. Oppure era un esempio di quella incessante mobilità fra consorterie e gruppi di cui parla la Niccolai (che tra l'altro pubblica un bellissimo scritto sul numero 6 della rivista "Il Semplice"). Sta di fatto che di fronte a questo intricato filo di relazioni è sembrato subito naturale pensare a un momento in cui quel piccolo gruppetto di solitari cultori di queste opere in terra americana si potesse incontrare, non tanto per sdipanare il filo, ma per guardare con più strumenti e informazioni all'oggetto del proprio interesse critico.

Forse proprio per questa "incessante mobilità fra consorterie", o forse per una particolare poliedricità degli artisti e scrittori di cui si parlava (ed è questo un secondo aspetto per noi curioso), ci si accorse subito che non era possibile né auspicabile limitare lo sguardo sulla cultura della Via Emilia a una sola arte o a un solo genere, né, tanto meno, porre dei veti nei confronti di alcuni prodotti ancora a volte considerati indegni dell'interesse critico. Anzi era proprio di uno sguardo d'insieme che sembrava ci fosse bisogno, soprattutto quando si è lontani dai luoghi in cui si elaborano e realizzano le opere di cui ci si occupa e soprattutto in America, dove spesso lo specialismo settoriale è considerato un merito e non un limite. Così si decise subito di scegliere la scorribanda sul territorio, lo sconfinamento fra le arti, piuttosto che la trivellazione su un sol luogo. In un approccio di questo tipo, il rischio di mettere troppa carne al fuoco non è un rischio ma una certezza. Ma tant'è.

Un terzo aspetto che ci sembrava di notare frequentemente negli autori di cui parlavamo era la presenza di una sorta di forza "disorientante" che governava il loro lavoro. C'era una specie di forza centripeta che li costringeva a radicarsi e a sprofondare nel territorio di origine, ma anche, contemporaneamente, una specie di spinta centrifuga, che li proiettava continuamente al di fuori del confine della città: archeologi di storia locale, che amano il loro lavoro, ma che provano una irrefrenabile urgenza di andare ad aprire scavi anche in altri luoghi. Emblematiche in questo senso ci sembrarono, mentre parlavamo, le esperienze del gruppo teatrale delle Albe di Ravenna e del gruppo musicale dei CSI. Le Albe avevano affiancato al lavoro linguistico e poetico sul dialetto romagnolo, quello altrettanto profondo sulla cultura senegalese. Questo lavoro lungo e non ancora esaurito li aveva portati non solo a fare entrare nella compagnia attori senegalesi, a costruire insieme a loro una nuova identità poetica e drammaturgica, a rappresentare i propri spettacoli in Africa, ma addirittura a creare a Dakar con una "miracolosa testardaggine militante", come la definisce Meldolesi[6], un teatro gemello a quello di Ravenna. Analogamente il gruppo musicale dei CSI, con la propria casa discografica indipendente, i *Dischi del Mulo*, aveva realizzato importanti progetti di musica folk (come i canti delle mondariso di Correggio o la riedizione di vecchie registrazioni di Giovanna Daffini), e aveva lanciato nuovi gruppi punk-rock che all'inglese preferivano il dialetto reggiano (come gli Üstmamò) o che incarnavano l'idea dell'Emilia paranoica (Afa), scavando così nel proprio territorio e portando alla luce non solo ciò che vi era da tempo sommerso, ma anche esperienze nuove che stentavano da sole ad avere visibilità. Nello stesso tempo avevano affiancato a questa attività di scavo il viaggio: agli inizi sulla Modena Brennero, verso il Nord dell'europa e Berlino, e poi fra la Via Emilia e il deserto del Gobi, seguendo il 45^0 parallelo, e ancora fra la Via Emilia e altre mille musiche e culture che sopravvivono alla musica di plastica. Ma gli esempi della compresenza di queste due spinte (centripeta e centrifuga) sono tantissimi: a cominciare da *Altri Libertini* di Pier Vittorio Tondelli fino alle esperienze americane di Antonioni, di Ghirri... Tutti artisti che hanno profondamente indagato il loro "centro" per poi puntare l'obbiettivo su altro. E il loro centro sembra essere soprattutto un certo modo di vedere e di raccontare: una pratica della sguardo, dell'ascolto e del linguaggio fatta di lentezza e equilibri, di toni e cadenze del luogo. Una pratica che si pone forse come possibilità altra rispetto allo stile della letteratura del best seller e dell'industria dell'immagine. Proprio in anni di allargamento a tutto il mondo delle zone del "non luogo", di omologazione del linguaggio, di perdita delle abilità manuali si verifica sempre più spesso che nelle arti drammatiche,

---

[6]Claudio Meldolesi, *Un uomo-teatro iperrealista e un collettivo di irriducibili individualità*, in Marco Martinelli, *Teatro impuro*, Danilo Montanari, Ravenna, 1997, p. 12.

nella letteratura, nella poesia, nelle arti figurative, ci sia un tentativo di riappropriarsi di una dimensione più intima e artigianale: il registro orale della lingua, il dialetto, il lavoro di lima sulla parola, il rifiuto dell'uso facile del mezzo tecnico, delle luci, degli effetti speciali. Sorprendentemente tuttavia questo scavo nella tradizione linguistica ed espressiva del proprio luogo non consiste in un ripiegamento nostalgico o in uno sterile luogocentrismo. Quel luogo d'altronde, come ha mostrato Ghirri con la sua opera, non è un luogo cartolina, un luogo appagante da spot pubblicitario. Guardarsi attorno, sulla Via Emilia, vuol dire vedere subito mille ragioni per non poter essere né nostalgici né luogocentrici. Il desiderio di scavare nel proprio territorio sembra essere accompagnato piuttosto da un'urgenza di mettersi in viaggio per sondare il profondo di altri luoghi: una specie di irrequietezza, di insoddisfazione perenne, di continua curiosità disillusa. Così i griot si trovano sullo stesso palcoscenico dei cantastorie-Fûler e intrecciano le loro saghe famigliari senegalesi a quelle romagnole; o le note dell'Homij, il canto tradizionale dei mongoli, si alternano all'energia elettrificante della batteria dei CSI o al coro delle ultrasettantenni pensionate che intonano i vecchi canti delle mondine.

Insomma, queste erano alcune delle chiacchiere che si erano fatte dopo avere ascoltato una relazione su Celati e Sherwood Anderson a Eugene, Oregon, a mille miglia dal Po. Per nostra fortuna, alla direzione dell'Istituto di Cultura di Chicago, zona da cui molti dei componenti del gruppetto venivano, e alla University of Chicago abbiamo trovato due interlocutrici (Lidia Ramogida e Rebecca West) non solo disponibili ad ascoltare, ma disponibili a costruire.

Il simposio era iniziato non ufficialmente un poco prima del maggio 2000. Era iniziato nell'ottobre del 1999 con una mostra di libri e acquerelli del pittore modenese Giuliano Della Casa, che rappresentava l'intenzione di apertura alle arti e alle loro reciproche contaminazioni con cui si sarebbe voluto impostare il simposio. Giuliano Della Casa è un artista che ha collaborato con moltissimi poeti, sin dagli anni in cui sulla Via Emilia la sperimentazione poetica si faceva soprattutto attorno alla cattedra di Estetica di Luciano Anceschi all'università di Bologna e in riviste come "il verri", "Officina", "Malebolge" e poi "Tam Tam". Nei locali dell'Istituto di Cultura, Della Casa ha mostrato i libri che erano nati dalla sua collaborazione con poeti come Adriano Spatola, Giulia Niccolai, Edoardo Sanguineti, Elio Pagliarani, Alfredo Giuliani, Paul Vangelisti (che ha presentato nell'occasione l'artista leggendo alcune poesie) o Dennis Phillips, ma ha anche esposto venti nuovi acquerelli, interpretazioni magiche e leggerissime di altrettante opere liriche, creati appositamente per l'esposizione di Chicago.[7] Una serata in cui la poesia della neoavanguardia si mescolava alle note di arie di opere ottocentesche e alle linee colorate ed eleganti della pittura di Della Casa.

Alla mostra aveva fatto seguito un ciclo di film ambientati intorno alla Via Emilia e diretti da alcuni dei grandi maestri del cinema italiano nati in quella regione. Non c'era che l'imbarazzo della scelta: da *Deserto Rosso* di Antonioni a *Amarcord* di Fellini, da *Novecento* di Bertolucci a *Storie di Ragazzi e Ragazze* di Pupi Avati, fino a film recenti come *Radiofreccia* di Ligabue.

L'opera lirica (questa volta mediata dalla fotografia e dall'architettura) e la letteratura sono state anche le protagoniste della serata d'inaugurazione del simposio. Nei locali dell'Istituto di Cultura è stata allestita una mostra fotografica dei teatri storici della regione messa a disposizione dall'assessorato alla cultura della Regione e dall'Istituto dei beni culturali dell'Emilia-Romagna. Daniele Benati ha letto una scelta personale di brani tratti da opere in prosa o in versi di Luigi Malerba, Gianni Celati, Ermanno Cavazzoni e Raffaello Baldini e ha accompagnato gli ascoltatori con alcuni commenti. Gli interventi che si sono svolti nella seconda e terza giornata, e che qui vengono tutti riproposti, sono stati intervallati dalla proiezione di diversi filmati: *Sul 45° parallelo* di Davide Ferrario, *Il mondo di Luigi Ghirri* di Gianni Celati e una serie di video di recenti spettacoli teatrali di nuove compagnie della regione, presentate nell'intervento di Walter Valeri. La lettura finale di Roberto Barbolini, Marco Belpoliti, Daniele Benati, Alberto Bertoni, Alessandro Carrera, Davide Rondoni, Walter Valeri di loro racconti e poesie, ha voluto sottolineare ancora di più l'intenzione di dare la priorità alle opere e agli artisti piuttosto che ai discorsi critici. Non è possibile documentare qui queste parti del convegno, se non attraverso questa brevissima nota, così come non è possibile documentare il clima molto disteso dell'incontro, nonostante le interpretazioni, le prospettive critiche, le intenzioni poetiche non fossero affatto omogenee. Abbiamo pensato tuttavia di ovviare in minima parte a questa assenza inserendo alcune fotografie di scena di alcuni gruppi teatrali di cui si sono mostrati i video (ora consultabili nella videoteca dell'Istituto di Cultura di Chicago), e di lasciare alle alchimie pittoriche di Giuliano Della Casa la copertina del volume.

---

[7]Anziché un catalogo cartaceo, Della Casa ha prodotto un CD ROM della mostra, con le riproduzioni dei quadri e i brani di musica interpretati, oltre a interviste filmate dell'autore e altri materiali (Giuliano Della Casa, *From Cimarosa to Donizetti. A homage to the libretto or book of Italian opera*, info@e-works.it).

Valdoca, *Parsifal* (1999), foto di Enrico Fedrigoli

Davide Papotti

Emilia-Romagna: variazioni geografiche su un'identità culturale regionale

Ogni incursione nella corografia (descrizione delle regioni) della penisola riserva qualche sorpresa. Numerose regioni "possibili", non definite amministrativamente ma piuttosto alternative a quelle istituzionali, mantengono infatti una sottile trama di identità culturali e storiche del tutto simile, per valore e per complessità, a quella delle regioni "ufficiali".[1] È nota l'arbitrarietà e la frettolosità con la quale i confini e gli accorpamenti regionali furono stabiliti all'indomani dell'unità italiana, quando era urgente definire un rassicurante quadro istituzionale a discapito, spesso, di ogni cautela scientifica. La regione Emilia-Romagna, in questo, sembrerebbe tuttavia ben tutelata: il fiume Po a nord, la catena appenninica a sud, il mare Adriatico a est ne definiscono con chiarezza i confini.[2] Qualche dato sulla regione: 22.123 chilometri quadrati di estensione, nove province, trecentoquarantun comuni. Tre sub-regioni fisiche: la montagna, la collina, la pianura. Il 25,1% del territorio appartiene alla fascia montana, il 27,1% alla fascia collinare, il 47,8% alla pianura. Stime della popolazione al primo gennaio 1999: 3.959.770 abitanti.

Eppure già la dizione ufficiale ed istituzionale svela l'ambigua dualità identitaria: Emilia-Romagna.[3] Il trattino unisce in realtà due

---

[1] Sul tema un'utile sintesi in Lucio Gambi, "Le 'regioni' italiane come problema storico", *Quaderni storici*, 34, 1977, pp. 275-298.
[2] Proverbiale, perfetta per i sussidiari scolastici, la facilità definitoria del triangolo regionale, a partire dalla secca concisione pliniana: "*Octava Regio determinatur Arimino, Pado, Appennino*" (*Nat. Hist.* III, 115). Fa giustamente notare Umberto Toschi (*Emilia-Romagna*, Torino, UTET, 1961, p. 10, n. 1) che "*Arimino* può riferirsi non soltanto alla città (*Ariminum*) ma anche al fiume Marecchia (*Ariminus*)". A voler essere pignoli, però, i confini politici non seguono esattamente quelli fisici, e le diatribe storico-amministrative lo testimoniano. Le anomalie e i distacchi dai profili idrografici sono numerosi: "Le alte valli del Reno, del Santerno, del Senio sono rimaste alla Toscana, il Montefeltro (alta Marecchia) alle Marche. E San Marino conserva la sua millenaria indipendenza. Non solo, ma una esondazione della Lombardia, datante dai duchi di Mantova, persiste al di qua del Po nell'ampia striscia da Suzzara a Sermide, con Gonzaga, Revere e Poggiorusco" (*Ibid.*, p. 5). Aggiustamenti dei confini regionali non mancano neppure nel secolo ventesimo: "[...] il passaggio dell'intero circondario di Rocca San Casciano dalla provincia di Firenze a quella di Forlì (4 marzo 1923) e di dieci comuni dell'ex-circondario di Bobbio da Pavia a Piacenza (8 luglio 1923), tre dei quali tuttavia vennero poco dopo restituiti a Pavia (23 dicembre 1926)" (*Ibid.*).
[3] Con tutti i problemi conseguenti, anche di semplice ordine di eleganza lessicale e fonetica: "Come nel titolo [*Introduzione. Piste sull'Emilia rossa*] così in alcune parti

entità territoriali distinte. La storia post-unitaria della regione si è svolta all'insegna del tentativo di attuare una progressiva omologazione di queste due gemelle siamesi trovatesi a convivere forzatamente. All'interno dell'efficientissima pagina *web* della regione (*www.regione.emilia-romagna.it*) – una vera e propria "vetrina" per presentare l'istituzione – nessuna divisione statistica, nessuna spiegazione culturale-storica, nessuna partizione cartografica accenna mai, separatamente, alle due sub-regioni, la cui identificazione non si basa tanto su criteri di geografia fisica quanto piuttosto su fattori storici e su divisioni territoriali ereditate dagli stati pre-unitari. L'avvicendamento dei confini statali sul territorio emilianoromagnolo è stato assai complesso e permetterebbe diverse letture specifiche. Anche in questo ambito regionale l'attuale assetto è il frutto di una serie di scelte politiche e amministrative fra diverse opzioni altrettanto valide, come ricorda lo storico Roberto Finzi: "Ne poteva anche derivare un disegno territoriale della regione radicalmente diverso, nodo non a caso riemerso all'indomani del secondo conflitto mondiale nei lavori dell'Assemblea Costituente".[4]

L'Emilia e la Romagna: due nomi attraverso i secoli
Può essere utile in fase preliminare verificare la storia delle occorrenze dei nomi "Emilia" e "Romagna", che via via sono stati utilizzati per indicare ambiti territoriali diversi. Il nome regionale "Emilia" – derivato dal console Marco Emilio Lepido a cui si deve la costruzione della strada eponima nell' anno 187 a.C. – nasce in ambito romano; il territorio corrispondente all'attuale regione emiliana è all'incirca quello identificato nella *VIII Regio* del riordinamento augusteo. Il geografo Umberto Toschi ricorda però che il nome *Aemilia*, con esatto riferimento alla regione, fa la sua prima apparizione solo in un passo di Marziale, quindi nella seconda metà del primo secolo d.C.[5] La ripartizione viene però ad essere presto rimaneggiata, già sotto Diocleziano (290-300 d.C.), poi ancora sotto Costantino (350 circa d.C.). Le varie linee confinarie cominciano a sovrapporsi e confondersi le une con le altre. Come scrive Claudio Magris, "i confini muoiono e risorgono, si spostano, si

---
del testo, il nome della regione è contratto in Emilia. Come è ovvio e a tutti noto, si tratta d'un tributo all'uso corrente. Inevitabile nel testo: a chi mai verrebbe da dire o scrivere: 'L'Emilia-Romagna rossa'? Penso peraltro percepibile dal testo quando del termine mi servo a indicare la subregione italiana" (Roberto Finzi, a cura di, *L'Emilia-Romagna, Storia d'Italia, Le regioni dall'Unità a oggi*, Torino, Einaudi, 1997, p. XIX). In bilico fra uso burocratico e buon senso, dunque, la scelta fra la dizione completa – e *politically correct* – e la pratica abbreviazione.
[4]*Ibid*, p. XX.
[5]Toschi, *op. cit.*, p. 7; cfr. anche Franco Savi, "Strada e territorio", in AA. VV., *Aemilia. Una via, una regione*, Parma, Rotary Club Parma Est, 1989, p. 121.

cancellano e riappaiono inaspettati".⁶ E questo affondare per poi riemergere accompagnerà fedelmente la storia delle identità confinarie emiliano-romagnole: "Le individualità storiche preunitarie sono ancora oggi visibili e operanti. Alcuni confini antichi abbandonati restano evidenti nel paesaggio, nel modo di parlare, nei comportamenti individuali. Le persistenze amministrative si possono burocraticamente cancellare ma è difficile annullarle dalla fisionomia del territorio".⁷ La denominazione ufficiale "Emilia" in realtà scompare dai documenti ufficiali dopo la caduta dell'impero romano, anche se la tenuta culturale del nome resiste in virtù della permanenza dei sistemi economici e viari su di essa innestati.⁸ Con la *Historia Longobardorum* di Paolo Diacono, oltre alla ormai tradizionale definizione dei confini (*"Octava Provincia Aemilia: incipiens a Liguria provincia, inter Alpes Appenninas et Padi fluentia"*), si comincia a fare il computo delle città (*"Haec locupletibus urbibus habet, Placentia, Regio, Bononia, Forum Cornelii, cuius castrum Imola appellatur"*).⁹ L'identità prettamente urbana dell'asse unificante della regione fa sì che Bologna e Forlì vengano accorpate nella provincia emiliana; ma non Ravenna, che appartiene invece alla "*Nona Provincia Flaminea, inter Alpes Appenninas et Mare Adriaticum. In qua sunt nobilissima urbium Ravenna [...]*".¹⁰ Di quest'identità separata del settore orientale dell'attuale regione è espressione anche il nome stesso di "Romagna", che deriva da "Romania", cioè terra in mano ai Romani (dell'impero d'Oriente). Tale denominazione cominciò ad essere adottata, in seguito all'occupazione longobarda dell'Italia settentrionale, per indicare l'area dell'Esarcato di Ravenna.¹¹ E questa distinzione onomastica, che riflette il fronteg-

---

⁶Citato in Piero Zanini, *I significati del confine: i limiti naturali, storici, mentali*, Milano, Bruno Mondadori, 1997, p. XIV.
⁷Pier Luigi Cervellati, "La strada che genera città", in Finzi, *op. cit.*, pp. 168-169.
⁸"Questi sconvolgimenti 'regionali' dimostrano che solo per un periodo relativamente breve il nome della strada ha coinciso ufficialmente con quello della regione, anche se è presumibile che il sistema urbano emiliano abbia continuato a funzionare, nonostante le diverse suddivisioni, e che il nome Emilia attribuito all'antica regione di Augusto sia rimasto vivo nella coscienza popolare" (Savi, *op. cit.*, p. 123).
⁹Citato in Toschi, *op. cit.*, p. 8.
¹⁰*Ibid*.
¹¹Cfr. Giovanni Tibiletti, "L'amministrazione romana", in Aldo Berselli, a cura di, *Storia della Emilia Romagna*, Bologna, Bologna University Press, vol. I, 1975, pp. 125-146; Toschi, *op. cit.*, p. 8; Lucio Gambi, "Che genere di regione è la Romagna", *Studi Romagnoli*, XX, 1969; A. Solari, "L'unità storica dell'Emilia e i primordi della Romagna", in *Atti e Memorie della Regia Deputazione di Storia Patria*, Bologna, serie IV, vol. XXI, 1931, fasc. 4. Di diversa opinione, però, in quanto ad accorpamenti sub-regionali, i documenti redatti in occasione del giuramento di Pontida (8 aprile 1167), che coinvolgono Bologna e Ferrara nell'area romagnola. Per quanto riguarda il nome "Romagna" le varianti nominali "Romandiola" e "Romaniola" furono utilizzate "per farla intendere parte di una Romania

giarsi delle civiltà longobarde e bizantine, influenzerà per secoli anche l'identità territoriale dell'Emilia, tanto che ancora nel 1550 Leandro Alberti, nella sua *Descrittione di tutta Italia*, la indicherà, opposta alla "Romagna", come "Lombardia di qua dal Po". Anche il cartografo Giovanni Antonio Magini (1555-1617) indica la regione, nella sua edizione della *Geographia* tolemaica, come "Lombardia Cispadana già Emilia". La definizione di Romagna (o, nell'accezione plurale, "Romagne", correlata alla divisione in legazioni pontificie) è protagonista di un vero e proprio dibattito culturale che attraversa il diciannovesimo come il ventesimo secolo, proponendo di volta in volta l'inclusione di Bologna e di Ferrara (sostenuta ad esempio da Antonio Vesi nel 1841) o la loro esclusione (caldeggiata da Carlo Frulli nel 1851, che identifica il confine fra il bolognese e la Romagna nel torrente Sillaro, e da Comelli nel 1908).[12]

Se tra il 1796 ed il 1797 la Repubblica che si costituì nei territori compresi fra fiume Po e Appennino prese il nome di Repubblica Cispadana, durante i moti risorgimentali del 1831 la costituente parlò di "Assemblea delle Romagne", con una temporanea estensione del toponimo, al plurale, a tutta l'area comprendente l'attuale regione. Nel ballottaggio storico fra possibili diverse denominazioni si impose però, con una sorta di irresistibile *"sprint* finale" in fase di unificazione, il nome "Emilia", la cui risorgenza – e rivincita – onomastica avvenne a metà del diciannovesimo secolo (nella proposta di Frulli del 1851 si parla di un' "Emilia" che possa comprendere i territori dei due ducati di Parma e Modena e le quattro legazioni dello Stato Pontificio)[13] per poi confluire nel 1859, attraverso l'opera di Carlo Farini, verso la definizione adottata dal moderno stato unitario e delineata dallo statistico Pietro Maestri nel 1864.[14]

---

più estesa costituita da tutto il dominio dei Romani (d'Oriente) in Italia" (Toschi, *op. cit.*, p. 8). Da ricordare che, secondo Fasoli, la divisione nominale in realtà non impedisce una continuità economica e di traffici fra i due settori nel periodo altomedievale (G. Fasoli, "Profilo storico dall'VIII al IX secolo", in Berselli, *op. cit.*, pp. 365-366).
[12]Toschi, *op.cit.*, p. 8.
[13]*Ibid.*, p. 9.
[14]Il processo di trapasso dai "tre complessi territoriali emiliani" (Ducato di Parma e Piacenza, Ducato di Modena e Legazioni pontificie delle Romagne; l'espressione è tratta da Isabella Zanni Rosiello, *L'unificazione politica e amministrativa nelle "Provincie dell'Emilia" 1859-60*, Milano, Giuffrè, 1965, p. 253) al compartimento statistico appartenente allo stato unitario, nel periodo 1859-1860, fu uno dei più problematici dell'intero panorama nazionale, proprio in virtù della scarsa coesione regionale. Lo stesso Minghetti, nel presentare i suoi progetti di legge in sede parlamentare, esponeva efficacemente il problema: "Il paese che ha più difficoltà a formare una regione unica si è l'Emilia. Se dal Po alla Cattolica vi sono attinenze geografiche, vi ha peraltro tale varietà d'istituti e di leggi tradizionali da rendere

E solamente "Emilia" rimase fino alla promulgazione della Repubblica nel dicembre del 1947, quando il nome – a parziale risarcimento del torto arrecato un secolo prima – divenne ufficialmente quello dal quale si è partiti, caratterizzato dal cauto trattino di unione: "Emilia-Romagna".
L'identificazione di un'identità regionale, nel caso dell'Emilia-Romagna, sembra scaturire almeno in parte a posteriori. La definizione dei confini attuali, che hanno dunque solo cinquant'anni di storia alle spalle, ha creato un ambito operativo e politico che si è sviluppato come una profezia auto-avverantesi, tanto compatta da acquisire una specificità identitaria anche all'estero.[15] È quella che Lucio Gambi chiama la "regionalizzazione amministrativa", processo di aggregazione regionale di un'entità storicamente frammentata verificatosi attraverso la gestione territoriale e la conduzione politica delle istituzioni amministrative.[16] Il problema dell'effettiva coerenza territoriale e identitaria della regione emilianoromagnola è da leggersi non solo al livello delle sub-regioni, ma anche delle numerose e frammentate identità municipali, all'irriducibile, anche qui, "Italia dei campanili".[17] Diversi piani geografici

poco agevole l'assimilazione amministrativa. La costituzione dell'Emilia sotto la dittatura Farini fu un espediente politico anzi che un organismo amministrativo. Sarà dunque da esaminare innanzi tutto se convenga conservare unita l'Emilia o dividerla. E nel primo caso se aggregarla tutta alla regione che occupa la maggior parte della riva destra del Po, ovvero formarne una regione propria e distinta. Nel primo caso poi sarà da vedere se l'uno dei due antichi Ducati o entrambi possano riunirsi alla regione subalpina" (*Ibid.*, p. 242). Né la questione si risolse con l'unità. Zanni Rosiello ricorda una nota di Bodio del 1894 in cui si discute ancora sull'opportunità di "fare dell'Emilia una regione sola o piuttosto due regioni, l'una formata dalle provincie di Parma, Piacenza, Modena e Reggio, l'altra dalle provincie di Bologna, Ferrara, Ravenna e Forlì" (*Ibid.*, n. 47).
[15]Cfr. Donald Sassoon, "La regione, la città, i cittadini: immagini anglosassoni", in Finzi, *op. cit.*, pp. 871-873.
[16]Cfr. Lucio Gambi, "L'Emilia-Romagna è una regione?", in Luisa Avellini, M. Palazzi e Roberto Finzi, a cura di, *L'Emilia-Romagna. Una regione*, Bologna, Zanichelli, 1980, p. 18. Non si entrerà nel merito, in questa sede, del problema ampiamente dibattuto, soprattutto a partire dalla metà degli anni Settanta, dell'efficacia e della tenuta del "modello emiliano" di gestione politica ed amministrativa. Si rinvia per una trattazione del tema a Marco Belpoliti, *Effetto Emilia*, Bologna, Edizioni Officina Immagine, 1981; per quanto riguarda la pianificazione territoriale cfr. Giovanni Crocioni, *Territorio e pianificazione: il caso emiliano*, Venezia, Marsilio, 1979 (su quest'ultimo lavoro accurati commenti critici in Franco Farinelli, *I lineamenti geografici della conurbazione lineare emiliano-romagnola*, Bologna, Istituto di Geografia dell'Università di Bologna, 1984, pp. 70-71).
[17]Al proposito inevitabile il rimando alle intuizioni geografico-letterarie di Carlo Dionisotti: "[...] non è mai esistita fino all'età nostra un'Italia dialettale, come neppure un'Italia politica, in cui la struttura regionale generalmente prevalesse su quella provinciale e comunale" ("Regioni e letteratura", in *Storia d'Italia*, vol. V, tomo 2, Torino, Einaudi, 1973, p. 1378; sul tema si veda anche, dello stesso autore, *Geografia e storia della letteratura italiana*, Torino, Einaudi 1967). Sull'eredità municipale nell'Emilia occidentale, analizzata attraverso l'ottica del rapporto fra

alternativi, a quota inferiore (la municipalità, la provincia, il comparto sub-regionale) o superiore (il livello inter-regionale, quello nazionale, quello europeo), rivolgono la loro sfida, su fronti diversi, all'entità regionale.

La via Emilia come fattore regionalizzante

La complessità territoriale e storica della regione si trova dunque accorpata in un'unità amministrativa, che comunque non ha certo cancellato i sostrati che differenziano, al suo interno, varie sub-regioni. In un'indagine sul campo si possono individuare diversi ambiti, soprattutto legati alla geografia fisica e a quella storica, che denotano, se non proprio barriere nette di distinzione, almeno differenti concentrazioni produttive, varie tipologie di insediamento, diverse organizzazioni territoriali, legate anche a ragioni climatiche, pedologiche, morfologiche. Ma le aree di sovrapposizione e di incertezza sono spesso ampie, e occorre di norma parlare di prevalenze più che di specificità vere e proprie.[18] Toschi identifica, in base a criteri geografico-storici, quattro subregioni:

- l'Emilia dei Ducati, comprendente le province di Piacenza, Parma, Reggio e Modena.
- la provincia di Bologna.
- la Romagna, comprendente le province di Ravenna e Forlì (Toschi, ricordiamolo, scrive nel 1961; oggi bisogna aggiungere,

---

istituzioni e territorio, utili riflessioni metodologiche in due lavori di Stefano Magagnoli: "La triangolazione della storia locale. Storia amministrativa, storia delle *élites*, storia urbana nell'Italia del Novecento", in *Annali di storia moderna e contemporanea dell'Università Cattolica del Sacro Cuore*, 4 e *Élites e municipi: Dirigenze, culture politiche e governo delle città nell'Emilia del primo '900 (Modena, Reggio Emilia e Parma)*, Roma, Bulzoni, 1999.
[18] Si pensi ad esempio al trapasso fra la prevalenza di pascoli, prati e colture foraggere nell'area dell'Emilia centrale e l'area della frutticoltura prevalente ad est di Modena e nella Romagna (Toschi, *op. cit.*, pp. 245-253). Farinelli conclude che "[...] la distribuzione della coltura promiscua conferma nel confine tra il Reggiano e il Parmense la linea di trapasso tra il paesaggio rurale ancora in qualche misura d'impronta mediterranea e quello più decisamente continentale" (*op. cit.*, p. 64). Oppure si pensi, in altri settori, alla zonizzazione – quasi in forma di distretti specializzati – degli allevamenti zootecnici (incentrati sulle province di Reggio, Modena, Parma e Forlì-Cesena). Oppure alle tipologie delle case rurali, che, nella fascia di pianura, distinguono un'area emiliana occidentale, ad "abitazione sovrapposta", da una modenese-bolognese-ferrarese-forlivese ad "abitazione separata", cfr. Toschi, *op. cit.*, pp. 180-186; Lucio Gambi, *La casa rurale nella Romagna*, Firenze, Centro di studio per la geografia etnologica, 1979 (1^ ediz. ivi, 1950); Mario Ortolani, *La casa rurale nella pianura emiliana*, Firenze, Centro di studi per la geografia etnologica, 1953; Bruno Nice, *La casa rurale nell'Appennino Emiliano e nell'Oltrepo Pavese*, Firenze, Centro di studi per la geografia etnologica, 1953.

per indicare la medesima porzione territoriale, anche quella di Rimini e rinominare la provincia di Forlì in "Forlì-Cesena").
– la provincia di Ferrara.[19]

Un ruolo specifico di elemento unificatore viene ad essere assunto, in un panorama geografico così complesso, dalla strada che attraversa la regione nella sua interezza da est a ovest. L'importanza della via Emilia nel processo di agglomerazione della regione si gioca in due dimensioni, quella lineare e quella assiale. Dalla prima dipende il fatto che le principali città – non solo i capoluoghi di provincia, ma anche i centri minori – sono posizionate ad intervalli pressoché regolari lungo la via Emilia, ad una ricorrente e ciclica distanza compresa fra i quindici e i trenta chilometri, cioè all'incirca il percorso agevolmente percorribile in una giornata a piedi: rispettivamente Rimini, Cesena, Forlì, Faenza, Imola, Bologna, Modena, Reggio, Parma, Fidenza, Fiorenzuola, Piacenza.[20] Una

[19]Umberto Toschi, *op.cit.*, pp. 140-141. Per un'analisi dettagliata delle ulteriori articolazioni territoriali proposte da Toschi, cfr. *idem*, "L'articolazione subregionale dell'Emilia-Romagna", in D. Albani, R. Pellizzer, U. Toschi, *Ambiente geografico*, Ministero dei Lavori Pubblici-Provveditorato Regionale alle Opere Pubbliche dell'Emilia-Romagna, Bologna, 1959, pp. 29-48. Toschi è comunque assertore (sulla linea già di G. Merlini, "Unità regionale dell'Emilia e Romagna", *Rivista Geografica Italiana*, LIII, 1946, pp. 60-69) della fondamentale "unitarietà" della regione: "Se ci fu mai veramente una regione la cui individualità – pur non essendo un'isola – sia suggerita non solo allo studioso, ma anche alla tradizione, dai suoi confini, questo è il caso dell'Emilia-Romagna" (*Emilia-Romagna, cit.*, p. 1). Sul tema della coerenza identitaria dell'area regionale, cfr. anche Carlo Brusa, a cura di, *Riflessioni geografiche sull'Emilia Romagna. Seminario di studio dei geografi delle Università emiliane promosso dall'Istituto di Scienze Geografiche dell'Università di Parma*, Milano, Unicopli, 1982; Giovanni Ricci, Paolo Fabbri, Lucio Gambi, *Emilia-Romagna*, Milano, Fabbri, 1986; Carlo Cencini, a cura di, *Emilia-Romagna: una regione in transizione*, Bologna, Patron, 1996.
[20]In realtà l'individuazione delle diverse tappe sulla via Emilia segue una differenziazione categoriale dei luoghi di sosta, individuando *stationes*, *mansiones* e *mutationes* con diversa gerarchia dei servizi offerti (cfr. Giulio Schmiedt, "Città e fortificazioni nei rilievi aereofotografici", in *Storia d'Italia*, vol. V, tomo 1, Torino, Einaudi, 1973, pp. 121-260; Pier Luigi Spaggiari, "Mobilità e territorio", in AA. VV., *op. cit.*, pp. 152-153). Lo Schmiedt stigmatizza l'anomalia, all'interno del panorama viario romano, del valore medio della distanza fra i centri romani della via Emilia, pari a circa 17 chilometri, ed assai inferiore ai valori delle altre regioni di epoca augustea. Il valore dipende anche, come afferma Franco Savi, da un fenomeno tipicamente geografico, già studiato dal geografo tedesco Walter Christaller: "Ma questa 'eccessiva' frequenza conferma quanto si è appena affermato. Tale fenomeno è, infatti, del tutto normale quando si verificano certe situazioni e trova una spiegazione nella nota *Teoria delle località centrali* di W. Christaller (1933). Nell'ambito della citata teoria, il caso della via Emilia viene spiegato dal cosiddetto 'principio del traffico', secondo cui le 'località centrali' tendono a divenire più numerose e ravvicinate in presenza di vie di comunicazione molto frequentate" (*op. cit.*, p. 118). L'opera di Christaller è oggi leggibile nella versione *Le località centrali della Germania meridionale*, a cura di E. Malutta e P. Pagnini, Milano, Angeli, 1980 (trad. it. di

programmazione viaria ed urbanistica di duemila anni fa ha segnato profondamente tutta la storia della regione e ci ha consegnato la trama urbana come si presenta oggi. Franco Farinelli definisce il modello territoriale adottato dai Romani nella regione emiliana un sistema anomalo di "città-regione" (come termine oppositivo e di superamento del binomio "regione-città", precedentemente impiegato negli studi geografici), nel senso che mancava, già in fase di programmazione, un centro preminente che esercitasse un riconosciuto potere direzionale sul resto della regione. Bologna non ebbe infatti in epoca romana il ruolo di capitale che aveva avuto sotto gli etruschi. Tutte le città della via Emilia acquisirono dunque un rango funzionale simile e fecero da polo di sviluppo a porzioni di territorio equiparabili.[21]

Per capire il posizionamento della via Emilia nella struttura morfologica della regione occorre rifarsi alla tradizionale divisione del territorio emiliano-romagnolo in quattro parti. Rispettivamente, procedendo da sud, la montagna, la collina, l'alta pianura e la bassa pianura.[22] La distinzione fra le ultime due dipende principalmente dal differente regime idraulico, che nella più grande distesa planiziale italiana rappresenta un fattore di estrema importanza, in grado di influenzare le dinamiche insediative, le coltivazioni, la resa dei terreni, il sistema stesso dei trasporti. L'alta pianura è quella in cui le acque pluviali, provenienti per forza di gravità dal pedemonte collinare, penetrano nel sottosuolo perché incontrano terreni permeabili. La bassa pianura è quella, al contrario, in cui le fini argille sedimentarie depositate nei secoli dal fiume Po e dai suoi affluenti creano un terreno compatto ed impermeabile. Questo tipo di suolo consente lo scorrimento superficiale delle acque di precipitazione e provoca anche il ritorno alla superficie delle acque sotterranee che arrivano per percolazione, in virtù della naturale inclinazione del terreno, dall'alta pianura. È una direttrice discontinua ma costante, in tutto il territorio della regione, quella segnata dai fontanili, risorgive di acqua chiara, trasparente, in quanto filtrata dai terreni, e, per di più, dato il lungo percorso sotterraneo compiuto, a temperatura costante per tutti i mesi dell'anno.[23]

La via Emilia segue abbastanza fedelmente questa cintura, larga alcuni chilometri, in cui l'acqua riaffiora alla superficie. Nell'alta pianura il problema è quello del trattenere le acque in superficie,

---

Die Zentralen Orte in Süddeutschland, Jena, Wissenschaftliche Buchgesellschaft, 1933).
[21]Cfr. Farinelli, *op. cit.*, pp. 7-30; Savi, *op. cit.*, p. 118.
[22]Umberto Toschi, *op. cit.*, p. 235; Aldo Sestini, *Il paesaggio*, Milano, Touring Club Italiano, 1963, p. 77.
[23]Dina Albani, "La zona delle risorgive nella pianura emiliana a ponente del Reno", *Rivista Geografica Italiana*, LXXII, 1996, 2, giugno, pp. 150-164.

dell'utilizzarle per la produzione agricola; nella bassa pianura al contrario, spesso il problema è quello della sovrabbondanza idrica, del far defluire la notevole quantità di acque verso lo scolmatore di tutto il bacino idrografico, il fiume Po. La via Emilia in realtà si fa incarnazione di un sapientissimo confine naturale e idrologico fra due regioni profondamente differenziate, anche se oggi, a causa dei processi di riequilibrio correlati alle necessità di irrigazione e della tendenziale opera di omogeneizzazione del paesaggio agricolo, l'aspetto esterno delle due fasce parallele è apparentemente assai simile. Solo un'inedita concentrazione di vegetazione contraddistingue, ad un occhio allenato, le pozze di acqua limpida dei fontanili. Sulla carta geografica, però, basta a confermare questa funzione territorializzante la ricorrenza dei toponimi, su entrambi i lati della via consolare, legati alla presenza delle risorgive: valgano fra tutti gli esempi delle località di Fontanellato e di Fontevivo nel parmense.

Una prima constatazione, quindi, a proposito della recondita sapienza territoriale della via Emilia. Essa è stata tracciata in una zona liminale chiave, dove l'approvvigionamento d'acqua è costante e assicurato per tutto l'anno, e dove la percorribilità è garantita da una distanza di rispetto dalle zone a rischio, da una parte di erosione dall'altra di alluvione. Anche all'interno della pianura, un ambiente solo apparentemente omogeneo ed indifferenziato, esiste un percorso più geograficamente "saggio" di altri, ed è proprio quello tracciato dalla via Emilia. L'analisi di tante e diversificate cartografie tematiche – una carta dei tipi del suolo, oppure una carta geologica, una carta clivometrica, una carta dei rischi di erosione – non fa che confermare la funzione "confinaria" della via Emilia, che corre a cavallo di una zona di transizione. Gianni Celati bene coglie questa saggezza geografica della strada: "Una linea divisoria tracciata non so quanto tempo fa tra terre alte e terre basse, che non presenta mai orizzonti molto lontani, perché è chiusa su un fianco dal profilo collinare e sull'altro da campi coltivati che spuntano quasi ad altezza d'occhi".[24]

Questa fascia di terreno a cavallo fra l'alta e la bassa pianura rappresenta una zona privilegiata per l'agricoltura, in quanto offre dei terreni fertili, non erodibili e non soggetti ad inondazioni periodiche. Come contraltare alla fissità ipnotica del rettilineo della via Emilia occorre pensare allo scorrimento ben più ramificato, ondivago e meandriforme dell'altro grande asse di organizzazione territoriale, questa volta nella sfera di pertinenza della geografia fisica, e cioè il fiume Po. Fino al secondo dopoguerra, la fascia di tolleranza lasciata al fiume per smaltire le sue piene primaverili ed

---

[24]*Quattro novelle sulle apparenze*, Milano, Feltrinelli, 1987, p. 39.

autunnali e per consentire i fisiologici cambiamenti direzionali di corrente – dovuti al perenne processo compensativo di erosione e deposito – era assai più larga di quella attuale. Tutta la storia urbanistica della regione può essere letta come un'alternanza di periodi in cui la strada consolare fu asse maestro di comunicazione e di altri archi temporali in cui fu invece il fiume a sostituire o ad integrare la funzione di trasporto.[25] A tutt'oggi, dovendo individuare un "vincitore" ed un "vinto" in questa contesa di funzionalità e gerarchia geografica, la via Emilia la fa senza alcun dubbio da padrona.

La via Emilia fu dunque agente di territorializzazione primario per quanto riguarda l'attività agricola, che era d'altronde direttamente collegata alla fondazione delle colonie cittadine. Uno sguardo alla mappa che riporta le tracce del sistema di centuriazione romana, cioè della creazione di quei quadrati di terreno con un lato di circa 700 metri che rappresentavano insieme un'ottimale unità di divisione lavorativa e di proprietà, ci restituisce in pieno il valore assiale di territorializzazione della strada consolare. A nord e a sud della via, infatti, si distende il reticolato della centuriazione: assai ristretto a sud, in virtù della presenza delle pendici appenniniche, più esteso a nord, ma mai troppo disgiunto dalla strada né troppo vicino all'area di influenza del fiume Po. Con un aspetto assiale, quasi cosmologico, non indifferente. Mentre altrove le tracce della centuriazione romana possono essere orientate secondo i punti cardinali (l'agrimensura crea allora limiti territoriali allineati nelle due direzioni nord/sud ed est/ovest), nella pianura padana emiliano-romagnola la maggior parte delle linee confinarie è deviata di alcuni gradi, in modo da assumere un andamento piegato in direzione nord-est/sud-ovest e nord-ovest/sud-est. Lo scarto fra la centuriazione "cardinale" e quella che si può definire "emiliana" è riscontrabile anche nel contrasto angolare fra la struttura di alcuni centri storici delle città – rimasti, in quanto territorio dominato dalla presenza antropica, orientati su un sistema cardo/decumano rigidamente posizionato su nord, sud, est ed ovest – ed il reticolato della centuriazione agricola circostante. In corrispondenza dei confini della città romana di Bologna, ad esempio, le foto aeree restituiscono questa correzione ortogonale del percorso della strada consolare. Ancora di più: ogni colonia romana aveva un preciso territorio agricolo di pertinenza. L'orientamento del decumano massimo, rappresentato per l'appunto dalla via Emilia, poteva variare

---

[25] "Al venir meno dell'efficienza delle vie di terra si accompagna l'affermazione delle vie d'acqua e soprattutto del Po. Esso esercitò a lungo una funzione essenzialmente complementare alla *Aemilia*, anche se è ignorato nella tradizione antica che privilegia la viabilità di terra, indica vie dominanti (sopra tutte l'*Aemilia*), semplifica schematicamente e violentemente una realtà assai più complessa e varia" (Pierluigi Tozzi, "La via Emilia in età romana", in AA. VV., *op. cit.*, p. 22).

Variazioni geografiche • 21

leggermente in corrispondenza del confine fra due territori appartenenti a due diverse città (come avviene ad esempio nel passaggio fra il territorio centuriato di Parma e quello di Reggio Emilia). La lieve deviazione angolare della struttura di centuriazione scandisce così, in alcuni punti, il passaggio confinario fra settori di diversa competenza amministrativa.[26] La via Emilia, vera spina dorsale del territorio, struttura anche, in una rete gerarchica di filiazioni, le griglie della viabilità secondaria. Il reticolo di percorsi che si diparte dalla strada maestra, sia esso composto da strade vicinali e locali o da grandi direttrici di percorrenza, è anch'esso strutturato sulla centuriazione romana e rimane invariato, con i dovuti aggiustamenti, fino ad oggi.[27]
Il "successo territoriale" conseguito dalla via Emilia è indiscutibile. Come afferma Franco Savi, "la persistenza di una strada è legata alla conservazione di funzioni specifiche, anche se queste cambiano".[28] In ragione di un'inerzia territoriale che garantisce una lunga durata alle infrastrutture chiave di una regione, essa assolve una funzione unificatrice e simbolica anche quando in realtà si trova in mezzo a difficoltà pratiche di sopravvivenza: "La presenza della via Emilia, dunque, è una presenza così forte da rimanere impressa e funzionante per tutto il territorio a sud del Po anche quando essa ha cessato per un lungo periodo il suo ruolo di strada di collegamento".[29] Tale ruolo viene effettivamente ripreso in *toto* solo dopo le operazioni ottocentesche di ripristino dei ponti sui numerosi torrenti e fiumi che la attraversano.
La strategica localizzazione e l'efficace impostazione direzionale della via sono comprovate dal processo di aggregazione e di polarizzazione esercitato sull'intero asse dei trasporti.[30] Fondamen-

---

[26]"La conformità [fra l'orientamento dell'agro centuriato e quello della via Emilia, n.d.r.] è rilevabile per Fidenza, Parma, Forlimpopoli (parzialmente), per Imola, Faenza, Forlì; la difformità, modesta, per Reggio, Modena, Bologna e, più marcata, per Piacenza, Cesena, Rimini" (*Ibid.*, p. 35). Per una panoramica sui sistemi di centuriazione romani cfr. Rolando Bussi, a cura di, *Misurare la terra: centuriazione e coloni nel mondo romano*, Modena, Panini, 1984. Sul sistema territoriale dell'Emilia-Romagna romana cfr. D. Sterpos, *Comunicazioni stradali attraverso i tempi. Milano-Piacenza-Bologna*, Roma, 1959; Mario Lopes-Pegna, "I municipi romani e la rete itineraria della *VIII Regio: Aemilia*", *Rivista Geografica Italiana*, LXXVI, 1968, pp. 145-168; Raymond Chevallier, "La centuriazione e la colonizzazione romana dell'Ottava Regione Augusta", *L'Universo*, XL, 1960, 6, novembre-dicembre, pp. 1077-1104.
[27]Cfr. Franco Savi, *op. cit.*, p. 118. Sulle trasformazioni conseguenti il crollo dell'impero romano e sulla storia medievale della via Emilia cfr. Marco Pellegri, "La via Emilia nel medio evo e nel rinascimento", in AA. VV, *op. cit.*, pp. 47-79; *idem*, "La via Emilia veicolo di storia", in AA. VV., *op. cit.*, pp. 81-113.
[28]*Op. cit.*, p. 115.
[29]Cervellati, *op. cit.*, p. 166.
[30]Corrado Costa riflette sulla "necessità" cosmologica della strada: "È la direzione del percorso – dice – che trova la sua strada. In fondo, in un certo qual modo, la

talmente la via romana si basa già a sua volta su un antico sentiero etrusco, già frequentato anche dalle popolazioni galliche che occupavano la zona al momento della conquista latina. E, come testimoniano gli scavi archeologici effettuati in diversi punti del percorso stradale, in particolare nelle zone di attraversamento delle aree urbane, l'attuale nastro asfaltato corre esattamente, con poche varianti, dove correva la strada consolare. Non solo la via Emilia rimane incastonata nel suo percorso iniziale, ma imposta sul medesimo sistema territoriale anche le successive infrastrutture.

Quando venne inaugurata la ferrovia Piacenza-Bologna, nel 1859, in piena fase di unificazione dello stato italiano, essa seguì quasi esattamente il percorso della strada consolare, distendendosi leggermente a nord di essa, e assumendo il ruolo di barriera forte all'espansione – e contemporaneamente di fattore di attrazione delle esternalità negative (fabbriche, soprattutto) – della cerchia urbana.[31]

Un secolo dopo, quando, fra 1956 e 1959, si completò il tracciato dell'Autostrada del Sole, il tratto Piacenza-Bologna seguì ancora una volta con quasi assoluto parallelismo il tracciato della via Emilia, completando così quella triplice infrastruttura di trasporto – il "triplice cordone ombelicale"[32] – che non fece altro che confermare ed amplificare il ruolo territorializzante della via Emilia. Antonio Faeti ricorda il diverso valore simbolico assunto da ciascuna direttrice di trasporto: "La via Emilia può essere un buon punto di osservazione [...] È una strada monumento, per molti versi, una specie di museo viario del quale si perpetua la leggenda, mentre, ai suoi lati, sono state costruite le autostrade, i veri percorsi d'oggi".[33] La differenza fra la via Emilia e le altre arterie di comunicazione risiede proprio nel valore simbolico-storico della strada consolare.

Il successo e la tenuta della via Emilia si basano anche sulla fascia di urbanizzazione indotta, fin dall'età romana, proprio dalla presenza della direttrice di comunicazione stradale. La simbiosi fra sistema urbano e strada è centrale nelle analisi che abbracciano la prospettiva architettonica e urbanistica. Tutte le città si sviluppano infatti, nella loro espansione del secondo dopoguerra, lungo l'asse della via Emilia, in una sorta di slancio verso l'unificazione delle

---

strada c'è, ma non occorre. Le anatre, gli storni e gli altri uccelli, come le beccacce di notte, in volo, che strada c'è? la direzione conta" (da "Nero & bianco", in Giulio Bizzarri, a cura di, *Esplorazioni sulla via Emilia. Scritture nel paesaggio*, Milano, Feltrinelli, 1986, p. 57).

[31] Franco Farinelli, "Sul rapporto tra città e campagna in Emilia-Romagna nell'ultimo dopoguerra: vent'anni dopo", in Carlo Brusa, *op. cit.*, pp. 279-291.

[32] Il termine, ripreso dai geografi economisti, è già in Guareschi, che definisce la via Emilia "il cordone ombelicale da percorrersi con affetto e gratitudine" (Giovanni Guareschi, *Mondo piccolo: Don Camillo*, Milano, Rizzoli, 1948, p. 100).

[33] Antonio Faeti, "Il girotondo di Atlanta", in Giulio Bizzarri, *op. cit.*, p. 84.

diverse realtà urbane: "La via Emilia diventa l'asse portante dell'esplosione urbana del secondo dopoguerra. Suggerisce e facilita lo sviluppo urbanistico in questa regione come in pochissimi altri casi. Ovunque si manifesta l'espandersi della città, il suo trasformarsi in 'aggregato urbano'. [...] La via Emilia costituisce un elemento urbanizzante, di aggregazione, di appartenenza. Contestualmente definisce un'area – quella compresa fra la città esistente e il nuovo quartiere – che sarà edificata in virtù della presenza del nuovo insediamento".[34]

Molte le definizioni date al fenomeno di urbanizzazione diffusa che si estenda oltre ai limiti dimensionali dei tradizionali confini municipali: quella di "conurbazione" – termine introdotto già nel 1915 da Patrick Geddes e poi trasposto in ambito geografico di studio nel 1932 da C.B. Fawcett[35] – ripresa da Farinelli e da Savi nella loro analisi della realtà emiliana: "area urbana senza soluzione di continuità [...] occupata da una continua serie di abitazioni, fabbriche e altri edifici, ecc., non separati l'un l'altro da terreno agricolo, sebbene in molti casi una tale area urbana includa *enclaves* di spazi coltivati".[36] Oppure quella di "megalopoli", concetto introdotto dal geografo Jean Gottmann a proposito della *East Coast* americana compresa fra Washington e Boston, ed elevato poi a termine geografico teorico per definire un asse di sviluppo metropolitano policentrico che finisce per accorpare in un'unica area diverse realtà urbane storicamente sviluppatesi come distinte.[37] Ancora, il concetto di "regione-città" suggerito da Giacomo Corna Pellegrini.[38] Oppure quello di "Mesopolis" proposto da Franco Farinelli, "conurbazione fusiforme con le principali città allineate lungo il grande 'corridoio emiliano' e con spazi rurali, interstiziali, sempre caratterizzati da un'elevata densità di popolazione".[39] Nell'analisi di Farinelli entrano a far parte della "Mesopolis" emiliana 108 comuni (sui 341 dell'intera regione), per una superficie totale

---

[34]Pier Luigi Cervellati, *op. cit.*, p. 177; sulle ricadute economiche di questa organizzazione assiale, cfr. Fausto Cantarelli e Andrea Salghetti, "Economia e territorio", in AA. VV., *op. cit.*, pp. 175-201; Adriana Galvani, "L'economia dell'Emilia-Romagna nel contesto internazionale", in Cencini, *op. cit.*, pp. 279-295; G. Lorenzoni, *L'architettura di sviluppo delle imprese minori*, Bologna, Il Mulino, 1990.
[35]C.B. Fawcett "Distribution of the urban population in Great Britain, 1931", *The Geographical Journal*, LXXIX, 1932.
[36]Cfr. Franco Farinelli, *I lineamenti,cit.*, p. 4 e Franco Savi, *op. cit.*, p. 131.
[37]Jan Gottmann*Megalopoli. Funzioni e relazioni di una pluri-città*, Torino, Einaudi, 1970 (trad. it. da *Megalopolis. The Urbanized Northeastern Seaboard of the United States*, New York, The Twentieth Century Fund, 1961); *idem*, "Verso una megalopoli della Pianura Padana?", in Calogero Muscarà, a cura di, *Megalopoli Mediterranea*, Milano, Angeli, 1978, pp. 19-31.
[38]Giacomo Corna Pellegrini, *La ricerca geografica urbana. Contributi per una metodologia*, Milano, Vita e Pensiero, 1973.
[39]Secondo la definizione di Franco Savi, *op. cit.*, p. 132.

pari a un quarto di quella regionale, ma che vede concentrato sul suo territorio il 60% degli abitanti, con una densità più che doppia rispetto alla media regionale.[40] Il termine "Mesopolis" si presenta non solo come una nuova definizione terminologica, ma imposta nuovi strumenti interpretativi per definire una realtà ad alta complessità, nel tentativo di rispondere alla domanda: "[...] quali sono i particolari meccanismi che regolano in concreto le originarie e mai intermesse connessioni interne alla triplice specificazione mesopolitana di complesso urbano mediano tra distinti ambiti culturali economici ed insediativi, composto di città medie dal punto di vista del formato dotate di funzioni *ab ovo* transazionali e animate infine da una spiccata tendenza all'isonomia?".[41]

Per una geografia letteraria dell'Emilia-Romagna

Se già la prospettiva storica e quella geografica consegnano una serie di variabili assai complesse, si assiste poi ad una vera e propria esplosione policentrica di tensioni di aggregazione qualora si prendano in considerazione le espressioni culturali, artistiche e letterarie della regione. Gli affreschi dedicati alla geografia letteraria dell'Emilia-Romagna si sviluppano di norma su un criterio biografico impostato per autore, integrato dall'identificazione di aree editoriali e di atmosfere intellettuali che fanno inevitabilmente capo ai centri urbani.[42] In alternativa a questo metodo impostato sull'analisi del rapporto fra capoluogo e resto della regione, ed insieme sui rapporti di reciproca influenza fra i vari capoluoghi di provincia, si potrebbe tentare anche un percorso di indagine più attento alle partizioni di geografia fisica.[43] È la direzione accennata in una nota da

[40]Franco Farinelli, *I lineamenti*, *cit.*, pp. 59-62.
[41]*Ibid.*, p. 85.
[42]Giuseppe Raimondi, Renato Bertacchini, *Narratori di Emilia e Romagna*, Milano, Mursia, 1968; Berselli, *op. cit.*; Marcella Barani Bronzoni, Mario Bernabei, Francesco Spaggiari, *Scrittori nei due ducati*, Montecchio Emilia, Comune di Montecchio Emilia, 1986; Renato Bertacchini, *Letteratura delle regioni d'Italia: Emilia-Romagna*, Brescia, La Scuola, 1987; Gian Mario Anselmi, Alberto Bertoni, "L'Emilia e la Romagna", in *Letteratura Italiana*, a cura di A. Asor Rosa, *Storia e Geografia, III. L'età contemporanea*, Torino, Einaudi, 1989, pp. 385-462; *idem, Una geografia letteraria tra Emilia e Romagna*, Bologna, Clueb, 1997; Luisa Avellini, "Cultura e società in Emilia-Romagna", in Finzi, *op. cit.*, pp. 649-783. Per la letteratura in dialetto si rinvia a Fabio Marri, "La letteratura dialettale in Emilia e Romagna", in Pietro Mazzamuto, a cura di, *La letteratura dialettale in Italia. Dall'unità ad oggi*, Palermo, Facoltà di Lettere e Filosofia dell'Università di Palermo, 1984, pp. 367-434.
[43]Come avviene, ma a scala provinciale, in una riuscita antologia sullo spazio ferrarese (Monica Farnetti e Giorgio Rimondi, a cura di, *Fuori le mura. Antologia di paesaggi letterari della pianura ferrarese*, Ferrara, Spazio Libri, 1991). Mi permetto il rimando, per una riflessione più vasta ed articolata sul rapporto fra immagine letteraria e paesaggio geografico, a Davide Papotti, *Geografie della scrittura. Paesaggi letterari del medio Po*, Pavia, La Goliardica Pavese, 1996 e, per una riflessione

Anselmi e Bertoni, laddove auspicano: "Una riflessione particolare dovrebbe forse essere dedicata – in chiave di indagine letteraria – alle tipologie oppositive dell'Emilia di montagna e di quella di pianura".[44] I due studiosi menzionano un tentativo in questa direzione rimasto a tutt'oggi unico, la "ricca antologia" a cura di Giovanni Negri: un affresco di narrativa, poesia e saggistica che, in una stupefacente e ambiziosa ricchezza centrifuga, viene impostato addirittura sulla quadripartizione classica degli elementi naturali (aria, acqua, terra, fuoco) osservati nelle loro specifiche apparizioni nel territorio della "bassa".[45]

La dimensione di una "geografia letteraria" – ripresa nello stesso titolo di un più recente lavoro di Anselmi e Bertoni[46] – rimane invece di frequente ampliamente sbilanciata sul fronte dei criteri letterari di indagine. Senza pretese di determinismo ambientale, sarebbe auspicabile allo stesso tempo, in dimensione complementare ed integrativa, una maggiore attenzione anche alla componente speculare, a quella che è propriamente la "letteratura geografica" della regione. Ovvero il ricco apparato di studi che spesso, pure con interessanti – e tutti da indagare – pregi stilistici di esposizione, si è impegnato a descrivere, comprendere, catalogare la sfuggente ricchezza del territorio inglobato dalla definizione amministrativa di Emilia-Romagna.[47]

Un'operazione di recupero del sostrato geografico della letteratura, che indaghi le regionalizzazioni percepite consciamente od inconsciamente dagli scrittori, attraversa obbligatoriamente la partizione settoriale di studio e coinvolge auspicabilmente un discorso interdisciplinare che spazi anche alla pittura, alle arti visive, alla musica. In questa ulteriore prospettiva centrifuga Anselmi e Bertoni mettono a disposizione qualche importante direzione di sviluppo.[48] Quella della critica d'arte di Francesco Arcangeli, ad esempio, che si produce, in *Incanto della città*, in una distinzione fra l'Emilia di

---

sul concetto di "bacino narrativo", in bilico fra geografia e letteratura, a *Idem*, "Categorie geografiche per la letteratura: i 'bacini narrativi' del fiume Po" in Gabriella Almanza Ciotti, Sandro Baldoncini e Giovanni Mastrangelo Latini, a cura di, *Studi in memoria di Antonio Possenti*, Pisa-Roma, Istituti Editoriali e Poligrafici Internazionali, 1998, pp. 489-500.
[44]Gian Mario Anselmi, Alberto Bertoni, *op. cit.*, p. 443, n. 62.
[45]Giovanni Negri, *I misteri della bassa per terra aria acqua fuoco. Antologia della civiltà letteraria padana del Novecento*, Messina-Firenze, D'Anna, 1982.
[46]*Geografia letteraria, cit.*
[47]Ricca la bibliografia relativa al rapporto geografia-letteratura; per trattazioni panoramiche si rimanda a William Mallory, Paul Simpson-Housley, a cura di, *Geography and Literature. A Meeting of the Disciplines*, Syracuse NY, Syracuse University Press, 1987 e a Fabio Lando, *Fatto e finzione: Geografia e letteratura*, Milano, Etas Libri, 1992.
[48]Gian Mario Anselmi, Mario Bertoni, *op. cit.*, pp. 450-451.

pianura e l'Emilia di montagna.[49] Rimane da indagare in altre direzioni e ad altre scale la prospettiva di interiorizzazione mentale delle categorie spaziali esterne indicata dai due studiosi a proposito del poeta Gaetano Arcangeli, fratello di Francesco: "Il paesaggio vi riveste il ruolo di 'pretesto necessario' e il tono di dura elegia, che non nasconde la propria natura drammatica, sottrae la forma ad ogni sospetto di esasperazione individuale per restituirla piuttosto ad una necessità di tipo etico, prima ancora che lirico, in virtù della quale non è l'impressione a divenire oggetto di trasfigurazione estetica, bensì il processo introiettivo da essa provocato, il nocciolo duro del suo tramite oggettivo e 'geografico'".[50]

In una direzione interdisciplinare e di coinvolgimento contemporaneo di più canali di comunicazione si è mossa quello che a ragione Anselmi e Bertoni definiscono "una bella iniziativa multidisciplinare",[51] cioè la mostra fotografica – con correlata pubblicazione di un catalogo e di un volume di scritti –[52] dedicata proprio all'asse portante della regione, la via Emilia. Attraverso l'accostamento di riflessioni narrate e di immagini fotografiche prodotte, in una salutare operazione a dimensione collettiva, da più individualità artistiche, si è delineato uno dei possibili percorsi di geografia della percezione, una delle molteplici immagini identitarie che possono accompagnare la lettura della realtà regionale emiliana.[53]

Nell'identificazione delle caratteristiche portanti della Via Emilia e, di conseguenza, della regione, giova la complementarietà espressiva e descrittiva fra gli studi dei geografi e le pagine degli scrittori. Nello sforzo di interpretazione, descrizione e riproduzione della realtà sulla pagina, gli stili e i saperi delle due categorie possono avere un fruttifero punto di incontro. Entrambe le discipline svolgono un lavoro di decifrazione su due fronti. Da un lato si dedicano ad un ragionamento induttivo e sintetico, che cerca le leggi generali e imposta tentativi definitori e classificatori; dall'altro adottano un ragionamento deduttivo ed analitico, che parte dall'osservazione della realtà effettuata attraverso lo specchio del

---

[49]Francesco Arcangeli, *Incanto della città*, Bologna, Nuova Alfa, 1984.
[50]Gian Mario Anselmi, Alberto Bertoni, *op. cit.*, p. 451.
[51]*Ibid.*, p. 443.
[52]Giulio Bizzarri, *op. cit.*, e Giulio Bizzarri, Eleonora Bronzoni, a cura di, *Esplorazioni sulla via Emilia. Vedute nel paesaggio*, Milano, Feltrinelli, 1986.
[53]Fondamentali rimangono i lavori prodotti dalla fruttuosa e originale collaborazione artistica fra il fotografo Luigi Ghirri e lo scrittore Gianni Celati (in particolare Gianni Celati, *Narratori delle pianure*, Milano, Feltrinelli, 1985; *Quattro novelle, cit.*; *Verso la foce*, Milano, Feltrinelli, 1989; la raccolta postuma di scritti di Luigi Ghirri *Niente di antico sotto il sole. Scritti e immagini per un'autobiografia*, a cura di Paolo Costantini e Giovanni Chiaromonte, Torino, Società Editrice Internazionale, 1997; l'opera a quattro mani *Il profilo delle nuvole: Immagini di un paesaggio italiano*, Milano, Feltrinelli, 1989).

reportage scritto e cerca successivamente di sviscerarne i significati approfondendo l'esame dei dettagli. Con oscillazioni di equilibrio fra i due poli variabili, sia per i geografi che per gli scrittori.

Volendo riassumere un po' spericolatamente il compito della disciplina geografica si potrebbe parlare di una scienza delle linee confinarie, intese non come demarcazioni amministrative ma come linee di discontinuità che seguono le variazioni di identità del territorio. Questo aspetto sembra poter accomunare geografi e scrittori, indipendentemente dalle vocazioni alla mobilità e al viaggio di entrambe le categorie: la sensibilità per i confini, per le linee invisibili che solcano il territorio demarcando piccoli scarti e tendenze che animano e rendono complessa l'identificazione di un profilo territoriale. L'analisi che porta all'identificazione dei confini si concentra sulla presenza di forze centripete e – verso contrario, medesima direzione – di forze centrifughe, cercando di stabilire delle linee di frequenza sulle quali queste pulsioni si assestano.[54]

Anche nel mondo della cultura l'idea dell'unitarietà regionale sembra prendere forma grazie a quell'asse aggregante che è la via Emilia. Una delle tante strade consolari assume valori e connotazioni specifici in virtù di diverse qualità che contraddistinguono il contesto territoriale. Nel puntualizzare alcuni degli aspetti peculiari che caratterizzano questa strada occorre anche tenere in considerazione il modo in cui essi sono stati colti, definiti e valorizzati dalla tradizione letteraria.

Nell'introduzione al volume *Aemilia. Una via, una regione*, Fausto Cantarelli sottolinea innanzitutto una caratteristica originale della strada emiliano-romagnola, la sua perfezione geometrica: "Lungo 262 chilometri da Rimini a Piacenza, e 265 da Rimini al Po (oltre Piacenza) questo rettilineo è stato per molto tempo unico per estensione in tutta la penisola, essendo le altre strade romane rese tortuose dalla necessità di seguire la plastica tormentata del terreno".[55] Guidando sulla sua direttrice, il volante può rimanere nella

---

[54]Riprendo – ma spostandola dal puntiforme all'assiale – l'immagine del rapporto fra dimensione centripeta e spinta centrifuga dalle riflessioni propositive di Alberto Bertoni in apertura all'ultimo capitolo (intitolato "Lo specchio della parola: una tradizione narrativa reggiana, come per concludere") del suo recente volume: "Ed è questa, in fondo, anche l'unica morale possibile di una geografia letteraria articolata e variegata quale quella del Novecento letterario emiliano e romagnolo, con la forza centripeta dell'ateneo bolognese e quella centrifuga delle piccole province, insieme con il delinearsi di comunità locali sempre meglio organizzate sul piano della diffusione della cultura e il destino invece piuttosto tragico de *outsiders* toccato a molti degli scrittori eminenti della regione nella loro epoca e nel loro ruolo d'origine" (Gian Mario Anselmi, Alberto Bertoni, *Geografia letteraria, cit.*, p. 381)
[55]In AA. VV., *op. cit.*, p. 9. Sulla peculiare linearità del percorso si soffermava già, inserendola in un contesto allargato all'Italia settentrionale e alla Francia, Olinto Marinelli nell'articolo "La via più diritta d'Italia", in *idem, Curiosità geografiche*, Milano, Vallardi, 1928, pp. 245-246.

medesima posizione, e l'andare assume quella peculiare caratteristica ipnotica che così bene è stata registrata, fra i tanti, dagli scritti di Pier Vittorio Tondelli. L'incanto geografico del rettifilo stradale viene sottolineato attraverso la precisa volontà di non abbandonare mai, nemmeno di fronte ai segnali, il percorso rettilineo ideale: "Altre volte, a notte fonda – l'unico momento in cui, con un po' di spregiudicatezza o di incoscienza, puoi ignorare sensi vietati e isole pedonali – avrei attraversato le città che la via Emilia solca come un'arteria percorre il corpo umano: sarei partito da Parma, poi Reggio Emilia, poi Modena, infine Bologna... Buona musica nell'auto e, fuori, la sequenza di pioppi, platani, grandi viali di circonvallazione, mura medievali, cattedrali, un entrare e uscire dal cuore delle città, e subito l'immersione in un altro ducato...".[56]

Una strada diritta, per di più, a livello di percezione spaziale è una strada che appare insieme più autorevole e più corta di quanto non farebbe al suo posto una strada tortuosa.[57] Basta, ancora oggi, prestare attenzione ai segni istituzionali della cartellonistica stradale per avere una riprova di questo operante inganno geografico della via Emilia. Un esempio fra i tanti possibili: a Parma, in strada Martiri della Libertà – familiarmente chiamato lo Stradone, un largo viale alberato che una volta era il viale del passeggio serale, fuori le mura, ma è oggi ridotto a circuito di circonvallazione automobilistico – c'è una fila di cartelli blu a freccia, di quelli che riportano il nome della località seguito dal chilometraggio che segna la distanza. In mezzo a quattro o cinque toponimi di paesi vicino a Parma, accanto al nome e alla distanza chilometrica di "Reggio Emilia 22", e cioè l'indicazione logica del capoluogo di provincia più vicino, spicca il cartello "Rimini 204".[58] Lì per lì sembra tutto normale, ma a pensare che in questo modo si salta la progressione geografica e si

---

[56]Pier Vittorio Tondelli, *Un weekend postmoderno. Cronache dagli anni ottanta*, Milano, Bompiani, 1990, p. 77.
[57]Edward T. Hall, *The Hidden Dimension*, Garden City NY, Doubleday, 1966.
[58]Sul valore numerico – inteso come punto di riferimento all'interno di un movimento ciclico e ripetitivo quale quello proposto dall'andamento rettilineo della via Emilia e dai suoi intervallati attraversamenti urbani – si basa il fascino delle moderne pietre miliari, eredità delle segnalazioni lapidee romane. L'incanto aritmetico e strettamente definitorio di questa matematica misurazione attira come un punto fisso lo scrittore-viaggiatore, conquistato dal ritmo regolare delle apparizioni. Nella materiale presenza delle pietre alberga un valore simbolico di rilevanza spaziale: "Ricordo un fosso pieno d'acqua, e vicino un salice piangente. Di fronte c'è una pietra miliare, che conferisce lustro sotto il sole a questo ciglio arbitrario della strada" (Beppe Sebaste, "Diario d'inverno" in Giulio Bizzarri, *op. cit.*, p. 152). A diverso alzo ottico l'orientamento effettuato sui campanili: "Ho visto, uscendo da Parma, e precisamente al Km 198, il primo campanile all'orizzonte [...] Perché sono fermo: per guardare il primo campanile, la cui sommità è una pera perfetta" (*Ibid.*). La successione di queste emergenze architettoniche ritma il percorso rettilineo della via, come una rassicurante protezione offerta ai viandanti.

abbandona ogni logica quantitativa, il dato appare già più strano. Non c'è Modena, non c'è il capoluogo regionale Bologna, ma c'è Rimini. Il privilegio onomastico-cartellonistico nasce proprio da lì, dal fatto che a Rimini nasce la via Emilia, e da Rimini si cominciano a contare le miglia progressive. L'indicazione della mèta finale – in senso automobilistico, o della scaturigine iniziale, in prospettiva storico-geografica – avvicina però le due località ed imprime quasi un'aura di destino legata all'innegabile unitarietà del corridoio asfaltato. La caratteristica che risalta nel tratto mediano della strada è proprio l'estensione apparentemente infinita, a perdita d'occhio, in entrambe le direzioni: "Senti la via Emilia – dice e posa un passo e poi l'altro – Corre sotto i piedi senza fermarsi mai. Guarda come si allunga senza vedere il fondo! Anche da un'altra parte si allunga senza vedere il fondo! Il fondo di una strada sono due – Il fondo di un pozzo sono uno – Il fondo di un fiume sono zero".[59]

Sollevata, dopo la costruzione della parallela autostrada, dal ruolo di direttrice di lunga percorrenza, e liberata così da buona parte del traffico di lunga portata, la via Emilia ha assunto da allora in poi un carattere di strada metropolitana, in due diverse accezioni: nel senso che svolge funzione di traffico locale, di corta gittata, fra le località da essa toccate – si fa cioè perno del movimento pendolare, diurno e notturno, che la percorre in entrambi i sensi – e contemporaneamente si fa fattore essa stessa di urbanizzazione, attirando intorno a sè quel *continuum* semiurbano fatto di edilizia mista e disordinata, di edifici industriali, di stazioni di servizio, di centri commerciali, ecc. che ne fanno oggi quasi un'arteria urbana, con pochi sprazzi di paesaggio agricolo intercalati.[60] Sul tema si leggano le parole di Gianni Celati dal racconto *Condizioni di luce sulla via Emilia*: "Un traffico di automezzi in file continue scorre per molte ore al giorno sulla lunga strada, per gran parte del suo percorso. E per gran parte del suo percorso si viaggia tra due quinte formate da cartelloni pubblicitari, lunghi capannoni industriali, stazioni di servizio, empori di mobili e lampadari, depositi d'auto in esposizione, depositi di carcasse d'auto, bar, ristoranti, palazzine a colori vivaci, oppure quartieri d'alti palazzi sorti in mezzo alle campagne".[61] La metafora teatrale (le "quinte") è versione elegante

---

[59]Corrado Costa, *op. cit.*, p. 57.
[60]Sulla centralità della via Emilia nel panorama del traffico, eloquenti i dati del P.R.I.T. (Piano Regionale Integrato dei Trasporti) del 1987, che calcola per l'intera regione 160 "poli generatori" di traffico, con un movimento giornaliero di più di 370.000 veicoli per passeggeri al giorno, e una concentrazione del 40% di essi sulla via Emilia (Pier Luigi Spaggiari, *op. cit.*, p. 146).
[61]In Gianni Celati, *Quattro novelle, cit.*, p. 40. Altrove l'osservazione oggettiva distaccata può lasciar spazio, in un veloce cortocircuito di immagini esotiche associative, a proteste verbali contro questo assoluto e spudorato disastro ecologico: "Ma

della definizione di Cervellati: "La via Emilia è trasformata in strada corridoio".[62] A cui a sua volta fa da *pendant* l'altrettanto sintetica definizione di Giulia Niccolai: "Era come viaggiare su una strada di città che non avesse mai fine".[63] Sul rapporto fra microscala locale e prospettiva geografica dell'orizzonte puntuale la differenziazione linguistica e funzionale intuita da Corrado Costa, che distingue una "strada Emilia" da una "via Emilia": "La strada viene stretta dai cortili, dalle porte di casa. La via spacca la coscia, rapida come un taglio. La strada percorre lenta la gamba, come le righe di un tessuto. Sembra tessuto a mano. E le righe si arrestano nei nodi: chiese, oratori, maestà, fontane, siepi, l'ombra dell'inverno distesa sotto gli alberi da frutto. La via distrugge attorno, la strada si ritira in sè, si restringe, con una striscia di erba al centro e due sentieri per chi va e chi viene".[64]

Nel panorama sopra delineato, dunque, la via Emilia esce vittoriosa come forza centripeta di unificazione di un territorio: "In tale 'ambiente' emerge sempre la via Emilia, grande collettore di traffici, ma anche struttura particolarmente idonea alla propagazione di ogni sorta di informazione; sicché la strada acquistò sempre più il compito di unificare culturalmente uno spazio istituzionalmente diviso, dando a questo quel minimo di coerenza che giustificherà, più dei noti limiti naturali, la ricostituzione di tale spazio in regione".[65] Sottolineando l'avverbio "culturalmente" che

---

della via Emilia pensai subito male. Ne pensai così male [...] che mi sarei occupata proprio del binomio più negativo che in parte le caratterizza, quel consumismo/ velocità dell'Italia industriale che in quarant'anni dalla fine della guerra l'ha livellata e snaturata. Ecco. Io della via Emilia sceglievo di scrivere di quegli hangar-cimitero da esposizione e da 5000 metri quadrati che espongono mobili impiallacciati e negli spot televisivi si fanno pubblicità abbattendo foreste amazzoniche" (Giulia Niccolai, "La via Emilia", in Giulio Bizzarri, *op. cit.*, p. 125). E, di fronte a questo continuo movimento frenetico degli automezzi, gli oggetti residuali della storia sono condannati ad una stoica agonia di immobilità: "Più avanti, sulla strada, ci sono le case di pietra, vecchie come una vecchia automobile smessa e abbandonata in un cortile. Con gli alberi cresciuti intorno che la costringono al suolo" (Beppe Sebaste, *op. cit.*, p. 156).
[62]Pier Luigi Cervellati, *op. cit.*, p. 178.
[63]Giulia Niccolai, *op. cit.*, p. 135.
[64]Corrado Costa, *op. cit.*, p. 57. Non senza un tocco di magia, evidenziato da Giulia Niccolai, nell'adeguarsi alla crescita storica e dimensionale: "La via Emilia era molto più stretta di quanto non lo sia ora (e come abbiamo fatto ad allargarla anche nei centri storici, non riesco proprio a capirlo. C'erano forse dei marciapiedi che sono stati eliminati?)" (*op. cit.*, p. 135). Questa capacità di trasformarsi, di vivere delle metamorfosi anche nella dimensione apparentemente intoccabile della grandezza, conferisce una certa vivacità alla via, assegna un'anima: "la strada si allarga e si stringe come qualcosa di vivo" (Beppe Sebaste, *op. cit.*, p. 153). Anche la temporalità, seguendo un rapporto sempre più diretto con la dimensione spaziale, adotta misure diverse: "La via cammina a chilometri, la strada a ore" (Corrado Costa, *op. cit.*, p. 57).
[65]Franco Savi, *op. cit.*, p. 121.

ci riporta al problema del dualismo geografico relativo alla presenza operativa, sul territorio, di forze materiali e quantitativamente misurabili così come di forze immateriali e mentali più sfuggenti ad una precisa definizione numerica, piuttosto legate ad immagini psicologiche e ad inerzie culturali. Più sfuggenti qualità confinarie sono identificate nella via Emilia dagli scrittori, fra i quali, ad esempio, Alberto Arbasino: "Lungo la via Emilia, i neon colorati dei distributori di benzina si accendono ad uno ad uno, e segnano la linea tra la pianura e le colline".[66] Il confine sembra addirittura materializzarsi, non solamente nei punti forti di coagulo delle città, ma anche nella linea ininterrotta delle luci e delle costruzioni, come si trattasse davvero di una pericolosa frontiera sorvegliata. E come muro divisorio si presenta infatti contemporaneamente alla capacità visionaria dello scrittore e al retorico afflato dell'architetto: "Attorno al pellegrinaggio la campagna continua a cambiare e mentre prima si susseguivano i piccoli tratti di campo, le colline segnate come mappe, con confini precisi, il giro della strada e lo scorrimento delle acque – adesso siamo immersi in una distesa senza confine di coltivazioni a pomodoro e in fondo, appena sopra, si intravede lo sconfinamento dei prati, verde su verde, fino alla via Emilia. [...] Ormai siamo sulla via Emilia e la via Emilia si distende davanti come un inaccessibile muro. Nei due sensi passano i mezzi di trasporto";[67] "Non sembri troppo azzardato paragonare questa arteria alla quasi coeva e assai più clamorosa e chilometrica 'muraglia cinese' voluta dall'imperatore Ch'in Shih Huang Ti (229-221 a.C.). È noto. Egli voleva isolare e, insieme, unificare lo spazio del suo regno. La 'muraglia' dava la misura della sua estensione. Al di là dei differenti rapporti, anche la via Emilia costituiva un confine quasi invalicabile. Era lo spartiacque fra il colto e l'incolto. Una cesura fra la pianura quasi bonificata e l'Appennino calanchivo, sabbioso. Sicuramente selvatico. Un confine fra la 'coltura' e la natura più o meno sterile".[68] L'arricchimento iconografico e concettuale messo a disposizione in parallelo dalle pagine letterarie e da quelle saggistiche contribuisce a rivitalizzare l'immaginario regionale.

Conclusioni

Chiudo su un ultimo lavoro di comparazione "testo a fronte" fra riflessioni geografiche e considerazioni letterarie: confronto che ci riporta all'affascinante ambiguità del concetto di "regione". Afferma il geografo Renato Biasutti a proposito della difficoltà definitoria dello strumento regionale: "Ogni fatto di interesse geografico ha una propria regione – e si parla infatti di regioni morfologiche,

---

[66]Alberto Arbasino, *Fratelli d'Italia*, Milano, Feltrinelli, 1963, p. 377.
[67]Corrado Costa, *op. cit.*, pp. 63 e 65.
[68]Pier Luigi Cervellati, *op. cit.*, p. 165.

botaniche, etniche, economiche, politiche, ecc. – e la ricerca di una sintesi si trova di fronte ad una serie di singole aree di diffusione quasi mai sovrapponibili, così che, necessariamente, si è costretti a dare maggior peso all'uno o all'altro elemento. Pertanto la regione geografica diventa un'ipotesi di studio, opportuna e necessaria per molti oggetti, ma in sostanza, un'astrazione".[69] Sostiene il geografo economista Franco Savi a proposito della regione Emilia-Romagna: "I secoli che trascorrono tra l'epoca di Diocleziano e la comparsa del nuovo stato unitario ci tramandano non una, ma tante storie per i territori che formano l'attuale Emilia Romagna. Non esiste, quindi, per tale regione una continuità. Di continuità si può, al contrario, parlare nel caso della via Emilia e dei centri che su tale strada sono sorti in epoca romana e che sono riusciti a persistere, anche se nel tempo questi hanno visto mutare notevolmente le loro caratteristiche funzionali".[70] Partendo dalla dualità del binomio Emilia-Romagna, espressione di una complessità territoriale innegabile ed intrinseca, nel medesimo ambito territoriale si possono trovare molte altre regioni, simili a quelle di cui efficacemente parla Ermanno Cavazzoni nel suo *Il poema dei lunatici*: "Le mie ricerche di terre e di popolazioni continuavano intanto; e avremmo voluto capire le questioni della geografia, per orientarci. Gliene parlavo, ma i confini di queste regioni sono talmente frastagliati e sinuosi, e anche talmente incerti, che non si sa esattamente da dove passino. Non ci sono carte o mappe affidabili, e io non conosco nemmeno trattati o atti ufficiali"; "Queste regioni – gli spiego – non sono lì fisse, e ben piantate per terra. A me sembra che si formino quasi dal niente, anche tante. E poi magari non si trovano più. Cioè qualcuno le ha viste. Ci passa attraverso, e poi tutto a un tratto non se ne riesce a sapere più niente. E quindi non si può dire di sicuro se ci sono ancora da qualche parte, o se sono svanite. [...] Io direi che un atlante lo faremo di carta velina, perché si vedono in trasparenza i fogli di sotto. Che vuol dire che in un posto ci possono crescere tutte queste regioni una sull'altra, all'infinito".[71]

Non si può fare altro, dunque, che moltiplicare per contagio la cautela del plurale identitario, e proporre, ad ulteriore ricambio toponomastico, la nuova dizione di "Emilie-Romagne".

---

[69] Renato Biasutti, *Il paesaggio terrestre*, Torino, UTET, (1^ ed. 1947) 1962, p. 16.
[70] Franco Savi, *op. cit.*, p. 142.
[71] Ermanno Cavazzoni, *Il poema dei lunatici*, Torino, Bollati Boringhieri, 1987, pp. 111 e 144.

Marco Belpoliti

Scrittori del magone.
Ipotesi su un sentimento della letteratura padana

Nei primi giorni del mese di ottobre del 1978 sui banconi delle librerie italiane fa bella mostra di sé l'ultimo romanzo di Gianni Celati. S'intitola *Lunario del paradiso*. Sono passati solo quattro mesi da quando il corpo di Aldo Moro è stato ritrovato in via Caetani, dentro una R4 rossa. La quarta di copertina spiega che questo è un romanzo sentimentale ambientato ad Amburgo, nel 1960, al tempo dei Beatles, fornisce un breve riassunto dei fatti e conclude: "La sentimentalità ritorna come dilatazione del quotidiano, riscoperta del piacere di raccontare storie e di 'farsi' delle storie della propria vita". La parola "sentimentalità" ha fatto il suo reingresso nella letteratura italiana, decisa a restarci per i venticinque anni seguenti. Senza quella parola, poco o nulla della nuova narrativa italiana sarebbe comprensibile: Tondelli, Palandri, De Carlo, fino ad arrivare a Baricco, Culicchia e Brizzi; come dire, la letteratura che si è misurata, con risultati alterni, con le forme dei sentimenti, forme che mutano e si modificano nel corso del tempo. La "sentimentalità", come dicono i vocabolari, è la condizione di chi è sentimentale: è il sentimento più la persona che la prova. Celati inaugura una nuova stagione della narrativa italiana non solo perché scrive il primo vero "romanzo giovanile" del secondo dopoguerra, lui che giovane non è (ha all'epoca quarantun anni), ma perché scrive un romanzo di sentimenti in cui l'io che li prova, invece di esibirsi, si sottrae. Nel *Lunario del paradiso* (Einaudi, 1978) la "sentimentalità" è infatti il sentimento meno l'io che lo prova. Quali sono i sentimenti di cui parla Celati? L'amore, la gelosia, la nostalgia, prima di tutto, ma anche e soprattutto il *magone*. Nel nono capitolo, la voce narrante tira le somme dei suoi comportamenti in terra di Germania e conclude:

> Io sono malinconico, ve lo dico subito. Ho la malinconia che mi gorgoglia in basso, viene su dalla pancia, fa il giro delle budelle, poi si piazza nello stomaco e allora diventa magone. E con il magone non sto più fermo da nessuna parte; mi alzo, mi siedo, mi muovo, fumo come un camino, tutti mi stanno sui coglioni.

Il magone, spiega, "è una cosa tutta diversa dalla cosiddetta malinconia; non so se mi spiego", perché invece di farti sedere a contemplare il tuo malessere, ti spinge a correre tanto, a scappare, a fare viaggi, a imparare le lingua, a tirare calci. Fa venire l'estro, "ossia la voglia di ululato". La parola "magone" indica propriamente lo stomaco, ma anche una forma di dispiacere che opprime l'apparato digerente. Il magone è la malattia di cui soffrono in modo appena differente i personaggi dei precedenti "romanzi" di Celati. La malinconia è una alterazione del tono dell'umore verso una tristezza profonda con riduzione dell'autostima e un impellente bisogno di autopunizione, come sostiene Umberto Galimberti. L'opposto della depressione è l'*euforia*, stato che si presenta clinicamente in alternanza con la depressione stessa e che sovente sfocia in forme di *mania*. Il magone – termine assai diffuso nei dialetti della Pianura padana – indica uno stato intermedio tra la malinconia e la mania. Celati la descrive con molta efficacia nelle pagine del suo *Lunario*. Ma non è il solo narratore padano a farlo. All'inizio dell'ultimo e conclusivo racconto di *Altri libertini*, *Autobahn*, libro pubblicato nel 1980 (Feltrinelli), che molto deve alla lezione sentimentale del *Lunario*, Pier Vittorio Tondelli ne dà una descrizione particolareggiata:

> Lacrime lacrime non ce n'è mai abbastanza quando viene su la scoglionatura, inutile dire cuore mio spaccati a mezzo come un uovo e manda via il vischioso male, quando ti prende lei la bestia non c'è da fare proprio nulla solo stare ad aspettare un giorno appresso all'altro. E quando viene comincia ad attaccarti la bassa pancia, quindi sale su allo stomaco e lo agita in tremolio di frullatore e dopo diventa ansia che è come un respiro trattenuto che dice vengo su eppoi non viene mai. E Laura diceva, mi ricordo, che questo faceva male ahimè davvero molto male come ti siringassero da dentro le budella e le graffettassero e punzecchiassero, insomma tanti scorpioncini appesi al tubo digerente così che poi dovevi per guarire cercare un disinfestatore che ti imponesse i fluidi, magari girando mezzitalia e trovatolo fare poi sala d'attesa in compagnia di melanconici stultiferi biliatici neurotici et altri disperati con artrosis e acciacchi d'ossa, persino invasamento del Maligno.

Le "scoglionature" di Tondelli sono il "magone" di Celati, un caso particolare di quella malinconia che è facile trovare nelle pagine dei narratori padani, un sentimento che unisce la malinconia alla follia, lo stato nostalgico al furore. È il "vischioso male" a provocare il desiderio di viaggio del protagonista di *Autobahn*, ma più in generale di tutti i personaggi dei racconti di Tondelli, dal libro di esordio fino a *Camere separate*, personaggi la cui particolarità è quella di essere sempre in movimento ma fermi: "Sono tornato sulla mia automobile e ho preso la strada di casa. Non volevo arrivare. In realtà avrei voluto essere magicamente fermato in quella situazione 'in movimento'" (*Quarantacinquegiri per dieci anni*).

Come ha spiegato con molta efficacia Jean Starobinski, spesso ci dimentichiamo che i sentimenti non sono delle parole, ma possono diffondersi solo attraverso le parole e che "non possiamo cogliere nulla di un sentimento al di qua del punto in cui si nomina, si designa e si esprime". Starobinski ha analizzato la storia del termine *nostalgia*, creato nel Seicento da uno studente di medicina per definire una malattia che causava prima il deperimento, poi la morte per inedia dei soldati svizzeri di stanza lontano dai loro villaggi montani. Le malattie psicologiche, lo sappiamo da tempo, hanno a che fare con i luoghi ma anche con i climi, con il profilo dei paesaggi e le temperature, col caldo e con il freddo, con la pioggia o con le giornate soleggiate, cioè con tutte le variazioni di quella cosa che, con un termine poco scientifico ma molto pregnante, chiamiamo l'*umore*. La letteratura padana, quella legata alla Pianura che si apre lungo il corso del Po, dagli Appennini al Mare Adriatico, terra di fitte nebbie e forti calori estivi, sembra decisamente segnata proprio da quel particolare tipo di follia umorale, tra il melanconico e il maniacale, che ritroviamo nelle avventure dei cavalieri di Matteo Mattia Boiardo e Ludovico Ariosto, come nel *Baldus* del Folengo, fino ad arrivare appunto a Celati e Tondelli, passando per uno scrittore riscoperto da entrambi, e che possiamo definire il maestro della letteratura del magone: Antonio Delfini.

In una delle ultime pagine di *Verso la foce*, libro pubblicato nel gennaio del 1989 (Feltrinelli), Celati arriva al Po di Gnocca. È su un pontile e vede una barca. Tanto è il suo amore per i traghetti che gli viene voglia di lasciare la sua copia dei racconti di Antonio Delfini – *Il ricordo della Basca* – "sul bordo della barca incatenata, perché qualcuno la ritrovi e si ricordi del posto". Ma poi ci ripensa e rimette il libro nello zaino. In una versione precedente di questo diario, datata 4 giugno 1983, il libro è *Bouvard e Pécuchet* di Flaubert: *dalla stupidità al magone*, questo è il tragitto, più o meno immaginario, implicito nella sostituzione del libro nello scritto di Celati; come a dire, l'adesione a una poetica, di cui *Verso la foce*, uno dei libri che chiude i cinici e rampanti anni Ottanta con una insopprimibile vena di malinconia e di fallimento, fornisce il miglior documento.

Negli ultimi anni della sua breve vita, Tondelli aveva coltivato con molta convinzione l'idea di scrivere una specie di biografia letteraria di Delfini, scrittore modenese con cui si era via via identificato. Delfini era uno scrittore disperato e la sua disperazione, il suo disagio nello stare al mondo, nel rapportarsi con gli altri, era ben più che una nevrosi: una condizione permanente di magone.

Cesare Garboli, in un suo scritto, *La bicicletta di Delfini* (1983), ha definito la scrittura di Delfini e la sua disperazione come un "metalinguismo puerile". Egli è un narratore cieco verso se stesso, è come un bambino, dice Garboli, che quando parla "non si sa mai con esattezza se riferisca l'emozione che sta provando o se la sua emozione consista soprattutto nel piacere di riferirla". Tra l'emozione provata dal bambino e il piacere di riferirla, si crea poi, afferma il critico, un corto circuito: "Esiste un'emozione originaria: lo scrittore parte da questa, la traduce, la esprime; l'emozione originaria produce il piacere di riferirla e il piacere di riferirla va per conto suo e diventa un'emozione riferita". Questo meccanismo fa sì che per Delfini si possa parlare di "emotivismo".

Il caso di Delfini è esemplificativo di molta della letteratura prodotta nella Pianura padana, per quanto il suo resti un caso unico nella nostra letteratura, ma con una eccezione, quella che si riferisce proprio al periodo che inizia con la fine degli anni Settanta, con il *Lunario del paradiso* di Celati, ma anche con *Boccalone* di Enrico Palandri (1979) e soprattutto *Altri libertini* di Tondelli. I personaggi di Celati sono tutti adolescenti, bambini difficili, giovani un po' ribelli e un po' melanconici. L'unico adulto, Aloysio delle *Comiche*, è un mattoide, cioè un adulto dimezzato. Celati fa propria la lezione della letteratura giovanile americana che ha in *Tom Sawyer* di Mark Twain – da lui tradotto e prefato nel 1979 – e nel *Giovane Holden* di Salinger, i suoi più diretti progenitori. Sono tutti ragazzi, perché nella letteratura dello scrittore emiliano, almeno fino a *Narratori delle pianure*, gli adulti appartengono al mondo della Norma, delle Regole, al mondo dell'Ordine. La data di uscita del *Lunario* non è affatto casuale, essa viene dopo il Movimento del '77, ben presente nel sottofondo del racconto, dopo la crisi della Politica, di cui *Altri libertini* resta il referto più attendibile e letterariamente riuscito.

Ma quello che in Celati è un elemento importante, ma non essenziale del suo percorso di scrittore, come hanno dimostrato i libri pubblicati a partire dalla metà degli anni Ottanta, in Tondelli diventa al contrario un elemento decisivo: il *narcisismo*. Aldo Tagliaferri, che fu il suo primo editore presso la Feltrinelli, in un breve ma fulminante scritto (*Sul motore tirato al massimo*), ha messo a fuoco la questione che soggiace all'intera opera di Tondelli e che ne fa, ben al di là dei risultati letterari, lo specchio fedele di una determinata epoca: "un bisogno collettivo di evadere da quella realtà sociale e dal tipo di conflitto che esso comporta e prevede, mentre prende corpo la ricerca, annunciata dal titolo, di una *alterità* perseguita attraverso la pratica di un *libertinaggio* eversivo". *Altri libertini* descrive una società senza padri che, ricorda Tagliaferri, lo psicoanalista Béla Grunberger aveva descritto negli anni Sessanta come il tentativo "di costruire un mondo narcisistico di uguali al fine di evitare sistematicamente l'Edipo, e dunque il penoso processo di maturazione pulsionale". Nel suo volume, *Il narcisismo* (Einaudi), lo psicoanalista ungherese descrive la condizione dell'adolescente che non occupa più il suo posto nell'ordine delle generazioni, "ma romperà l'intero sistema di filiazione e si cercherà successivamente un posto al di fuori di esso". Chi ha letto *Altri libertini* sa benissimo come questa sia la tonalità complessiva di questa folgorante opera di esordio. Ma che rapporto esiste tra il "magone" e il "narcisismo", tra il "magone" e il "metalinguismo puerile"? Il magone è una delle forme, se non la principale, che assume il disagio psichico dell'adolescente, il suo non sapere che posto avere nel mondo: Angelo, Chiara, Maria Giulia di *Autobahn* sono contagiati dal magone, e lo sono non in modo individuale, bensì collettivamente. Se il magone è una condizione usuale della letteratura padana, Tondelli, e in una certa misura anche Celati, ne hanno tuttavia descritto l'affioramento in un momento preciso, quello in cui entra in crisi nella società italiana il tradizionale passaggio generazionale. Celati si dimostra capace però di elaborare a proprio modo quella crisi. In *Storia di un apprendistato*, racconto centrale di *Narratori delle pianure* (Feltrinelli, 1985), il protagonista piange ogni giorno alle cinque, fino a che, alla fine di un piccolo processo di apprendistato, gli sembra di capire cosa sia la vita: "una trama di rapporti cerimoniali per tenere insieme qualcosa di inesistente". Tondelli, invece, inconsapevole di quanto sia abissale il fondo mitico del proprio narrare (Tagliaferri), si avvita su se stesso esibendo sempre più la propria "sentimentalità", fino al punto in cui essa stessa non entra in conflitto con il proprio narcisismo. Dal "magone" alla "nostalgia di sé", questo è l'ultimo tratto del percorso in cui l'*altro libertino* si trova dinanzi allo specchio impietoso di quell'oblò con cui inizia *Camere separate*, superficie riflettente in cui disperato non riesce più a ritrovare il proprio sé ragazzo.

Valdoca, *Fuoco Centrale* (1995), foto di Patrick Lages

Rebecca West

Incontri sorprendenti con scrittori "padani"

Una forte sensazione di stupore è stata la caratteristica comune dei miei primi incontri con quattro importanti narratori italiani. Il primo incontro sorprendente, con Gianni Celati, ebbe luogo a Roma nel 1979. Poco dopo, nel 1985, avendo vinto una borsa di studio che mi permetteva di tornare in Italia a svolgere alcune ricerche, ebbi l'occasione, tramite l'aiuto di Maria Corti, di conoscere di persona Malerba, Manganelli, ed anche Tonino Guerra, tutti scrittori amici della Corti, che le avevano donato materiali per il suo *Fondo Manoscritti della Letteratura Contemporanea* a Pavia, e dei quali avevo letto diversi romanzi. Non pensavo allora che ci fosse un modo di "unire" criticamente questi scrittori. Avevo letto le loro opere casualmente, senza nessun programma prestabilito, ma li avevo tutti apprezzati per le loro qualità di invenzione, stranezza, novità e comicità. Essendomi dedicata professionalmente fino ad allora soprattutto alla poesia del Novecento, avevo una conoscenza meno accurata delle "tendenze" nella narrativa contemporanea italiana, delle "scuole" o dei "sodalizi culturali", a parte l'allora già canonico Neorealismo e la Neoavanguardia degli anni Sessanta. Andai dunque a incontrare questi scrittori, che avevo scoperto di recente, senza nessuna domanda prestabilita da porre, e soprattutto senza pregiudizi critici o tesi da dimostrare. Solo dopo quegli incontri mi resi conto che, oltre a piacermi per la loro scrittura, avevano un'altra cosa che li accomunava: la regione di provenienza. Forse è un legame poco significativo e per niente determinante. Neppure oggi saprei spiegare il significato di questo fatto: constato semplicemente che Malerba, Manganelli, Guerra, e Celati, tutti e quattro, hanno radici famigliari nell'Emilia-Romagna, e che certi loro scritti contengono elementi che rispecchiano qualcosa che forse si potrebbe chiamare una "linea padana." Il fatto per me sorprendente è stato che diversi scrittori, scoperti e letti casualmente e indipendentemente l'uno dall'altro, senza nessun intenzionale orientamento critico-geografico, si siano poi rivelati in un qualche modo legati fra loro da questa comune appartenenza regionale. "Forse – mi dicevo – questi quattro scrittori devono avere qualcosa in comune, se li trovo tutti così compatibili ai miei gusti letterari".

Ma, prima di cercare di definire quel "qualcosa in comune" (se c'è), vorrei raccontare le storie dei primi incontri sorprendenti con questi quattro scrittori, avvenuti tutti tra il 1979 e il 1986.

Racconterò poi, in parte, ciò che ho imparato più di recente da diversi scrittori cosidetti "padani" ad un convegno intitolato "Le pianure", che ha avuto luogo alla fine di marzo 2000, a Salisburgo, in Austria.

Il primo inaspettato incontro con Gianni Celati
Avevo scritto una lettera a Gianni Celati nel 1978 dopo aver letto il suo libro *Le avventure di Guizzardi*, che mi era piaciuto enormemente. Era la tipica lettera di una *fan*, di una "tifosa", con la quale non chiedevo niente di preciso, ma esprimevo solo la mia ammirazione per *Guizzardi*, e dicevo che sarei stata a Roma tra settembre e giugno, e che forse sarei potuta andare a Bologna per incontrare l'autore del libro che tanto mi aveva colpito. Un giorno, nella primavera del 1979, ricevetti una telefonata all'Accademia Americana a Roma, dove abitavo in quel periodo, e sentii una flebile voce dall'altro capo:

"Sono Gianni Celati. Ho ricevuto la lettera."
Rimasi come fulminata: "Uno scrittore che mi telefona? A me?!" pensai.
"Che piacere. Grazie, grazie. Posso venire a trovarla a Bologna?", balbettai.
"Ma sono qui", disse l'esile voce.
"Qui, a Roma?", dissi io.
"No, qui sotto, qui in questo posto."

Potete immaginare la mia emozione! Corsi al pianterreno e lì mi trovai davanti inaspettatamente un uomo alto, magro, con un sorriso timido, ma la stessa dolce voce che avevo sentito pochi secondi prima al telefono. Uscimmo per fare una passeggiata nel grande parco sul Gianicolo vicino all'Accademia, dove camminammo per ore chiacchierando. Scoprimmo dopo poco un fatto curioso: ci eravamo già conosciuti, anni prima, quando io ero una studentessa a Yale e Gianni era un *visiting professor* a Cornell (o forse Brown, non mi ricordo in modo esatto). Lui era venuto a New Haven (dove si trova Yale) per una festa da un mio professore e suo amico, alla quale anch'io ero andata. Quel giorno a Roma parlammo a lungo, e mi ricordo soprattutto ciò che Celati disse riguardo il romanzo moderno, cioè che non amava per niente il romanzo monumentale, con un narratore che spiega tutto, e con una trama ben controllata e lineare. Mi è rimasta in mente quella parola "monumentale", e anni dopo, scrivendo sulle opere di Celati, ho usato l'espressione "anti-monumentale" per descrivere il suo modo preferito di narrare. Ci incontrammo poi altre volte sia in Italia che a Chicago, ma mi rimane vivissimo il ricordo di quel primo incontro così inaspettato e sorprendente. Avevo capito subito tante cose che riguardano lo stile di Celati (voglio dire lo stile personale ma anche lo stile letterario): la sua predilezione per le situazioni informali, per le passeggiate diaioganti o i dialoghi peripatetici (camminare, parlare, scrivere, vanno spesso insieme), per gli incontri zigzaganti ed obliqui sia con le persone sia con le parole. Credo che quell'incontro sorprendente a Roma abbia condizionato per sempre la mia comprensione del mondo celatiano, e di quell'incontro sono profondamente grata.[1]

La sorpresa di un Malerba non affetto da manie

Conobbi Luigi Malerba ad Orvieto nel 1985. Fu un incontro organizzato, un appuntamento insomma, e per questo non fu sorprendente come lo era stato l'inaspettato incontro romano con Celati. Tuttavia non fu, per me almeno, privo di sorprese. Di Malerba avevo letto allora soltanto *Il serpente* (1966) e *Salto mortale* (1968), e mi ero creata un'immagine molto personale e particolare dell'autore di questi strani libri: pensavo che anche l'autore fosse strano e maniaco come i suoi protagonisti. I narratori dei romanzi di Malerba in questione sono uomini paranoici, ossessivi: insomma, completamente pazzi. Uno, per esempio, crede di aver mangiato l'amante; un altro crede di aver ucciso un uomo, ma non si trova nessun cadavere e il poliziotto che parla col protagonista dice che non c'è stato nessun delitto. Scesa dal treno ad Orvieto, invece del tipo un po' stralunato che avevo in mente, vidi davanti a me un uomo dall'aspetto completamente "normale". Malerba, con gli occhiali, i vestiti semplici ma eleganti, la sua maniera calma e quasi timida, sembrava un medico sobrio o un rispettabile avvocato; e un po' di verità c'era in questa prima impressione perchè, come seppi in seguito, Malerba aveva studiato giurisprudenza a Parma. Quando arrivammo alla sua bella casa di campagna fuori Orvieto e cominciammo a parlare, ricordo che ebbi questo chiaro pensiero: "Ma questo è un uomo completamente sano! Macché maniaco, paranoico, ossessivo!" Una sorpresa rassicurante insomma, anche se l'essermi immaginata uno scrittore pericoloso mi aveva procurato un brivido, persino piacevole.

Avevo fatto uno sbaglio che credo sia molto comune tra i lettori, e anche tra i professionisti come i docenti universitari o i critici: prendere come almeno parzialmente autobiografico il ritratto del narratore di un libro, soprattutto se il narratore parla in prima persona. Malerba stesso si rende conto di questa tendenza dei suoi lettori, e ne ride, dicendo di non avere mai mangiato un amante e né di avere mai pensato di aver ucciso un uomo. I suoi personaggi sono tuttavia così convincenti, che l'errore viene fatto non solo da lettori ingenui, ma anche da quelli più esperti. Vladimir Nabokov

---

[1] Descrivo più dettagliamente questo primo incontro con Celati nel mio libro *Gianni Celati: The Craft of Everyday Storytelling*, University of Toronto Press, Toronto, 2000.

ebbe lo stesso problema quando pubblicò *Lolita*. Ne parla in un saggio delizioso: "*On a Book Entitled Lolita*" ("Su un libro intitolato Lolita"): "Dopo aver dato una personalità al garbato John Ray, il personaggio che in *Lolita* scrive la prefazione, qualsiasi commento che provenisse direttamente da me potrebbe sembrare a qualcuno – almeno a me sembrerebbe – nient'altro che una nuova personificazione di Vladimir Nabokov che parla del proprio libro". Poco oltre scrive: "Uno dei miei amici intimi, dopo aver letto *Lolita*, era sinceramente preoccupato del fatto che io (io!) vivessi tra gente così deprimente!". Nabokov continua insistendo sul fatto che "la mia creatura Humbert è uno straniero e un anarchico, e ci sono molte altre cose, oltre alle ninfette, che non spartisco con lui". L'America creata da Nabokov nel suo romanzo è un mondo tanto "fantastico e personale" quanto lo sono gli altri mondi dei suoi libri scritti in russo. Allo stesso modo, i mondi che Malerba crea nei suoi libri sono "fantastici" quasi come "mondi paralleli o virtuali": in essi si possono trovare le vie di Roma, la politica attuale, e altri elementi del mondo reale, ma ciò che domina alla fine è l'inventività dell'autore.

Malerba ha scritto dei saggi in cui parla della sua scrittura e della letteratura in generale. In un piccolo volume intitolato *Che vergogna scrivere* (1996), Malerba afferma: "Mi sono trovato spesso a scrivere racconti in prima persona, un artificio che ha favorito più di un equivoco e deplorabili identificazioni" (23). Sul risvolto di copertina del volume *Testa d'argento* (1988) Malerba gioca con il problema dell'identificazione, e scrive: "L'autore di questi racconti ha creduto che l'uso della 'prima persona' potesse aiutare il lettore a entrare nei panni e nell'anima dei suoi personaggi. Si rende conto ora che forse l'identificazione può risultare meno facile di quanto credesse, data la varietà dei personaggi (...) e la difformità delle orbite nelle quali si muovono. In caso di difficoltà ha dunque un suggerimento per il lettore: se non riesce a identificarsi con i personaggi può provare a identificarsi con l'autore. È un suggerimento interessato al quale aggiunge qualche parola di raccomandazione e di garanzia: l'autore è una persona di indole tranquilla, ben disposta verso il suo prossimo e soprattutto estranea a quei disturbi e a quelle bizzarrie che talvolta fanno agire i suoi personaggi. L'identificazione con l'autore insomma non sarà compromettente sotto nessun punto di vista".[2] L'individuazione o l'identificazione dei personaggi dei romanzi ha creato a Malerba dei veri problemi quando ha pubblicato il romanzo *Il pianeta azzurro* (1986). Qui i lettori non hanno confuso tanto l'autore con il protagonista, ma hanno identificato il protagonista con Giulio Andreotti. Lo stesso statista

---

[2]La citazione è ripresa da *Che vergogna scrivere*, 70.

si è visto ritratto nel Professore, il perfido e disonesto personaggio principale del romanzo. Il libro venne quasi ritirato dalla circolazione e lo stesso editore Garzanti, dopo averlo proposto per il premio Strega, presentò un altro libro in concorrenza a quello di Malerba. Secondo l'autore questa fu una decisione presa "sicuramente dietro suggerimento politico". Il critico Giacinto Spagnoletti scrisse su *Il Tempo* ("quotidiano andreottiano", secondo Malerba) "una lunga e durissima stroncatura" del libro, ma poi, sempre secondo Malerba, "a distanza di anni, nell'ultima edizione della sua *Storia della letteratura italiana* si è ricreduto e, con molta onestà intellettuale, ha ricordato la perfidia del protagonista" e Spagnoletti ha aggiunto che "il lettore indovina subito di chi si tratta; e può ringraziare Malerba per il suo intuito premonitore" (citato dalla pagina 12 in *Elogio della finzione* [1998]). Ma Malerba ribadisce che il lettore deve sempre essere diffidente nei confronti dell'autore (o almeno nei suoi confronti), perché, secondo lui, nelle finzioni c'è sempre qualche inganno nascosto. Porta come esempi il suo romanzo *Le pietre volanti* in cui Dürer viene annoverato fra i pittori che non hanno mai dipinto un fiore, oppure *Salto mortale*, un romanzo in apparenza in prosa, ma in realtà scritto in versi, cosa di cui pochissimi si sono accorti. Ma, in fondo, chissà che l'autore che si dichiara a parole "di indole tranquilla e ben disposto verso il suo prossimo", l'uomo che io ho incontrato alla stazione di Orvieto, non sia un'altra finzione di cui bisogna diffidare!

Scoprii durante il primo incontro con Malerba che era nato a Berceto (provincia di Parma) e che si era occupato di alcune proprietà agricole sull'Appennino Parmense. Da quella esperienza era nato il suo primo libro *La scoperta dell'alfabeto*, pubblicato nel 1963. Si tratta di storie ambientate nella campagna parmigiana che raccontano un mondo contadino, per nulla nostalgico o neorealistico. È invece un mondo pieno di misteri e di tensioni, un mondo filtrato attraverso un umorismo nero e un tono altamente satirico. Nel 1977 Malerba pubblica un altro libro "padano," che s'intitola, *Le parole abbandonate: un repertorio dialettale emiliano*, e l'autore stesso lo definisce "un tentativo di ricomporre l'immagine di una cultura contadina in disgregazione utilizzando un certo numero di parole dialettali alle quali corrispondono, o corrispondevano, altrettanti oggetti, strumenti, funzioni". Il repertorio è diviso in capitoli che hanno a che fare con *La ca'* (casa), *La téra* (terra), *Al lavùr* (lavoro), *El bésti* (bestie), *I ùmi* (uomini), e *Al magnèr* (cibo), ed è pieno di informazioni e storielle divertenti. Non so quanto sia filologicamente corretto il repertorio di Malerba, ma è un libro molto bello e molto leggibile, che fa rivivere il mondo contadinesco attraverso le parole comuni usate ogni giorno per far andare avanti la vita quotidiana. Mentre in un primo tempo avevo pensato a Malerba come a uno scrittore "romano" e urbano (vive infatti tra Roma e Orvieto, e molti suoi libri sono ambientati a Roma), ho capito poi conoscendolo che lo scrittore sente un legame molto forte con l'Emilia dove è nato e cresciuto prima di diventare il famoso scrittore "mondano" e internazionale che è attualmente.

Un incontro con Tonino Guerra andato (quasi) a finir male
Tonino Guerra è romagnolo, ed è molto più legato alla zona vicino a Rimini che alla valle emiliana. È nato a Santarcangelo di Romagna nel 1920 in una famiglia contadina, e le sue poesie in dialetto rispecchiano il mondo contadino da cui è venuto. Oggi vive a Pennabilli, un piccolo paese in alto, sulle montagne, dove si arriva dopo aver percorso una strada assai tortuosa attraverso gli Appennini. Il mio primo incontro con Guerra avvenne, come quello con Malerba, nell'autunno del 1985, ma non a Santarcangelo bensí a Roma, dove viveva da anni a causa del suo lavoro nel mondo cinematografico. Come è ormai noto, non solo in Italia ma in tutto il mondo, Guerra è uno degli sceneggiatori più importanti nella storia del cinema italiano; ha lavorato con moltissimi registi italiani famosi - Antonioni, Rosi, i fratelli Taviani, Fellini - ed anche con Tarkovski e Angelopoulos. Quando andai a trovarlo a Roma ero interessata tuttavia soprattutto alla sua narrativa, e volevo parlare con lui dei suoi libri di prosa che avevo appena letto: i romanzi *L'equilibrio* (1967), *L'uomo parallelo* (1969), e la raccolta di piccole prose e poesie intitolata *Il Polverone* (1978). Mi ricordo benissimo della trepidazione con cui bussai alla porta, che venne aperta dallo stesso Guerra, un uomo solido, sui sessantacinque anni, con i baffi neri e gli occhi scintillanti e leggermente maliziosi. Era agitato, forse era a disagio, o nervoso come lo ero io, e cominciò a parlare ad alta voce, quasi gridando, il che mi rese personalmente ancor più nervosa. Aveva un accento romagnolo fortissimo che non avevo mai sentito prima, ma che mi piaceva molto. Guerra parlava l'italiano quasi come una lingua straniera: per lui la vera lingua è il dialetto romagnolo. Mi disse molte cose interessanti; per esempio, che secondo lui, i dialetti sono lingue, non "sottolingue," che la vera poesia è vera ed autentica anche se viene letta da un solo lettore, e che lui ha scritto i libri in prosa in italiano standard perché erano scritti in un periodo in cui si sentiva molto lontano da Santarcangelo e dal suo dialetto, mentre le poesie sono sempre in dialetto perché riesce a scrivere poesia solo quando si sente molto vicino alla sua regione di origine. Guerra disse anche che odiava vivere a Roma, e infatti poco tempo dopo il nostro incontro si trasferì di nuovo a Santarcangelo e poi a Pennabilli dove vive tuttora. Per me, Guerra rimane l'"artista più puro" fra tutti gli scrittori che ho conosciuto; non è un intellettuale, ma un uomo

profondamente creativo, sempre pieno di immagini e pensieri e idee strane ed eccentriche, che poi mette nelle poesie, nelle prose, nei quadri e nelle sceneggiature. Mi disse che pensava per immagini, non per parole, e che era per questo che il mondo del cinema, dove l'immagine domina la rappresentazione, gli era così congeniale. Anche se la sua maniera di parlarmi era un po' aspra (parlava sempre ad altissima voce come se io fossi sorda!), ed anche se faceva gesti bruschi e improvvisi, lo trovai di una gentilezza e di una generosità di spirito eccezionali.

Qualche anno dopo, quando una mia amica americana (anche lei professoressa di letteratura italiana) venne in Italia in un periodo in cui mi trovavo lì, le proposi di fare un viaggio insieme a Santarcangelo, dicendo che le sarebbe piaciuto senz'altro moltissimo incontrare il "dolce", gentile e affascinante Tonino Guerra. Telefonai a Santarcangelo per chiedere a Guerra se una visita gli sarebbe stata gradita, e per fissare un appuntamento. Ricordo che Guerra non voleva mai parlare dei dettagli, come, ad esempio, l'orario dei treni. Disse soltanto di cercare di arrivare verso mezzogiorno. Io e la mia amica studiammo l'orario ferroviario, e fummo contente di scoprire che c'era un treno che arrivava a Santarcangelo verso mezzogiorno (venivamo da Bologna). Era un trenino locale, vecchio, che si fermava ogni dieci minuti in tutte le più piccole stazioni fra Bologna e Santarcangelo. Appena arrivate, telefonai a Guerra per dirgli che eravamo in stazione e per chiedere come fare per andare a casa sua. Improvvisamente scoppiò la terza guerra mondiale! Lora, la moglie russa, che aveva risposto al telefono, appena saputo del nostro arrivo, si era messa a lamentarsi a squarciagola dicendo, "Tonino sarà furibondo! È andato a aspettarvi alla stazione di Rimini! Ha dovuto farsi portare da un amico perché non guida! Oh Dio, Oh Dio, come facciamo adesso?" Noi, spaventatissime, prendemmo un taxi per raggiungere la piazza centrale di Santarcangelo, dove Lora ci aspettava nel bar centrale, proprio sotto il loro appartamento. Il suo accento russo diventava sempre più forte mentre aspettavamo il ritorno di Tonino; aspettammo tutte e tre al bar perché Lora diceva che era meglio non andare a casa data l'ira sicura del marito. La mia amica mi guardava con gli occhi spalancati dalla paura e dalla confusione: macché "gentile"? macché "dolce"? Finalmente arrivò Tonino Guerra. Entrò subito in casa senza nemmeno degnarci di uno sguardo. Dopo diversi interminabili minuti Lora sciolse la tensione dicendo: "Va bene, ha avuto tempo per calmarsi, andiamo." Io e la mia amica americana, come pecorelle condotte alla strage, la seguimmo. Guerra, seduto nel salone, ci guardò entrare con occhi pieni di ira e di disprezzo (o almeno così ci sembrò), e poi disse alla moglie, "Ma queste ragazze americane! Come hanno fatto a prendere quel treno! E io, che ho aspettato per due ore a Rimini!" Per fortuna, dopo questo sfogo, si calmò; non senza però aver prima parlato molto male dell'America in generale, per lui terra di idioti, di Coca Cola, di capitalismo sfrenato, ecc.. La conversazione che seguì fu molto amichevole. Ci portò persino in giro per il paese; ci fece mangiare in un ristorante decorato con disegni di Fellini, e alla fine sembrò addirittura molto contento della visita. Fu davvero un incontro sorprendente, che stava per finir male, ma si concluse benissimo!

Ho già scritto di questa esperienza indimenticabile nella mia *Introduzione* alla traduzione delle poesie scelte di Guerra, curata da Adria Bernardi. Secondo me Guerra era così furibondo non perché si era inutilmente scomodato per andare a Rimini e per averci dovuto aspettare per due ore, ma perché il suo "orgoglio regionale" era stato profondamente ferito.[3] Quello era il nostro primo viaggio in Romagna e Guerra lo sapeva. Voleva darci il benvenuto nelle sue terre nel modo giusto, facendo fare alle ragazze americane un'entrata trionfale in macchina nella piazza centrale di Santarcangelo, e poi da lì fino al portone di casa sua che si affacciava sulla piazza. Il suo doveva essere un gesto speciale, ma noi gliel'avevamo rovinato! Credevo e continuo a credere che questa sia la spiegazione giusta per la sua ira. Guerra aveva immaginato il nostro arrivo, aveva "scritto" mentalmente una bellissima sceneggiatura, e aveva visto il film nella sua mente – *L'arrivo delle ragazze americane a Santarcangelo* – ma aveva dimenticato di dircelo! Così le due attrici principali del suo piccolo dramma hanno sbagliato tutto, e hanno dovuto pagare. Per fortuna la punizione è durata soltanto poche ore: Guerra ha creato in poco tempo una nuova sceneggiatura e ci ha portate in giro per il paese sotto gli occhi divertiti dei suoi compaesani.

Un bell'incontro con il solitario Manganelli
L'ultimo incontro sorprendente che vorrei brevemente descrivere è quello con Giorgio Manganelli, anche questo avvenuto a Roma nel 1985. Manganelli appare a prima vista il meno "padano" dei vari scrittori che ho conosciuto e su cui ho scritto negli ultimi anni. Visse per anni a Milano ed a Roma, e sembrava uno scrittore molto "urbano" se non "mondano" con i suoi scritti metaletterari, i suoi saggi altamente letterari e eccentrici, le sue traduzioni di Poe e di altri scrittori di lingua inglese, il suo amore per gli scrittori del barocco, la sua "ideologia" della letteratura come menzogna. Ma anche Manganelli è nato vicino a Parma, e forse la sua preferenza

---

[3]Le traduzioni in inglese delle raccolte *Il miele*, *La capanna*, *Il viaggio*, e *Il libro delle chiese abbandonate*, con il titolo *Abandoned Places*, sono uscite nel 1999 per la casa editrice Guernica di Toronto, Canada. La mia *Introduzione* si trova alle pagine 7-20.

per i minori della letteratura (cioè, per gli scrittori che abitano metaforicamente la "provincia" invece dei "centri" del canone letterario italiano), e un certo suo umorismo metafisico sono aspetti della sua scrittura condizianati almeno in parte dalle sue origini regionali. A Manganelli, come a Celati, avevo scritto una lettera da *fan*, in cui dicevo di amare molto *Hilarotroegedia*, il suo primo libro. Mi rispose molto gentilmente con una lettera in inglese, in cui scrisse: "You say very nice things about my book, but books do not belong to their authors, anymore than dreams do." (Lei dice delle cose molto gentili riguardo ai miei libri, ma i libri non appartengono ai loro autori, più di quanto gli appartengano i sogni). Quando andai a trovarlo per la prima volta, nel suo appartamento a Roma, ero come al solito molto nervosa e timida, anche perché molti mi avevano detto che Manganelli era un uomo "difficile" né molto aperto o socievole. Lo incontrai nel suo studio-salone, pieno di libri e di statue di Pinocchio, una figura amatissima e di cui ha scritto un *Libro parallelo*, ad un tempo una specie di rifacimento della storia originale e un commento ad essa. Era molto nervoso anche lui, ma alla fine cominciò a parlare di questo e di quello (soprattutto del suo amore per la letteratura minore barocca), e passammo delle piacevoli ore insieme. Manganelli è stato molto gentile con me, una studiosa assai giovane e inesperta che capiva allora poco della letteratura contemporanea italiana, ed anche meno delle sue opere affascinanti e assolutamente originali. Fui molto triste di apprendere della sua morte, nel 1990, anche perché quando gli avevo telefonato pochi mesi prima per salutarlo, mi aveva detto di sentirsi male e molto solo. Era un uomo solitario, ma nonostante questo non voleva essere solo.

Un libro di Manganelli uscito postumo, *La palude definitiva*, forse presenta qualche legame, seppure assai tenue, con le stesse terre padane che informano certi libri di Celati o di Malerba. Mi soffermerò fra poco sulla rilevanza della palude nell'immaginario letterario padano. Ma prima di affrontare questo punto vorrei tornare alla domanda più generale con cui ho aperto questo intervento: se ci sia una qualità o una tonalità o un certo *je ne sais quoi* che leghi questi scrittori che ho scoperto in modo disordinato, che sono rimasti al centro del mio interesse "professionale", e per i quali ho serbato poi (e serbo sempre) un enorme affetto. Ad un recente convegno sulle pianure a Salisburgo, professori di letteratura italiana e scrittori (fra cui Gianni Celati, Daniele Benati, Ermanno Cavazzoni e Ugo Cornia) si sono riuniti per parlare dei libri "padani." Agli scrittori non piaceva essere catalogati con l'etichetta di "scrittori delle pianure" o "narratori padani," e hanno reso manifesto il loro dissenso nei confronti di quei critici che individuano scuole e tendenze. Alla fine, però, credo che gli scrittori presenti abbiano smesso di provare tanta avversione per i nostri sforzi critici; sforzi che erano (e sono) animati da un rispetto, un affetto, e una curiosità per niente aggressiva o prepotente. Davide Papotti ha parlato a Salisburgo dei vari modi di vedere lo spazio geografico (nel nostro caso le pianure padane): c'è l'immagine globale, mentale, o archetipica; c'è l'immagine culturale e tradizionale; e c'è l'immagine attuale o di moda. Poi, analizzando i diari di viaggio di Guido Ceronetti, ha constatato come Ceronetti dia grande importanza all'immagine globale o addirittura cosmologica della valle padana; il fiume Po va dall'Ovest all'Est, portando via le impurità dell'Italia, secondo Ceronetti, come si può vedere nella grande lotta storica e universale tra l'Occidente e l'Oriente. Per Ceronetti, come per Cavazzoni, è molto significativo che sotto le pianure padane ci sia l'acqua, un enorme fondo acqueo, che rende instabile e fluttuante la terra. C'è, insomma, una grande palude, che fa pensare alla palude di Manganelli. La palude ha risonanze metafisiche: è la morte che c'è sotto la vita, la morte che risucchia tutto e tutti, facendo della nostra esistenza uno stato anche instabile e fluttuante. Il senso di un mistero che informa l'esistente e lo rende instabile e cangiante credo che si possa trovare in tutti gli scrittori di cui ho parlato oggi. C'è anche un forte senso del vuoto: le pianure come il deserto che crea un *horror vacui* che bisogna riempire (il vuoto è un *leitmotiv* molto importante nelle opere di Malerba, ma anche in certi scritti di Celati e di Manganelli). Palude o deserto, gli spazi orizzontali, aperti, e spesso vuoti delle pianure padane conducono a pensieri di tipo metafisico e a fantasie che possono riempire i vuoti, e forse dare sollievo. I quattro scrittori che ho scoperto e poi incontrato anni fa hanno tutti un temperamento letterario fortemente legato alla fantasia, all'umorismo nero, alla metafisica. Tutti e quattro sentono la presenza della palude sotto i piedi, scrivono, almeno in parte, credo, per riempire quel vuoto spaventoso, confortati, per quanto possibile, dalla narrativa.

Al convegno di Salisburgo, Ermanno Cavazzoni ha parlato di un certo tono ironico ed anti-eroico che i timbri dell'italiano padano hanno in sè, e che vanno contro il tono letterario aulico. Gianni Celati ha parlato a sua volta di una naturalezza, un'onestà nel mestiere dello scrivere: un atteggiamento, insomma, che non cerca di sedurre il lettore. Penso che sia quest'onestà artigianale, ed anche una certa tonalità anti-eroica e hilaro-tragica – una mescolanza di comicità, di melanconia, di pazzia, e spesso di nostalgia per cose e luoghi mai esistiti – che creano una terra comune per gli scrittori di cui ho trattato in questo saggio. E non si trova questa terra viaggiando col treno, ma soltanto in incontri sorprendenti con le loro parole, che emergono dalla palude enorme della tradizione e dell'innovazione da dove vengono tutte le storie.

Daniele Benati

Omaggio a Raffaello Baldini[1]

Raffaello Baldini è un grande poeta italiano, che però non scrive in italiano ma in dialetto. Scrivere in dialetto vuol dire utilizzare una lingua ridotta, sia per il numero di parlanti che per il lessico; ma vuol dire anche scartare la lingua ufficiale dell'editoria, dei giornali e della televisione. Per chi nasce parlando in dialetto, l'italiano è sempre una lingua imposta, è un sistema correttivo, perchè non è una lingua affettiva. Per descrivere la differenza fra italiano e dialetto, Baldini usa un'immagine da caserma. Dice: "L'italiano è sull'attenti, il dialetto è in posizione di riposo, in italiano sei in servizio, in dialetto sei in libera uscita". Il dialetto non viene fuori dai dizionari, dai libri, dalle traduzioni, dalle dichiarazioni ufficiali. La frase dialettale nasce dal passaggio di bocca in bocca, di bocca in orecchio, e quindi porta già in sé l'esperienza del rapporto emotivo con gli altri. Baldini fa un uso delle parole che sfrutta precisamente questo carattere del dialetto. Le sue sono tutte frasi che sarebbero potute venir fuori in un bar, da una conversazione di strada, in famiglia, e ogni frase ti fa sentire una persona che parla e ti fa già vedere dei personaggi in un paesaggio pieno di voci. Usando il dialetto come lo usa lui, in ogni frase già risuona la lingua di una tradizione che si porta dietro il senso e l'emozione degli incontri umani, si porta dietro una cultura della parola, dei ritmi, delle intonazioni, dove non ci può essere niente di forzato perché è come se tutto nascesse sul filo delle frasi. In questo senso le poesie di Baldini sono poesie che creano lo spazio di una forma classica, cioè con una tradizione della parola emotiva che risuona in ogni.

La grossa differenza tra Baldini e gli altri poeti sta nel fatto che le sue poesie, anche le più brevi, sono un punto d'incontro tra diversi generi: quello poetico, quello narrativo e quello teatrale. Del resto i suoi monologhi teatrali, come ad esempio *Carta canta*, non sono che un'espansione di nuclei narrativi simili a quelli sviluppati nelle poesie, e che per via di amplificazioni formano dei veri racconti. Qui poi c'è una grossa differenza anche rispetto a chi fa della narrativa, perchè di solito i narratori seguono schemi che devono puntare verso una soluzione logica (o quanto meno plausibile), e

---

[1][Durante la serata d'inaugurazione del simposio, Daniele Benati ha letto e commentato una scelta personale di poesie di Raffaello Baldini e passi tratti da *Il serpente* di Luigi Malerba, *Quattro novelle sulle apparenze* di Gianni Celati, *Vite brevi di idioti* di Ermanno Cavazzoni. Vista la scarsa utilità di ripubblicare qui lunghi passi di testi facilmente reperibili, pubblichiamo per la prima volta in italiano lo scritto di Benati composto per la versione inglese di *Carta Canta* di Raffaello Baldini, Bordighera, Boca Raton, 2001. N.d.C.]

questi schemi negano la possibilità di divagazioni scatenate come quelle di Baldini. La cosa bellissima delle sue poesie-racconti o dei suoi monologhi-racconti sono gli impulsi improvvisi a parlare, i deragliamenti delle parole, e l'emozione delle parole in cui si scaricano gli umori; allora c'è sempre qualcuno che parla a ruota libera, e perde il filo del discorso, poi lo ritrova, poi devia di nuovo, ecc. Così alla fine si crea un impianto che è di tipo musicale, un gioco continuo di tema e variazioni. Le variazioni o divagazioni avvengono sul filo delle frasi che fanno venire in mente altre frasi e altri argomenti di discorso, per scarti momentanei e poi amplificazioni narrative che hanno sempre un carattere umorale o fantastico.

Le poesie di Baldini sono scritte nel dialetto di Santarcangelo, cittadina romagnola non lontana da Rimini. Santarcangelo forma lo scenario d'un teatro naturale, dove risuona un coro di voci che parlano tra di loro, si raccontano storie, rievocano fatti d'altri tempi, litigano o si perdono in silenzi estatici. E la caratteristica più importante di queste poesie, è che il poeta si fa da parte, non interviene mai come voce d'autore, non usa un linguaggio propriamente poetico, ma lascia che il tono lirico emerga dai fatti narrati, dalle divagazioni fantastiche d'un personaggio o dalle sospensioni pensose del suo discorso. Ad esempio: una signora anziana che abita da sola in una casa buia, con l'umidità che gonfia i muri, e ogni tanto schiaccia qualche scarafaggio, alla domenica viene portata da sua nipote, nell'appartamento più alto d'un condominio, e lei si mette a guardare la vita che scorre sulla circonvallazione. Oppure: un altro personaggio dice che in paese non conosce più nessuno, sono tutte facce nuove venute da fuori, ma poi va a fare un giro nel cimitero e dice che è come essere tornato in piazza ai vecchi tempi.

Baldini rinuncia al ruolo classico del Poeta per dare voce ai suoi personaggi, e in questo senso potrebbe essere avvicinato ad autori americani come Edwin Arlington Robinson e Edgar Lee Masters. Così la cittadina di Santarcangelo di Romagna verrebbe a confinare con la piccola comunità di Tilbury Town e con quella ormai trapassata che riposa sulla collina di Spoon River. L'affinità fra questi autori sta nell'assunzione di una voce o di un punto di vista esterno; e l'accostamento con Lee Masters forse è il più plausibile, considerando il grande successo avuto in Italia dalla sua *Antologia di Spoon River*. Ma tutto questo forse darebbe un'immagine limitata dell'opera di Baldini. Nei suoi testi, quello che più meraviglia è come scompone la struttura sintattica della frase, che pare non giungere mai al compimento. Non è una semplice imitazione del parlato, ma una resa degli effetti delle frasi parlate, che si interrompono, deviano, si ripetono, come nella propulsione d'un fervore che scompagina la sintassi. La sintassi ordinata o regolamentare corrisponderebbe a un pensiero più preciso che si deposita sul verso, mentre qui si procede in modo agrammaticale, per accumulazioni di sentimenti, di immagini, di suoni che caricano di significato ciò che viene lasciato in sospeso.

Forse pensando a quest'uso frammentario delle parole, l'unico autore di lingua inglese a cui Baldini potrebbe essere paragonato è Samuel Beckett. Intanto in molte pagine di Baldini la voce monologante assume la stessa intensità lirica e tragicomica che ritroviamo in quella dei personaggi di Beckett, da Krapp ai vari vecchi derelitti che hanno via via preso il nome di Molloy, Malone, fino al narratore innominato di *From An Abandoned Work*. Poi in entrambi (Baldini e Beckett) l'idea del monologo, che tradizionalmente riflette una profondità tragica del pensiero, diventa una specie di cronaca diretta di quello che un personaggio sta facendo: che può essere anche un solitario a carte, o le parole incrociate (come in Baldini), o l'ascolto di vecchi nastri mangiando banane, o la sensazione di udire dei passi fuori dalla casa (come in Beckett). C'è qualcosa di simile nell'isolamento dei personaggi, nelle ossessive divagazioni intorno a temi cosiddetti esistenziali (che in realtà aboliscono la retorica della psicologia esistenziale), e infine nel decisivo fallimento di tutte le figure messe in scena. Questo fallimento in Beckett è la presa di coscienza di base, mentre in Baldini è esibito senza consapevolezza di chi parla, quindi aperto alle scappatoie della consolazione; ma poi si tratta sempre di forme di consolazione portate dal gioco delle parole, che approdano ad una improvvisa sospensione contemplativa (davanti a una cosa qualsiasi del mondo), oppure alla paradossale pacificazione che nasce da un controsenso un po' buffo.

Resta da dire che in Italia incombe su un poeta dialettale un giudizio legato alla lingua che adopera, perché il dialetto è generalmente considerato un veicolo di comunicazione tipico di società agricole e artigianali. Il dialetto allora sembrerebbe un ritorno a un certo folklore paesano, a una pacifica espressione di saggezza popolana, e insomma a una lingua territoriale, forte dei propri pregiudizi arcaici. Ma in Baldini è proprio il contrario. I suoi personaggi fanno riferimento a un territorio, ma è come se questo territorio si sfaldasse sotto i loro piedi, lasciandoli nell'isolamento sociale. Ancora come Beckett, Baldini sta a cavallo tra due lingue, che in questo caso sono il dialetto e l'italiano. Non sono neanche la lingua del passato e la lingua del presente, ma due lingue compresenti su cui il poeta compie straordinari giochi di traduzione. Baldini pubblica sempre le sue poesie con la traduzione italiana a pie' di pagina, e sono traduzioni in cui si sente la stessa voce, quasi la stessa metrica; ossia il personaggio parla come parlerebbe se fosse stato costretto a tradursi in italiano. Ma questo gioco tra due lingue dà una maggior ricchezza alle sue poesie, perché le mostra esposte alla necessità della traduzione, dunque non più sicuramente arroccate nello spazio chiuso d'un territorio. Bisognerebbe far notare che la chiusura e l'arroccamento nella sicurezza d'un modo di scrivere, è piuttosto la caratteristica delle lingue standardizzate, come nei romanzi di successo, nei giornali e alla televisione. E questa è anche la loro rigidezza e la loro povertà, proprio perchè non sono esposte alla difficoltà dell'intesa, dunque alla necessità di traduzione come la lingua di Baldini. E mentre chi usa la lingua ufficiale, standardizzata, si fa forte di tutte le rivendicazioni ideologiche (da quelle politiche, a quelle femministe, a quelle di modernizzazione), Baldini è un poeta che non rivendica niente se non la forma emotiva del parlare, la vita di relazione delle parole, e la necessità di renderle meno astratte.

Il personaggio di Baldini dice, in *Carta canta*:

> ... ò da ès cmè cós, mè, cmè Dino Manfroni? che parla sempre in italiano, sè, ò capéi, lui è laureato, non può parlare in dialetto, non sta bene, che pu a zcòrr ènca mè in italièn, quant l'è e' mumént, che bisogna parlare in italiano, mo léu no, lui parla sempre in italiano, nevvero? parchè e' dì ènca nevvero, ah, cumè, nevvero, nevvero, che dòp éun alè, sémpra in italièn, e pu ènca nevvero, tòtt i mumént nevvero, u n s chèmpa sa che nevvero, mo va fè al pugnètti tè e nevvero...

> (... devo essere come coso, io, come Dino Manfroni? che parla sempre in italiano, sì, ho capito, lui è laureato, non può parlare in dialetto, non sta bene, che poi parlo anch'io in italiano, quand'è il momento, che bisogna parlare in italiano, ma lui no, lui parla sempre in italiano, nevvero? perchè dice anche nevvero, è una roba, nevvero, nevvero, che dopo uno lì, sempre in italiano, e poi anche nevvero, tutti i momenti nevvero, non si campa con quel nevvero, ma va a fare le pugnette te e nevvero...).[2]

Questo è un commento a tutta la situazione linguistica dell'italiano ufficiale rispetto ai dialetti. L'italiano del personaggio citato è tipico di quelli che sfruttano una discriminazione tra i parlanti, per emergere sugli altri, ricorrendo a spezzoni di italiano high-brow. Ma la loro non è una lingua, è un tentativo patetico di scimmiottare un idioma, simile a quello dell'italiano standardizzato che troviamo sui giornali e nei romanzi di successo. È un modo di mostrare un potere attraverso la lingua, che passa sopra alla vita di relazione delle parole. Quello di Baldini, al contrario, è un modo di aprire l'italiano ad altri orizzonti, ed è una lezione che giova a tutti – simile a quella di autori irlandesi come Flann O'Brien, il quale ridà vita e gioia al troppo formalizzato British English, attingendo

---

[2] Raffaello Baldini, *Carta canta*, Einaudi, Torino 1988, pp. 56-57.

alla risorsa del gaelico, alle sue sonorità, ritmi e altri modi espressivi. Rispetto alla letteratura standardizzata, cioè la letteratura di successo, Baldini compie un vero ribaltamento di valori. La letteratura standardizzata deve sempre inventare situazioni e personaggi stupefacenti, spesso ambientati in altre epoche: rispetto a queste faticose invenzioni, il lavoro di Baldini è esemplare, perchè ci propone personaggi e situazioni tra le più semplici e comuni. Ma può farlo proprio perché usa il dialetto, perché parte dalle limitazioni del dialetto, le quali diventano una fedeltà alla "vita che scorre", all'esperienza dell'essere al mondo. E "la vita che scorre" diventa la regione del pensiero che vola, del nostro immaginare il mondo come è. Ad esempio, in una poesia della raccolta *La nàiva*, il personaggio si chiede dove vada a finire tutto il rumore del mondo, e i rumori che elenca sono quelli quotidiani del paese: un cancello che cigola di notte, le parole dette da una donna prima di morire, una mosca che sbatte contro i vetri, il suono delle ciabatte d'una vicina, qualcuno che grida, qualcuno che litiga, le voci al confessionale. E questo meraviglioso catalogo di voci e rumori quotidiani si conclude così:

> i zcòrr, i zcòrr, i fa una baganèra,
> e l'è che què dabón u n va pérs gnènt,
> l'è tòtt i pchè de mònd,
> e i va 'vènti a cunsès, quant ch'i n n'à fat?
> sint che ròbi, mo un basta? u n gne n'è d'ilt?
> e i n'è bon de stè zétt, u n s nu n pò piò,
> qualcadéun ch'u pardòuna, u n gn'è niséun?
>
> (parlano, parlano, fanno una cagnara,/ ed è che qui davvero non va perduto niente,/ sono tutti i peccati del mondo,/ e vanno avanti a confessarsi, quanti ne hanno fatti?/ senti che robe, ma non basta? ce ne sono altri?/ e non sono capaci di star zitti, non se ne può più,/ qualcuno che li perdoni, non c'è nessuno?).[3]

La vita che scorre nelle situazioni più semplici e comuni si trasforma in una dimensione che somiglia all'aldilà di Dante.

La poesia *Estate* (da *Furistir*) si può riassumere così: Sequenza di immagini e di suoni e di parole, le chiavi che ballano in tasca, una discussione al bar se sia meglio perdere un braccio o una gamba, dalla piazza viene una minaccia: "Vi mando tutti in galera!", stanno litigando? no, scherzano. Dalla Rocca si vede tutta la costa adriatica, di notte è un teatro, con le luci di Rimini, Cesenatico, Cervia, e quando si torna a casa e si va a letto, e la moglie pare che

---

[3] Raffaello Baldini, *La nàiva*, Einaudi, Torino 1982, pp. 121-122.

dorma, invece fa un segno con un piede... C'è da chiedersi dove una poesia del genere porti il pensiero. Non lo porta a porre dei problemi, a trovare soluzioni ai problemi dell'esistenza, lo porta a farsi continuamente domande su tutto, anche sui più piccoli gesti, sulle cose più usuali, o sul movimento di qualcuno che dorme. Quella di Baldini è una poesia che non fa altro che proporci delle domande sul semplice fatto di essere al mondo, su quello che c'è, sul mondo com'è, in tutte le sue cose più normali e singolari. È un modo di sbarazzarsi di tutte le generalizzazioni sulla vita, perché le generalizzazioni sono continuamente smontate dalle domande più semplici. In questo, Baldini si troverebbe a suo agio in compagnia di un grande fotografo ialiano, Luigi Ghirri, che pensava alla fotografia nello stesso senso, affidandole lo stesso compito: il compito di farsi domande sulle apparizioni più banali e quotidiane. James Joyce diceva: lo straordinario è nell'ordinario.

La poesia *La notte* (da *La nàiva*) si può riassumere così: È tutta notte che bussano, ma quando il personaggio va di sotto non c'è nessuno. Lui è un uomo che non dorme di notte, pensa che siano ragazzacci che gli fanno degli scherzi. Sta seduto sul letto a sentire il treno che passa. Poi va di sotto, torna su, si butta sul letto, ma gli pare sempre d'essere sveglio. Sogna? Torna a fare tutto quello che ha fatto prima, va anche fuori casa, ma non sta bene in nessun posto. Guarda un oleandro malato che perde le foglie, si mette a sedere su uno scalino all'aperto, va a prendere il fresco, e questo è meglio che stare a letto. Sente il rumore della fornace, si accende una finestra nel borgo, ma chi può essere? Poi la testa gira per conto suo, gli vengono in mente delle cose e ci fa sopra dei gran ragionamenti. Gli piacerebbe parlare con qualcuno, persino con un forestiero. Gli pareva che bussassero alla porta, ma non c'era nessuno... In una poesia come questa, ma anche in molte altre, Baldini sfrutta il fatto che nella "vita che scorre" ci sono i momenti vuoti, e questi producono il volo dei pensieri, con domande su tutto. C'è una letteratura moderna che rifiuta un simile stato d'incantamento, e c'è invece una letteratura che trova qui la sua forza, riportandoci a un modo antico di guardare alle cose. Guardando le cose nei momenti vuoti, i personaggi di Baldini ritrovano se stessi fuori dallo spettacolo universale creato dai giornali e dalla televisione; e mentre si perdono nei pensieri, trovano una fedeltà alla propria vita, e non vogliono essere altro. Anzi, in una delle sue poesie è davanti alla televisione che c'è la morte.

Baldini ci insegna che voler essere quello che si è non è una ricerca dell'identità, ma un modo di resistere allo spettacolo universale che ci vorrebbe sempre portare ad essere quello che non siamo (come gli attori del cinema). Una citazione da *Carta canta*:

... Serpieri e' vléva ès còunt, ch'u n'era, Ragnero e' vó ès geometra, ch'u n'è, la zénta, 's'ut ch'a t dégga, i vo ès quell ch'i n'è, mo parchè, che mè a n'i capéss, parchè t vu ès quèll che ta n si, ch'l'è zà fadéiga, éun, es quèll ch'l'è, mo u n'è bastènza quèll che t si? che dal volti l'è parfina tròp ès quèll ch'u s'è, i n capéss mégga gnént, i vó ès quèll ch'i n'è, che dòp pu t si sémpra alè che, ta n sté bén, zò, ta n pò stè bén, parchè t'é sémpra paéura...

(... Serpieri voleva essere conte, che non era, Raniero vuol essere geometra, che non è, la gente, cosa vuoi che ti dica, vogliono essere quelli che non sono, ma perché, che io non li capisco, perché vuoi essere quello che non sei? che è già fatica, uno, essere quello che è, ma non è abbastanza essere quello che sei? che delle volte è persino troppo essere quello che si è, non capiscono mica niente, vogliono essere quello che non sono, che dopo poi sei lì che non stai bene, non puoi star bene, perché hai sempre paura...).[4]

La paura di apparire agli altri, di apparire per quello che si è, è l'altra faccia d'un trascinamento verso la solitudine che Baldini esplora in modo insolito. I suoi personaggi che non conoscono la solitudine sono anche quelli che ci restano meno simpatici, trincerati dietro la finzione di essere qualcos'altro. La dolcezza, la tenerezza e l'incantamento nelle poesie di Baldini coincidono sempre col crollo di questa finzione.

Nella figura di Aurelio Brandi, il protagonista di *Carta canta* (straordinariamente interpretato dall'attore Ivano Marescotti), si riassumono un po' i tratti caratteriali dei vari personaggi che compaiono nelle poesie di Raffaello Baldini. In genere, questi personaggi sono uomini un po' scorbutici, che tendono a evitare la compagnia degli altri e hanno sempre un qualche cruccio che li tormenta, e nemmeno nell'ambiente famigliare riescono a sentirsi a proprio agio. Sono esseri solitari, sempre in guerra con qualcuno, animati da qualche livore o da qualche conto da pareggiare. A volte, la visione del mare o di un paesaggio notturno li fa deragliare in uno stato d'animo estatico e rappacificante; ma è questione di qualche attimo, perché poi, voltata pagina, li risentiamo brontolare. E questo loro brontolìo, in fondo, non nasconde altro che la loro idea fissa, sempre la stessa: di restare fedeli all'unicità della propria vita, anche a costo di condannarla a un'eterna solitudine. Perché è la loro unicità di esseri umani che si porta dietro tutto: gli stati malinconici o euforici, le forme di sensualità amorosa, l'accidia o i rancori, oppure i momenti di meraviglia in cui il mondo si rivela come una apparizione impensata. Allora non c'è più la banalità delle abitudini, ma tutto quello che c'è intorno sembra percorso da

[4]Raffaello Baldini, *Carta canta*, cit., pp. 18-19.

un grande fremito di vita inarrestabile. Nella poesia *Lói* (in *La nàiva*), il protagonista sta guardando giocare a carte, e uno dei giocatori ha calato una carta vincente, picchiando la mano sul tavolo in modo un po' più forte del solito, e subito:

> ... ti bicír e' véin l'à tremè tòtt,
> e la zghéla se zris
> laè stèda zétta ad bot da la paéura.
> L'aria alòura la è dvénta acsè lizíra
> che se crusèri u s'è sintí springlé
> e' campanèl ruznéid d'n biciclètta,
> e alazò, mo dalòngh,
> vulè un areoplano sòura e' mèr.

(... nei bicchieri il vino ha tremato tutto,/ e la cicala sul ciliegio ha taciuto di botto dalla paura./ L'aria allora è diventata così leggera/ che sul crocicchio si è sentito pigolare/ il campanello arrugginito d'una bicicletta,/ e laggiù, ma lontano,/ volare un aeroplano sopra il mare).[5]

[5] Raffaello Baldini, *La nàiva*, pp. 107-108.

Adria Bernardi

La è 'ndeda acsè e toubab: traducendo Tonino Guerra, Raffaello Baldini e Gianni Celati

Questo lavoro è cominciato con un muro di parole sconosciute, stranissime, che formavano una lingua estranea, per me impenetrabile. È successo a un seminario di Rebecca West all'Università di Chicago. All'inizio pronunciavo silenziosamente le parole, le scandivo come una bambina che impara a leggere. E mentre guardavo questo muro fatto di parole straniere e ne formavo il suono, ne è saltata fuori una. *Acsè. Propio acsè.* Poi, un'altra. *Gnénca. Gnénca mo.* Poi, frasi. *In dò ch'e féva. Mo l'è stè un mumént.* Nel tentativo di collegare fra loro queste parole familiari, di fare di questi frammenti un insieme, ho cominciato a tradurre la poesia. È stato un lavoro nato affrontando, ancora una volta, la frammentazione della mia lingua, i limiti del mio linguaggio, le mie mancanze.

Acsè. Gnénca. Parole dell'infanzia. Parole che ho sentito pronunciare mille volte. Nelle voci dei nonni, dei loro amici, di mio padre, del mio padrino, dei cugini italiani. Una lingua affettiva, delle fondamenta, che non ero riuscita a riconoscere in principio. *Mi gnosc mia?* una voce mi ha rimproverata.

E così ho cominciato a tradurre la poesia di Tonino Guerra: i suoi tre poemetti (*Il miele*, *La capanna* e *Il viaggio*) e la sua poesia in prosa (*Il libro delle chiese abbandonate*),[1] tutti scritti nel dialetto romagnolo di Santarcangelo. I miei nonni erano nati sull'Appennino modenese, nel Frignano. Il loro dialetto non è uguale a quello di Tonino Guerra, anche se esiste una parentela fra i due. Io comunque non avevo mai letto quelle parole in dialetto, che avevo invece sentito così spesso. Non le avevo mai viste scritte, prima di questo incontro con la poesia di Guerra.

Recentemente ho avuto l'opportunità di tradurre un monologo teatrale di Raffaello Baldini, *Carta canta*, grazie a Franco Nasi, Anthony Tamburri e Daniele Benati.[2] Vorrei raccontare un altro episodio per illustrare questo senso di frammentazione con cui comincio ogni lavoro. Avevo ricevuto una fotocopia di *Carta canta*, ma non l'avevo letta immediatamente: aspettavo di trovare un momento di calma. Avevo letto soltanto le prime righe. Avevo poi messo questo mucchio di pagine, di *carta*, in un posto speciale,

---

[1] I quattro volumi sono stati pubblicati tutti da Maggioli, Rimini, rispettivamente nel 1982, 1985, 1986 e 1988. La mia traduzione (*Abandoned Places. Poems*), con una nota introduttiva di Rebecca West è uscita da Guernica, Toronto, 1999.
[2] Raffaello Baldini, *Page Proof*, Bordighera Press, Boca Raton, 2001.

sicuro, per non perderlo. Qualche giorno dopo, in partenza per un viaggio, avevo deciso di portarlo con me: mi sembrava l'occasione adatta per poterle finalmente leggere quelle pagine con la tranquillità che volevo. Le ho cercate per tutta la notte prima della partenza ma senza successo. Non c'era modo di trovarle. Non erano da nessuna parte. Trovavo solo una crescente sensazione di disperazione e di panico. Nei cinque giorni del viaggio, mi ronzavano in testa, come una specie di rumore di fondo, le uniche parole che conoscevo di quest'opera: *mo dò ch'la è 'ndèda cl'elta?*, ripetuto come un mantra, o meglio, come un rimprovero di mia nonna: *dovelè andada, dovelé andada?* E così ho cominciato a trovare la voce del personaggio Aurelio Brandi, che rientra finalmente in possesso delle sue carte smarrite nella settima riga del monologo di Baldini. Qualche giorno dopo, anch'io, come Aurelio Brandi, ho ritrovato le mie carte, nascoste sotto una pila di fogli.

Racconto questa storia per mostrare come il processo di traduzione sia, per me almeno, un'attività molto personale. Ha a che fare con il mio essere scrittrice. Ha a che fare con quello che succede nella mia vita in quel momento. Ha a che fare con la lingua del mio passato (dovrei dire "lingue" perché i due nonni e la nonna paterna parlavano in dialetto, mentre mia nonna materna parlava sempre in italiano con mia madre). Ha a che fare con la sensazione di smarrimento, con l'incapacità di comprendere, di non sapere dove andrò a finire. Quando comincio a tradurre entro nell'opera con la speranza di riuscire a mettere insieme i pezzi – le parole, le frasi, i paragrafi – per provare a ricreare la santa illusione di un insieme.

Questa sensazione è diventata per me una specie di metafora per il processo di emigrazione: si lascia un mondo e si porta con sé un linguaggio che subito si spacca, con alcune parole che ti seguono e rimangono con te, altre che rimangono nel posto da cui si è partiti. Si entra in un mondo nuovo con un linguaggio che rimane, da questo punto in avanti, imperfetto, fatto a pezzi. Si devono nominare cose mai viste prima con parole che non esistevano nella casa lasciata. Mi viene in mente una parola, come esempio: "linoleum". *Iv mai sintû di linoleum?*

Così, parole come "side car", "Fritz", "water", usate da Tonino Guerra nella sua poesia, arrivano nel mondo contadino da fuori. Nei suoi poemetti parole come queste sono pochissime e mi pare che siano associate ad eventi negativi come la guerra o la rovina ecologica. Sono parole che vengono da fuori, come "plastica". La tenerezza, se si può trovare tenerezza in queste poesie, è riservata al linguaggio del contadino, alle parole attaccate alla terra e alla casa. È così quando, ad esempio, Guerra nomina gli animali intorno a Sant'Antonio: "galóini, pizéun, cunéi" (*Libro delle chiese abbandonate*, p. 100), oppure gli oggetti che un tempo si trovavano al mulino:

> al sdazi, i miuróin, i sach, al córdi
> i canalétt ad lègn che da la fòsa d'in èlt
> i butéva al sciabulèdi d'aqua còuntra
> la róda ch'la fa ziré la mèsna. (*Il viaggio* 24)

La "maia 'd saléuta", fatta da una madre contadina, rimane non tradotta anche nel testo italiano. "Il prete" invece di uno "scaldaletto" è perso nella traduzione. E il lettore può immaginare il piacere di un poeta che per nominare "l'alberello dei lillà" riscopre il nome "l'alborèl dla sirén".

Ho avuto l'opportunità di tradurre qualche altra poesia scritta in dialetto emiliano o romagnolo per l'antologia *Dialect Poetry of Northern Italy*, curata da Luigi Bonaffini.[3] I poeti inclusi nell'antologia sono, oltre a Guerra e Baldini, Enrico Stuffler, Cesare Zavattini, Renzo Pezzani, Tolmino Baldassarri e due poeti nati dopo la seconda guerra mondiale: Emilio Rentocchini e Giovanni Nadiani.

Rentocchini è nato nel 1949 a Sassuolo. Il suo luogo di nascita mi è servito come una catena. Ho sempre sentito parlare di Sassuolo. Uscendo dalla montagne dell'Appennino per andare a Modena, Sassuolo è la prima cittadina che si incontra in pianura. C'è un ospedale a Sassuolo e la notizia: "è andato a Sassuolo a fare le analisi" era una cosa che si diceva sempre sottovoce, con ansia.

Nel suo volume *Otévi*, Rentocchini mette insieme l'ottava di Ariosto e Tasso e il suo dialetto. Il dialetto, un linguaggio in fondo non scritto ma orale, un linguaggio colloquiale e familiare, viene giustapposto alla struttura formalmente rigida dell'ottava. Leggo una poesia e la mia traduzione per dare un'idea dell'effetto procurato da questi versi che, come nota Alberto Bertoni nell'antologia di Luigi Bonaffini, "lasciano un'alonatura di barbagli, *flashes*, tic tac tutti metafisici attorno a sé".

> Iv mai sintù sò 'd sira el vòusa frìdi
> del sévi arèinti arèinti al nóstri cà
> ch'el pèren cési persunéri, isdídi
> dal cósi ch'el s'avrìn al mènd ded là:
> èlti preghéri, ètri distansi impidi
> da un sciànch ed vèint ch'al còunta ai sit tr'al cà,
> ch'al sèmna al sél: l'iv mai sintù sò 'd sira
> ad dè ch'al mór méinter la nòt la's vira?

---

[3] *Dialect Poetry of Northern Italy*, Luigi Bonaffini, ed., Legas, Brooklyn, N.Y. (in corso di stampa).

> Have you ever heard, towards evening, the wounded voices
> of the hedges that are near, so near, our houses
> which seem like imprisoned churches, destroyed
> by the things that open them up to the world beyond:
> tall prayers, and other distances filled
> by a tug of wind that recounts to the fields between the houses
> that is the sky that sows; have you ever heard towards dusk
> the day dying as the night opens up?

Se la lingua dei poemetti di Guerra colpisce perché è chiusa al mondo di fuori, poeti come Rentocchini e Nadini introducono invece elementi che non sono di solito associati con il dialetto o con il mondo contadino o il mondo del paese. Nadini, nato nel 1954 a Cassanigo di Cotignola in provincia di Ravenna, usa elementi tratti dal jazz o parole in dialetto come *parcheg* e *asfèlt*:

> a cve pr e' mond 't un post in piaza
> a parchigê sta machina rubêda a e' son
> pr advê d'ciapê cun la nostra Pioneer
> le onde medie mej ch'u s'pò...
>
> so at any rate the world here in a piazza
> parking this car stolen from its slumber
> trying to grasp with our Pioneer
> medium waves as best we can.

Qui, se non sbaglio, stiamo parlando del plurilinguismo. E forse è il punto adatto per cominciare a parlare di un libro come *Avventure in Africa*[4] dove non mancano parole provenienti da lingue e lessici diversi. Gianni Celati, un italiano che abita in Inghilterra, ma che sente più affinità con l'inglese americano che con quello britannico, racconta di un suo viaggio nell'Africa francofona, in compagnia di un amico dal nome francese, durante il quale si è trovato spesso ad avere a che fare con persone che non parlavano francese ma wolof, malenke, bambara... Nel libro ci sono diversi elenchi di oggetti, degni del miglior Calvino. Questi elenchi creano un senso di meraviglia per questi posti e nello stesso tempo un senso di distanza da essi: davanti a loro ci si sente sopraffatti, confusi, imbarazzati. È il modo che Celati usa per descrivere "la confusa bellezza" (17) che si trova nel Mali, in Senegal, in Mauritania. Leggo dalle prime pagine:

> Dopo siamo sulla strada delle banche, dove non vedo più niente perché c'è troppa roba in ogni metro quadro. Venditori di frutta,

---

[4]Gianni Celati, *Avventure in Africa*, Feltrinelli, Milano 1998. La mia traduzione è stata pubblicata con il titolo *Adventures in Africa*, da The University of Chicago Press, Chicago 2000.

baraccchini della lotteria, canterini ciechi, copertoni, ferraglia, vecchi motorini, secchi di nocciole, banane un po' andate a male, galline vive e morte, mucchi di mercanzia indistinta, polvere e spazzatura, umanità nera bianca e albina. (12)

In *Avventure in Africa* questi elenchi prendono parole dall'inglese, dall'inglese-americano, dal francese del Mali e del Senegal, dai dialetti e dalle lingue indigene; e ancora, dal linguaggio dell'economia globale: *Ray-Ban*, *Marlboro*, *fax* e l'onnipresente, *Coca Cola*.

Il Grand Marché, la Grand Poste: nella nube di polvere le macchine e biciclette s'ingrovigliano, non si riesce a passare. Sui marciapiedi pile di stoffe a fiorami, i grandi damascati, i pagnes a colori brillanti, i bianchi babù esposti alla sabbia rossa, le coperte indigo con disegni tribali. Cartelli per strada: AFRIQUE AUTO, Pièces détachées, DIRECTION NATIONALE DES AFFAIRES ECONOMIQUES, DIRECTION NATIONALE DE LA GEOLOGIE DES MINES, LA MAISON DE L'ARTISANAT, LUX BEAUTÉ, Boubakar Keita... Una sfilata di pile di ciabatte di cuoio, babbucce dorate, sandali di gomma. Barattoli con tutte le conserve possibili. Un esercito di lampade a petrolio. Una armata di bacinelle coloratissime. La grande moschea. Un ragazzo con spina dorsale piegata ad angolo acuto e testa quasi per terra, angelo storpio che cammina tranquillo tra la folla. (...) Lì davanti appoggiati a un muro, un tuareg con occhiali rayban, un sarankolé dal turbante azzurro, un altro tutto dritto che forse è un puel. (18)

Ogni elenco è in sé una piccola poesia:

Due ragazzi toucoleur seduti in fondo al pianale sembrano in gita scolastica, si dicono delle cose all'orecchio, poi fanno risatine da fanciulle. Quello vestito di bianco da hadji non parla mai con nessuno. I due toubabs tedeschi hanno grandi chèchs tuareg per ripararsi dalla polvere. Siamo ben stipati nel furgone aperto, e finalmente si parte. Insegne sulla strada: VIDEO CLUB, TOP ELEGANCE, ETERNELLE BEAUTÉ, OUSMANA GUITTEYE, Commerce Général, Import Export. (...) Città che mi incanta. (49-50)

Forse è questo il momento giusto per spiegare il titolo del mio intervento. Comincio appunto con la parola *toubab*. Come scrive Celati, *toubab* è una "parola indigena che traduce esattamente il termine *pingone bianco*". Bene! E "*Pingone bianco*"? I *toubabs* sono viaggiatori, i turisti bianchi, una categoria a cui appartiene lo stesso Celati. Il *toubab* rimane sempre un forestiero privilegiato, da cui la gente che abita in questi posti vuole ottenere qualcosa. Celati usa questa parola che non appartiene alla sua lingua, che non conosceva prima del viaggio. Per capirla meglio conduce una specie di studio informale sulla cultura dei *toubabs*, dipingendo per noi i rapporti e gli scambi complessi e frequentemente sottili tra il *toubab* e la gente del posto, tra l'io e l'altro, tra il dentro e il fuori:

> Fermi lungo una strada, buio pesto, scrivo alla luce dei fari. Forata un'altra gomma, dopo quella che abbiamo già cambiato. Adesso siamo fermi in mancanza di una seconda ruota di scorta. Il giovane tuareg brontola: "On peut pas voyager sans stock... Ici y a des toubabs..." El Hez se la prende col guidatore perché ci sono i toubabs. Insiste che fa brutta figura con i bianchi, andando in giro senza una notevole riserva di pneumatici. (124)

Celati capisce benissimo il ruolo e il dilemma dei *toubab*:

> Nella vita di un turista che va un po' lontano, credo che a un certo punto sorge per forza la domanda: "Ma che cosa sono venuto qui a fare?" Domanda che mette in moto il gran cinema delle giustificazioni con se stessi, per non dirsi sul serio: "Sono qui a non far niente". Di ciò si rendono ben conto i ragazzi come Moussah e Mohammed, che devono catturare il loro turista per aiutarlo nel lavoro di non far niente dalla mattina alla sera. (17)

Celati, *pòvro toubab*, rimane il viaggiatore, un po' inetto, che prova a mettere insieme tutti questi pezzettini, questi frammenti di esperienza e di lingue.

L'altra espressione presente nel titolo che vorrei spiegare è *La è 'ndèda acsè*, È andata così. Questa frase, questo frammento di frase, è diventata per me un'altra chiave per tradurre *Carta canta* di Baldini.

La trama della pièce teatrale è questa: uno scapolo, un musone, di nome Aurelio Brandi, ha pagato una bella somma a due "esperti" di un istituto per scoprire (che sorpresa!) che la sua famiglia discende da una nobile casata: i Berandi. Ci sono anche le carte ("Carta canta, villan dorme") come prova. *Page Proof*, *Carta canta*, è un monologo di Aurelio che parla a se stesso e, indirettamente, ai suoi antagonisti quasi sempre in dialetto, ma a volte anche in italiano.

La mattina in cui a Worcester ho cominciato a fare la traduzione, in Italia era sera e i miei parenti stavano vegliando il mio padrino. Le frasi che saltavano fuori erano queste:

> *Mo chi ta cràid da és? che sit tè?*
> *E geva po'*
> *La è 'ndeda acsè*

Alle undici a Worcester stavo traducendo queste parole, alle cinque di sera là, si apriva la porta su via Giardini. I primi, in lutto, entravano dalla porta. I più alti piegando la testa mentre attraversavano la soglia. Il mio padrino, un cugino, era scapolo, proprio come Aurelio Brandi. Era andato in pensione da due anni quando è morto. Aveva lavorato negli Stati Uniti per quarant'anni come muratore. Parlava l'inglese benissimo. Tornava a casa, alla Rimessa, *L'armissa*, dove la sola lingua era il dialetto. Mentre traducevo *Carta canta* avevo in mente, in testa, nelle orecchie, le voci della gente che parla in dialetto. Ogni *boh* e ogni *beh* che leggevo erano accompagnati da un suono. Così ogni *sè, sè*. Una mattina, in cucina, mentre mettevo in frigorifero la roba della colazione, ho sentito la voce di sua madre: " *'Driano. È giva, 'Driano*". Ho sentito perfettamente, chiaramente il timbro della sua voce, la sua cantilena, il pianto, il tremolio. Mi pare che non ci sia una buona traduzione per *mourner* né per *quaver*.

Vorrei concludere citando dal saggio *The Muse of History* di Derek Walcott, in cui il poeta parla dei frammenti di lingue a Felicity, il suo villaggio nelle Isole Antille. Quello che descrive non mi sembra tanto diverso da quello che succede nel processo di traduzione:

> Rompi un vaso, e l'amore che ricostruisce i frammenti è più forte dell'amore che ne dava per scontata la simmetria quando il vaso era un'unità. La colla che mette insieme i pezzi è ciò che suggella lo stato originario. È un amore di questo tipo che rimette insieme i nostri frammenti africani e asiatici, le eredità frantumate il cui restauro mostra ora bianche cicatrici.
> Questa riunificazione di pezzi frantumati è la preoccupazione e il dolore delle Antille; e tanto più i pezzi saranno diversi e scombinati tanto maggiore sarà il dolore che essi produrranno rispetto alla scultura originale, a quelle icone e a quei vasi sacri che era naturale che si trovassero nelle terre degli antenati. L'arte delle Antille è il restauro delle nostre storie frantumate, dei cocci del vocabolario, mentre il nostro arcipelago diventa sinonimo di questi pezzi staccati dal continente di origine.
> E questo è esattamente il processo che si ha nel fare poesia, o in ciò che si dovrebbe chiamare non tanto il "fare" ma il rifare, la memoria frammentata, l'armatura che dà forma alla divinità, perfino la cerimonia con cui si consegna alla pira finale la divinità, costruita canna dopo canna, intrecciando un vimini all'altro, attorcigliando una traccia di filo all'altra. (...)
> C'è una lingua sepolta e c'è un vocabolario personale, e il processo della poesia è un processo ad un tempo di scavo e di scoperta di sé. Come tonalità, la voce individuale è un dialetto, plasma il proprio accento, il proprio vocabolario e la propria melodia come sfida a una concezione imperialistica della lingua. (...) La poesia è un'isola che si stacca dalla terra ferma. (...)

La lingua originale si dissolve per esaurimento, a causa della distanza, come nebbia che cerchi di attraversare l'oceano; ma questo processo di ri-nominazione, di trovare nuove metafore è lo stesso che il poeta affronta ogni mattina, quando si deve costruire i propri strumenti come Robinson Crusoe, quando deve per necessità organizzare i nomi. (...) L'uomo così denudato è ricondotto a quella forza degli elementi, capace di stupirsi di sé, che è la propria mente. Questo è il fondamento dell'esperienza delle Antille, questo naufragio dei frammenti, queste eco, questi cocci di un vocabolario tribale.[5]

Walcott ci offre un bell'esempio dei risultati che si possono raggiungere se uno rimane aperto, se sta all'erta, se è disposto ad ascoltare e ad abbracciare parole sconosciute e stranissime come *toubab* e *acsè*.

---

[5]Derek Walcott, *The Muse of History*, in *What the Twilight Says, Essays*, Farrar, Straus and Giroux, New York, 1998, pp. 69-70.

Roberto Barbolini

Dagli Appennini alle Honda.
Raccontare tra la via Emilia e il rock

Il rock è grosso, pesante, terragno. Mica roba per anoressici dello spirito, o per digiunatori kafkiani. Lo dice bene Tom Robbins, confrontandolo con musiche più smilze come il jazz e il blues: "il rock era grosso come una salsiccia ed è rimasto incastrato nell'orecchio medio verso terra".[1] Eppure, paragonare il rock a una salsiccia è ancora dire poco, nella terra della cornucopia porcina: il rock, in Emilia, è proprio una faccenda tosta. Appetitoso come culatello di zibello, ma duro da digerire come uno zampone servito con una colata di zabaglione caldo, fatto al momento. Se non ti uccide, è il massimo.

Del resto non sembra facile esprimere in musica, redimendolo, un "genius loci" fatto di ceramiche e porcilaie, motori rombanti e balere sperdute nella nebbia. Ci vuole, forse, molta disperazione. Unita a un pizzico di soperchieria. Eppure è proprio qui "tra la via Emilia e il West", come cantava Francesco Guccini, che il sound acido, i riff delle chitarre elettriche, quei giri armonici insistiti, sempre gli stessi eppure "sempre diversi", si sono configurati in autentica mitologia. Per buona parte della narrativa che si è fatta a partire dagli anni Ottanta, infatti, il rock non è stato soltanto la colonna sonora ideale, ma un autentico serbatoio di miti: il taratàntara di tutti i racconti. Tanto che un Dionisotti dell'era hip-hop potrebbe ridisegnare geografia e storia della letteratura emiliana proprio partendo dai poli musicali del rock. Magari seguendo l'indicazione topografica fornita da Luciano Ligabue in un breve scomparto di *Fuori e dentro il borgo*, intitolato *Le strade blu dell'Ameribassa*: "Prendete una fetta della via Emilia. Precisamente quella porzione che, solcando il centro di Reggio, si estende ai lati per una decina di chilometri verso Parma e Modena. Cercate di abbracciarla idealmente guardando verso il Po. Ora, se avete voglia, possiamo procedere a rete muovendoci fra le strade blu, quelle più nascoste, quelle dove l'America non ha lasciato solo merda ma anche qualche profumo".[2]

Ma sì, si può essere davvero d'accordo con il rocker di Correggio: mescolato al puzzo rinvigorente del sisso, il concime liquido irrorato a pioggia nelle campagne un tempo ubertose, oggi avvelenate dai fumi delle industrie, lungo queste strade non si respira

---
[1] Citato in epigrafe a Luciano Ligabue, *Fuori e dentro il borgo*, Baldini & Castoldi, Milano, 1997.
[2] *Ibid.*, p. 120.

solo il sapore acido dei trip con l'eroina, che viaggia sui Tir dell'Autobrennero, ma anche il gusto dell'avventura "on the road", il sogno di un'America da *Easy Rider* reinventata nella grande pianura a due passi da casa: "Ti porterei anche in Americaa/ ho comperato la macchina a-po-osta" canta Vasco Rossi in *Colpa d'Alfredo*, ben interpretando i miti bovaristici d'una "generazione di sconvolti/ che non ha più santi né eroi"(*Siamo solo noi*).

I loro antesignani narrativi, piccoli vagabondi del Dharma sperduti nella pianura delle balere e degli sballi, segnati da un maledettismo che si mescola agli eterni "magoni" della provincia, sono gli *Altri libertini* protagonisti dell'omonimo esordio narrativo di Pier Vittorio Tondelli (1980): "Notte raminga e fuggitiva lanciata veloce lungo le strade d'Emilia a spolmonare quel che ho dentro, notte solitaria e vagabonda a pensierare in auto verso la prateria, lasciare che le storie riempiano la testa così poi si riposa".[3]

Struggente inquilino invisibile di *Fuori e dentro il borgo*, Tondelli ha vissuto sulla sua pelle, con l'intensità di chi sente che non gli sarà concesso molto tempo, la difficoltà antropologica ancor prima che letteraria di raccontare quel bizzarro mondo vernacolo e postmoderno, avveniristico e arcaico, che è la provincia emiliana. Non a caso alcune delle pagine più toccanti di *Camere separate* sono dedicate ai suoi ritorni a Correggio, nell'odiosamato amnio protettivo della piccola patria padana. Solo qui, confessa Tondelli, gli sembra di capire davvero fino in fondo le pagine di Antonio Delfini, l'eccentrico bastian contrario delle nostre lettere che si spererò in una vita insensata, fatta di continue fughe e "ritorni in città", seguendo sistoli e diastoli d'una polarità sentimentale che lo spingeva ad abbandonare Modena per poterla odiare a distanza, ed esserne poi di nuovo calamitato come da un imprescindibile luogo dell'anima.

Ecco: in queste ossessive "fughe centripete" c'è la chiave di volta che lega gli sballati di Tondelli o le anime in plexiglass di Ligabue ai "perduti" delfiniani. Identici l'inquietudine motoria e il bisogno di "fare tana", il sogno del Far West oltre la via Emilia e la frenesia compulsiva del criceto in gabbia, costretto a frullare sempre sulla medesima ruota così come a Correggio si fa ogni giorno il giro in piazza, o a Modena si sommano le solite inutili vasche avantindré sotto i Portici del Collegio, sognando impossibili evasioni. Cambia solo la colonna sonora. Che so: "Viveree/ vivereee/ anche se sei morto dentrooo", scandita dalla voce arrochita di Vasco Rossi, invece di "Vivere senza malinconia/ vivere nelle follie del mondo",

---

[3]Pier Vittorio Tondelli, *Altri libertini*, Feltrinelli, Milano, 1980, p. 67.

la canzonetta che frulla in testa alla protagonista del racconto delfiniano *Morte dell'amante*.[4] Andarsene? È una parola. E poi, lontano da dove? È come se, da spongate e tortelli di zucca, o altre eredità della cucina ebraica entrate nel loro Dna gastronomico, tanto gli hobos della provincia emiliana quanto i sognatori imperfetti di Delfini avessero metabolizzato una vocazione alla diaspora, allo sradicamento, che un altro grande scrittore novecentesco da rivalutare, l'ebreo carpigiano Arturo Loria, ha impeccabilmente messo in parabola nelle sue storie di picari e gitani, pitocchi e banditi, sempre in fuga da una realtà che appare insufficiente e sopraffattoria. Tutto questo si mescola però in loro – così ostili a recidere una volta per tutte le proprie radici – a una connaturata incapacità di abbandonare davvero un ideale paesaggio dell'anima, la cui geografia non si agglutina a mura, rocche o castelli, ma attorno a una strada, ossia all'emblema stesso del viaggio. Si tratta naturalmente di quella via Emilia che, secondo Delfini, "a Modena si incurva, serpenteggia, guizza come se fosse esclusivamente modenese... Modena, al contrario di Reggio e di Parma, non si stende sulla via Emilia, ci si raccoglie, ci si chiude dentro...".[5]

Una vocazione stanziale caparbiamente attorcigliata a ciò che implica per definizione movimento è il paradosso che unisce vagabondi, rockers, scrittori e lunatici di queste terre.

I tanti "matti" padani, a cominciare dal pittore Ligabue, patiscono nella stramberia del carattere proprio questa condizione anfibola, hanno l'anfibia natura della rana ridibonda o della rana verde minore, delle ranocchie abitatrici di fossi e marcite, di peschiere e pantani, così buone da friggere ma divenute anch'esse ormai merce rara nel micromondo attorno alla via Emilia.

Strada delle musiche e delle storie, delle benzine ad alta concentrazione di ottani, dei camion stracarichi di maiali e di piastrelle, di vitelloni invecchiati e mucche sul punto di diventare pazze; arteria pulsante di un edonismo sazio e disperato, stando a un antico anatema di papa Wojtyla; ma anche luogo grottesco e picaresco, cronòtopo dell'immaginario dove trattori agricoli e Ferrari rombanti, cavalieri ariosteschi e locomotive anarchiche, ballo liscio e heavy metal, cantastorie e cantautori, pompe funebri e pompe di benzina, industriali e rocchettari, coesistono in un frastornante quanto improbabile congresso universale, nello stesso lembo di pianura tra il grande fiume e l'Appennino, dove il "mondo piccolo" di Guareschi ha tuttora i suoi arcaici fondamenti mitico-antropologici.

---

[4]cfr.: Antonio Delfini, *I racconti*, Garzanti, Milano, 1963, p. 146.
[5]Antonio Delfini, *Manifesto per un partito conservatore e comunista e altri scritti*, a cura di Cesare Garboli, Garzanti, Milano, 1997, pp. 203-205.

Se la via Emilia è davvero tutto questo groppo di contraddizioni sparate ad alta velocità, non si stenta a capire perché, un po' come in Irlanda, sia così forte il nesso tra il volume degli amplificatori e quello delle storie da raccontare, e così facilmente praticata la confusione delle maschere tra lo Scrittore e la Rockstar, tra il Poeta e il Cantautore.

Torniamo a quella "fetta di via Emilia", della quale Ligabue parla come fosse un pezzo d'anguria nella cui rossa polpa sugosa, punteggiata di semi neri, qualche vurdalak di campagna potrebbe affondare avidamente i suoi denti vampiri. Il cuore della cocomera (qui sempre rigorosamente femminile) va però spostato da Reggio Emilia alla vicina Modena, la vecchia capitale del ducato estense. Ricordiamo quello che diceva Delfini a proposito della propria città, di quel suo racchiudersi attorno alla grande strada, che la spartisce come un fiume: "Di qua c'è il Medioevo, la Controriforma, i due collegi clericali di San Carlo e di San Giuseppe, i colli, le montagne, il Cimone. Di là c'è Modena romana, Ludovico Antonio Muratori e la sua parrocchia della Pomposa, il Palazzo Ducale, la casa di Ciro Menotti, il Risorgimento, la pianura, il Po. Di qua c'è la Sicilia; di là c'è la Russia. Di qua le fabbriche di automobili da corsa; di là il frumento e la canapa. Di qua l'autodromo; di là le corse dei cavalli e il giuoco del calcio. Di qua i padroni; di là operai e contadini. Di qua il vescovo il prefetto e il questore; di là la Camera del Lavoro".[6]

La via Emilia è qui veramente fluviale, spartiacque di storie e di destini. Somiglia al Don o al Mississippi, o almeno a quel torrente Parma, perennemente in secca, che attraversa l'odiata città della fidanzata perduta, la Luisa B. delle *Poesie della fine del mondo*. E proprio mentre un Delfini ormai allo stremo, in spregio alla capitale dei Farnese, risogna la sua piccola patria come autentica città stendhaliana, approdando all'ingegnoso e struggente sogno filologico di *Modena 1831, città della Chartreuse*, la capitale di ripiego degli Estensi (che nel 1598 avevano dovuto abbandonare Ferrara allo Stato pontificio) diventa una specie di Liverpool italiana. Ossia quanto di più "up to date" si possa immaginare negli anni Sessanta.

Guardiamo le date. *Modena 1831* esce presso Scheiwiller nel 1962, lo stesso anno in cui i Beatles sfondano con *Love me do*. Nel 1963, ultimo calendario da sfogliare nella vita scombinata di Delfini (che muore in febbraio), nasce a Modena l'Equipe 84, destinata a diventare il più celebre complesso beat degli anni Sessanta. Ancora una volta nel cronòtopo emiliano sembrano stiparsi, in una specie di fiorito stridore creativo, realtà apparentemente incommensurabili tra loro. È come se, nella geografia compressa d'un piccolo ducato scomparso con l'unità d'Italia, le ucronie delfiniane ricostruissero il

---

[6] *Ibid.*, p. 205.

fantasma d'una capitale che non c'è più, proprio mentre la città sta cambiando definitivamente faccia, e soprattutto musica.

"E fu così che in una notte buia e tempestosa, in un piccolo posto di una piccola città, Alfio Cantarella, Franco Ceccarelli, Victor Sogliani, Maurizio Vandelli, diretti da Pier Farri, entrarono nella storia della musica italiana e di una stagione irripetibile": con la salutare ironia di chi non si prende troppo sul serio, Franco Ceccarelli ricorda così la nascita del gruppo-simbolo della Swingin' Modena.[7] *Io ho in mente te* è un libro che catalizza una colonna sonora di brani indimenticabili, a cominciare da quello del titolo, per arrivare a *Auschwitz* o a *Ventinove settembre*. Ceccarelli potrebbe far precipitare un micidiale cocktail emotivo nel cuore e nell'anima del lettore coevo, se solo azionasse il wah wah della nostalgia. Invece, grazie al suo stile naïf, alle ellissi e alle smozzicature imposte dal pudore, l'ex chitarrista dell'Equipe 84 fornisce, senza pretese letterarie, il sobrio palinsesto d'un romanzo possibile: la storia di quattro ragazzi che, come noi, amavano i Beatles e i Rolling Stones, e in Italia riuscirono a diventare almeno altrettanto famosi.

Perché quello di cui stiamo parlando, *my friends*, è il ducato del rock. E al centro c'è sempre lei, la Città della Mòtta, come la chiama Francesco Guccini in *Vacca d'un cane* : avviluppata come un pitone sazio d'insaccati attorno alla via Emilia, domestica carovaniera di tutte le avventure possibili: "La Strada, da un lato, principia dalla via Emilia e da essa diparte; dall'altro finisce e si disperde nel Far West, in direzione del campo di Magnavacca (tereno avelenato, reca il cartello, ma son balle per tener lontani noi mas'cini)... verso la Stazione Piccola... La via Emilia è poi quel tratto lì, non hai idea che attraversi tutta una Regione da est a ovest, o che sia il ricalco di quell'antica pista-cavedagna che univa tutti i villaggi su palafitte ai piedi del Grande Dio Appennino che allora si specchiava su una vasta laguna...".[8]

A questa pagana divinità montanara Guccini ha dedicato il libro d'esordio, *Cròniche epafániche*, rievocando l'infanzia in quel di Pavana, minuscolo borgo circondato dall'acqua del torrente Limentra, sul crinale fra Toscana ed Emilia. Il mulino dei nonni, l'uccisione del maiale, le fole all'osteria – raccontati con un estro linguistico un po' alla Meneghello, pescando filologicamente nel grande serbatoio dialettale, attraverso saporiti incroci con la lingua "alta" – disegnano i riti arcani di una saga famigliare, di cui *Vacca d'un cane* segna la seconda tappa, con il ritorno postbellico in quella "piccola città, bastardo posto", che verrà celebrata fra odio e amore da Guccini cantautore in un brano di *Radici* (1972).

---

[7] Franco Ceccarelli, *Io ho in mente te*, Baldini & Castoldi, Milano, 1996, p. 33.
[8] Francesco Guccini, *Vacca d'un cane*, Feltrinelli, Milano, 1993, p. 14.

Come già nelle *Cròniche*, il glossarietto finale consente anche al lettore non indigeno di familiarizzarsi con golose voci "barbariche" come *braghéro* (impiccione) o *far cabò* (marinare la scuola), *gàggio* (stupido) e l'indispensabile *brugna* (organo sessuale femminile). Attraverso questo saporito impasto di dialetto, gergo e lingua colta, Guccini distilla con alambicchi filologici il proprio romanzo di formazione "fra la via Emilia e il west", nonché "fra mandrie, chitarre, e future angosce e gioie adolescenti, quando il segno zodiacale della mina sorse in cielo sull'asse dell'eclittica".[9]

Già: si fa di tutto, in quella Modena tardi anni Cinquanta, per avere la mina, cioé la ragazza. Si comincia persino a suonare con Alfio "il batteraio" e l'amico Victor, che poi entreranno nell'Equipe 84. Intanto c'è l'America da sognare, dietro l'Angolo o fuori Porta Bologna, mentre il domestico rumore delle "stoviglie color nostalgia" di una celebre canzone viene di continuo sovrastato dal clangore delle chitarre elettriche, nella sconvolgente scoperta del rock'n 'roll. Ma neppure i riff sparati dalle Fender Stratocaster o dalle Gibson Les Paul attraverso gli amplificatori Dàvoli da cento watt bastano a stordire del tutto, cancellando quella sensazione di esistenze mancate, di giorni perduti - avrebbe detto Delfini – "nel sogno di vivere domani".

A lacerare il grigio-nebbia della piccola città, tra i fischi dei treni che arrivano in stazione, l'altoparlante gracchia un refrain stentoreo che racchiude in sé tutta l'angustia d'un orizzonte provinciale: "per Carpi-Su·zaramàntova si cambia". Già, si cambia. Ma per restare sempre lì, in quella geografia compressa di pianura ex depressa che va scoprendo il boom, fra i wroom wroom delle Ferrari e i broom broom delle prime Honda, tra le onde già mezze inquinate delle estati sulla riviera romagnola e il sogno della Grande Fuga a Bologna. Perché, come poi canterà Vasco Rossi, "Non siamo *micca* americanii/ che loro possono sparare agli indianii...". Magari, beati loro, che così si sfogano...

"Ma l'America, la Santa America, dov'era? Non c'era no, non c'era, l'America, nella Città della Mòtta".[10] La realtà è molto più prosaica, testimonia Guccini a viva voce: "Avevo lasciato l'università appena iscritto. Mi ero messo a lavorare alla cronaca della *Gazzetta di Modena*, ma non guadagnavo una lira. Il mio amico Bonvi, futuro inventore delle Sturmtrupppen a fumetti, andava in giro a spaccare vetrine per darmi la notizia in esclusiva, sperando che facessi carriera. Macché: giovane galoppino di redazione, ero costretto a restare fino a tarda ora per 'chiudere' il giornale, come si dice in gergo, mentre i miei colleghi andavano a far bisboccia in qualche

---

[9] *Ibid.*
[10] *Ibid.*, p. 103.

bar aperto tutta notte. Finché, un bel giorno, incontro un amico, Alfio Cantarella, che sarebbe diventato il batterista dell' Equipe 84, e lui mi convince a suonare da professionista nelle balere immonde: cha-cha-cha, le canzoni di Peppino di Capri e ogni tanto un giro di valzer italiano". Gran brutta vita, vero? In giro con quelle orchestrine improvvisate, davanti a un pubblico che vuole solo ballare e "imbarcare": è già molto se non si è costretti a suonare solo il liscio, e ogni tanto si può andare giù pesi coi rock di Gene Vincent o del grande Elvis, di Little Richard o degli Everly Borthers... "Quanto durò quel tempo lì? Durò niente, durò un soffio".[11] Tanto che non è un caso se il romanzo, come ogni Bildung che si rispetti, finisce con la promessa d'un risoluto cambiamento, d'una raggiunta maturazione: "C'era anche quella ragazza lì del Martini, fresca e rugiadosa d'ombretto azzurro che sembrava appena sfornata, (...) e io lì con la chitarra in mano come un povero sfigato. Lei mi guardò come si guarda un sémo, (...) e sbagliai anche l'asòlo che mi ricordo mi dissi: "Vèe mago! Io qui a suonare tutta la vita? Ci restate poi voi, a far sto' mestiere qui, vacca d'un cane".[12]

Gli anni Sessanta sono un periodo da favola per chi ha vissuto un'infanzia appenninica negli anni della guerra, o magari in quelli immediatamente successivi. Così, più o meno all'epoca in cui il giovane Guccini, trasparente controfigura della voce narrante delle *Cròniche* e di *Vacca d'un cane* (tanto che pare di sentire sulla pagina la sua inconfondibile "erre" blesa), si trasferisce nella vicina Bologna, città di cantautori, osterie e sedicenti poeti d'avanguardia, un altro "narratore delle colline" arriva nella Città della Mòtta, o della Potta che dir si voglia.[13] Si tratta di Marco Santagata, futuro italianista all'Università di Pisa, specialista di Petrarca, ma anche autore di un romanzo pubblicato nel '96 da Guanda, *Papà non era comunista*, dove un' esperienza per certi versi analoga a quella gucciniana viene vissuta all'interno d'una famiglia della piccola borghesia. Il padre di Matteo, il protagonista-narratore, è infatti un insegnante impegnato in politica, che gode nel suo paese d'indiscussa autorevolezza, tanto che per tutti è semplicemente *e' prufesor* (il professore). Eppure, confessa Matteo, "uno dei problemi più ardui della mia infanzia è stato capire quale fosse il nostro posto nella scala sociale".[14]

---

[11] *Ibid.*, p. 130.
[12] *Ibid.*, p. 137.
[13] La Potta da Modena, entrata in proverbio, è un'antefissa raffigurante probabilmente un ermafrodita, che era posta all'esterno del Duomo, di fianco alla Porta dei Principi. L'originale è ora conservato al Museo lapidario, ma una copia continua tuttora a occhieggiare, a gambe aperte, dall'alto: promessa e invito inarrivabili per chi guarda da Piazza Grande.
[14] Marco Santagata, *Papà non era comunista*, Guanda, Milano, 1996, p. 77.

Questa confusione di status è tematizzata già nelle prime pagine del libro. Che differenza infatti può mai correre, nella mente d'un bambino, tra un povero e un capo partigiano? Pochissima davvero, se il primo si chiama Armandone e il secondo Armandino: "Per un tempo lungo quanto sono lunghi i tempi dell'infanzia ho creduto che Armandone e Armando fossero la stessa persona".[15]

Siamo nell'immediato dopoguerra, di mendicanti in giro ce ne sono ancora tanti: proprio quelli col tabarro e il bastone, che vanno a elemosinare pane e un bicchiere di vino. È ancora il duro mondo di *Zebio Còtal*, il romanzo dell'autodidatta modenese Guido Cavani (1897-1967) che piacque a Pasolini.

La figura agra e inconciliata del protagonista, rude come il paesaggio di calanchi lunari e terra avara che lo circonda, – domestico inferno che finirà per inghiottirlo in una tempesta di neve – incombe come un babau nel Dna dei narratori dell'Appennino. Santagata la esorcizza nell'infantile crasi fra il mendicante Armandone e il capo partigiano Armandino, divenuto poi sindaco di Pavullo nel Frignano, le cui gaffes verbali (da "i laghi saranno prosciutti", per prosciugati, a "cedo la parola al mio didietro", intendendo la persona che gli stava alle spalle) sono rimaste proverbiali in tutto l'Appennino modenese.

Ridotto l'Orco a dimensioni ragionevolmente maccheroniche, ancor più nitida campeggia la figura del *prufesor* che incanta Matteo leggendo ad alta voce mentre fuori nevica o, d'estate, standosene comodamente seduto sulla sdraio in giardino. Santagata disegna con affetto la figura di un padre dossettiano e "illuminista di campagna", che credeva in Dio e si considerava di sinistra, "ma non perché credeva in Dio". Persino un democristiano in pantofole può così diventare quello che la Blixen chiamava "il narratore di tutte le storie", o perlomeno l' erede d'una tradizione di oralità, tra l'epica ariostesca e i maggi drammatici, tuttora viva sul crinale toscoemiliano.

Attorno al professore circola un gran bel parentado di zii e zie e nonni, nonché la variopinta umanità di Rocca, alias Zocca, il paese dove l'autore è nato e ha trascorso l'infanzia. Viene così a lievitare sulla pagina tutto un vitale e rissoso "mondo piccolo": una realtà fatta di doncamilli e pepponi pronti a scaldarsi al fuoco della passione politica, in una confusa mescolanza fra utopie di riscatto e ataviche invidie sociali, mentre le abitudini secolari della civiltà contadina subiscono i primi ruvidi scossoni nell'impatto con la modernizzazione postbellica.

Vanvera in apparenza priva di acme finale, *Papà non era comunista* è in realtà una narrazione circolare, che gira su se stessa fino a

---

[15] *Ibid.*, p. 11.

tornare al punto di partenza, però rovesciandolo. Comincia con i poveri, finisce con i ricchi: dalla mitizzazione paesana del conte Ravagnani Pecci ("ricco dei ricchi") e della sua villa, alle speculazioni di Matteo sullo status balneare degli italiani: "Insomma: il Tirreno era più caro e aveva il clima migliore, era più verde e aveva le spiagge più larghe e meno affollate; soprattutto, il mare, lì, era subito fondo. Anche il dottore lo consigliava. La vera differenza, tuttavia, consisteva nel fatto che i benestanti andavano al Martirreno, gli altri, sull'Adriatico".[16]

Alla fine del periplo, anche il mondo di Zebio Còtal è ormai pronto a sciogliere le sue ataviche rabbie tra le spume marine, in mezzo all'odore delle creme solari, ai richiami dei venditori di bomboloni e duri di menta; nell'ardore di quelle prime, gloriose estati delle vacanze di massa. Precedute da lunghi nebbiosi inverni, passati a sognare flirt da spiaggia mentre il juke box suona un disco dei Platters...

Già: sarà proprio un caso se Guccini e Loriano Macchiavelli, creatore del poliziotto Sarti Antonio, hanno intitolato *Un disco dei Platters* la seconda avventura del loro detective, il maresciallo Santovito? Il primo romanzo in cui l'abbiamo visto protagonista, *Macaronì*, era una storia selvatica di delitti e di vendette implacabili, un thriller atavico ambientato in un paesino sperduto tra i valichi oscuri e le acque diacce, i boschi e le forre del più cupo Appennino al confine tra l'Emilia e la Toscana. Antiche vicende di emigranti a Marsiglia si mescolavano, in misteriosa correlazione, a brutti fatti di sangue del periodo 1939-40.

Finito in quel posto da lupi a causa della sua scarsa simpatia per il regime fascista, Santovito è un maresciallo dei carabinieri d'origine meridionale, un nomade sedentario che finirà per risolvere il caso tra bevute e partite a carte all'osteria. Ma nel frattempo gli sarà toccato fare delle gran scarpinate alla ricerca d'una verità difficile, ovattata come la natura stessa quando nevica. Fra le tristi e arcane montagne del crinale, anche i fatti più cruenti assumono il ritmo lento e inesorabile delle stagioni che passano. Fatte le debite proporzioni, può persino venire in mente quel racconto straordinario di disperazione appenninica, *Casa d'altri* di Silvio D'Arzo, che è un vero thriller dell'anima dove al posto del maresciallo c'è il sacerdote e, invece del delitto, il suicidio.

Rispetto a *Macaronì*, in *Un disco dei Platters* l'atmosfera del piccolo borgo montano è apparentemente molto cambiata. Al posto dell'osteria ci sono bar e pensioni, il juke-box ha sostituito la radio, Buscaglione e i primi urlatori fanno da colonna sonora. Ma non bisogna lasciarsi ingannare da questa atmosfera sonnolenta di

---

[16] *Ibid.*, p. 125.

un'estate primi anni Sessanta. Non c'è pace in Appennino. Il maresciallo Santovito, tornato in paese dopo vent'anni, si trova subito alle prese con la morte misteriosa di due ragazzini, mentre i fantasmi sempre incombenti dell'ultima guerra si mescolano a figure favolose come la Regina Selvaggia o a personaggi arcani come il Romitto, custode d'un leggendario tesoro. Le eterne fole d'Appennino sono lì pronte a ghermirti come la Borda sempre in agguato nei torrenti, o a inghiottirti nel mistero filologico del "buco della Giacoma". Intanto, però, il braccio meccanico del juke-box, mostro non meno pericoloso, ha selezionato il 45 giri del momento, già le prime note del Quartetto Cetra si diffondono nell'aria: "Quando nel mio juke-box/ c'è un disco dei Platters,/ non mi disturbate/ se ascolto Only youuu..."

Sono gli anni di Elvis e dei suoi imitatori italiani, Bobby Solo e Little Tony. Chiunque non faccia il genere melodico stile Claudio Villa o Sergio Bruni viene etichettato come "urlatore": da Celentano a Tony Dallara, dall'ex portuale Joe Sentieri – soprannominato "il cantante col saltello" per la sua abitudine di zompettare sulla scena – alla scatenatissima Mina degli esordi, subito ribattezzata "la tigre di Cremona", secondo un'araldica zoologica che proseguirà con pantere di Goro (Milva) e aquile di Ligonchio (Iva Zanicchi). E poi Gaia Germani, Remo Germani, Jenny Luna, il primo Fausto Leali... All' epoca, fannno scandalo. Oggi, le loro modeste oltranze vocali e vestimentali fanno soprattutto nostalgia.

Sta per arrivare la valanga Beatles, ma i costumi, principalmente sessuali, sono molto lenti a cambiare: "Il problema più importante per noi" stona Celentano "è di avere una ragazza di seeraa/ con la barba già fattaaa/ sooli senza nessu-u-noo/ ce ne andiam per la città".

"Le ragazze da sole" ricorda Ceccarelli in *Io ho in mente te* "non potevano andare a ballare. Venivano accompagnate da una zia, una nonna, una vecchia conoscente di fiducia. Le accompagnatrici stavano sedute sulle panche tutta la sera e dovevano controllare che la 'protetta' non venisse portata troppo al centro della pista",[17] con conseguente incremento di palpiti e palpate.

Sembra di vederlo, tutto quel gran matriarcato di *arzdòre*, cicalante tribù di madri e zie e vicine di casa dalla calata larga, intente a un perenne gossip che, partendo dal pettegolezzo da lavandaia, può persino diventare qualcosa di metafisico... Alla larga, ragazzi: alla Gran Madre non si scappa. Qui, se si vuole cuccare, c'è obbligo di fidanzamento!

Ci vorrebbe un Leslie Fiedler padano capace di scrivere *Amore e morte nel romanzo emiliano*, sostenendo che tutti i vagabondaggi

---

[17] Franco Ceccarelli, *Io ho in mente te*, cit., p. 23.

sul modello della Beat Generation, tutti i Nomadi e le Equipe 84 di questo mondo, nonché le balere e gli sballi da Tondelli in poi (ma già Guareschi, in fondo...), non sono che i tentativi degli Huck Finn nostrani di sottrarsi all'imperio del Grande Matriarcato Emiliano-Romagnolo. Ma qui, tra le ciminiere fumanti della trista pianura e i calanchi spelacchiati del mesto Appennino, non siamo certo nella regione dei Grandi Laghi, dove il cacciatore di daini Natty Bumppo può vagare libero tra i boschi coi suoi fratelli Mohicani, lontano dai pericoli della civilizzazione e annessi fidanzamenti.

La straordinaria fioritura regionale di quelli che all'epoca si chiamavano "complessi beat" aveva forse a che fare con Edipo e il suo complesso, rockband di successo internazionale? Di certo, era una grande fuga dal matriarcato, per rifugiarsi in una consorteria maschile: vagabondi, ramblers, Silverado Squatters che dir si voglia.

"Nel 1962 facemmo l'estate a Sestola, centro turistico sempre sull'Appennino modenese" scrive Ceccarelli. "Pensate, ragazzi! Due mesi fuori casa! Due mesi lontani dalle famiglie, dalle regole!

Poter andare a letto quando si vuole!

E poi Sestola, d'estate, è piena di ragazze!

Quest'estate ci scateniamo.

Forse questa è la volta che riusciamo a scopare.

Eravamo tutti ancora vergini".[18]

Dopo *Love Me Do*, capite? Con Burroughs che scriveva quel che sappiamo. E Ginsberg, Kerouac, Dylan, i santoni indiani, il sitar, i Rolling, le Rolls, le rollate di canne fra una rullata e l'altra, che erano già lì lì per arrivare anche da noi e scaravoltare tutto quanto. O gran pottà delle *arzdorone* antique!

Però, ben prima che Eugenio Finardi condensi in canzonetta quella che è ormai una sensazione diffusa, si sente che "c'è qualcosa nell'aria, i tempi stanno per cambiare". Non è ancora la "musica ribelle/ che ti entra nelle ossa, che ti entra nella pelle" destinata a far da colonna sonora, sulle onde di Radio Alice, alle ribellioni degli "indiani metropolitani" nella Bologna incasinata del 1977. Ma persino l'apparentemente inossidabile "mondo piccolo" di Giovannino Guareschi, stereotipo ideale della padanità come categoria dello spirito, avverte il cambiamento in atto. E subito il creatore di Peppone e Don Camillo cala il ciclone beat nel proprio presepe strapaesano, che può sembrare di cartapesta, ed è invece uno spaccato antropologico del mondo attorno alla via Emilia, la cui capacità mitopoietica costituirà ancora a fine anni Novanta un riferimento per il Ligabue di *Fuori e dentro il borgo* e del film *Radio*

[18] *Ibid.*

Freccia, che di quel libro di racconti costituisce, per immagini, lo sviluppo romanzesco.

"La nuova serie di racconti mi pare aggiornata: il vecchio don Camillo (e il vecchio Peppone) si muovono nel nuovo casino suscitato in campo cattolico dal Concilio e, in campo politico, dai comunisti 'cinesi'. Naturalmente ci sono, come protagonisti, capelloni e capellone. I capelloni di città sono comandati da Cat, la scatenatissima nipote di don Camillo; i capelloni di campagna sono capeggiati da Michele (detto 'Veleno') ultimo figlio di Peppone che se ne frega della politica, va nei paracadutisti e alla fine sposa Cat".[19]

Così Guareschi, rispondendo a una lettera inviatagli da Andrea Rizzoli nell'aprile del 1967, riassume la trama del nuovo episodio della saga di Don Camillo e Peppone: un libro per il quale c'è molta attesa. Glielo sollecitano fin dagli Stati Uniti, dove lo spurio finale del *Compagno don Camillo* in versione cinematografica ha fatto pensare a un seguito americano delle avventure della celebre coppia, sul quale Guareschi in realtà non è mai stato d'accordo: "Mi dispiace" ha scritto già in una lettera di due anni prima "la faccenda di Peppone che va in America. E ci va senza baffi... Peppone senza baffi non è più lui".

Le nuove storie di Don Camillo, che lo scrittore è andato pubblicando a puntate su *Oggi* con il titolo *Don Camillo e la ragazza yé yé*, affrontano l'Italia post-conciliare stravolta dal benessere materiale e dalle mode ideologiche. Prima di morire, proprio nel fatidico '68, Guareschi fa a tempo a raccogliere le copie dattiloscritte in un fascicolo e a fissare sulla copertina il titolo definitivo: *Don Camillo e don Chichì*, mostrando di voler dare il ruolo del deuteragonista al "pretino dalla spider rossa" che la Curia ha mandato a tantalizzare con le sue idee progressiste il vecchio ma sempre battagliero parroco.

Ci si può arrovellare a lungo, lo si è fatto anche di recente durante e dopo un convegno milanese, sul ruolo che spetta a Guareschi nel nostro Novecento. Giovannino da Fontanelle di Roncole Verdi presso Busseto (Parma) tende ad avere tifosi (pro o contro) più che veri critici. Ma una cosa, a oltre trent'anni dalla sua scomparsa, risulta ormai incontrovertibile: Guareschi ha creato, a dispetto dei detrattori, la più nota coppia comica dell'intera letteratura italiana. Don Camillo & Peppone, il manesco Pretone della Bassa e il Sindaco comunista suo amico-rivale sono due archetipi mitici, uniti da un'amicizia inossidabile e da un contrasto politico che, fingendo di esaltare le rispettive diversità ideologiche, sancisce invece la sostanziale identità dei due personaggi. La loro, insomma, è la schizofrenia florida di Jekyll e Hyde, di Holmes e Watson, di Bertie

---

[19]Citato in Giovanni Guareschi, *Don Camillo e don Chichì*, Rizzoli, Milano 1996.

Wooster e del suo ineffabile maggiordomo Jeeves: coppie letterarie celebri che non a caso si sono travasate nell'immaginario popolare del cinema.

Chi ha visto sugli schermi *Radiofreccia* di Ligabue avrà riconosciuto due omaggi espliciti a Guareschi: la visita di Freccia e dei suoi amici sballati a Brescello, il paese di don Camillo, durante una vanvera in auto già post-tondelliana ed eroinica quanto basta, e la partita di calcio che cita quella fra la Dynamo e la Gagliarda allenate da Peppone e don Camillo. Al posto di Gino Cervi e Fernandel, nel ruolo del "mister" troviamo qui "al mèster", il Maestro per antonomasia, ossia Francesco Guccini in persona, nei panni del sarcastico barista Adolfo: un tipo che sembra uscito giusto giusto dai racconti umoristici *La legge del bar e altre comiche* del cantautore-scrittore modenese.

Insomma: negli anni Settanta libertini e tondelliani rievocati da Ligabue si ascoltano David Bowie e Lou Reed, non si è più vergini a vent'anni suonati come ai tempi di *Io ho in mente te*, ci si strafà di canne o peggio, ma la porta della canonica è sempre aperta. E persino don Chichì, il pretino della spider rossa, finisce per avere un suo ruolo nella metamorfosi del vecchio don Camillo, tutto bicicletta e sganassoni, nel don Camillo tutto moto e sganassoni riportato sullo schermo da Terence Hill alias Mario Girotti. Una versione post-Lucio Battisti (ricordate "Motocicletta 10 HP"?) in realtà non molto soddisfacente, ma buona a testimoniare che nella Bassa, fra lambrusco e popcorn, lo spirito del tempo può arrivare a confondersi con il tempo dello spirito.

Dagli Appennini di Zebio Còtal alle onde dell'Adriatico, le Honda percorrono come fosse l'America tutta quell'insensata pianura spartita dal filo rosso della via Emilia. Hanno sostituito le vecchie Gilera o il popolarissimo "guzzino", usato da Guareschi nel '51 per tagliare la corda dall'uscita laterale d'un albergo di Reggio Emilia, dopo un duro confronto con i comunisti locali a proposito del *Don Camillo* cinematografico di Duvivier.

Sono gli anni di piombo della politica, dell'acido e dell'eroina. Il mito del giovane Holden subentra a quello del vecchio William Holden amato dalle mamme - una sua foto autografata ricordo che campeggiava ancora nei tardi anni Sessanta nel bar delle sorelle Gibellini di Formigine, sulla strada per Maranello, dove l'attore andava abbastanza regolarmente a rifornirsi di Ferrari sgargianti.

Sono soprattutto gli anni in cui, nella provincia emiliana, l'immaginazione vuole emanciparsi dal podere e andare al potere. In una parola: finisce la mezzadria, s'incrementa la schiavitù della fabbrica, nascono le radio libere. Finardi canta: "E se una radio è libera/ ma libera veramente/ mi piace ancor di più/ perché libera la mente". Nel Borgo di Ligabue salta fuori *Radiofreccia*. Ma per le strade dell'eterna provincia ci sono in giro i soliti matti: Bonanza che va al cinema e poi pretende di riviverne nella realtà le scene madri; Pluto che vagabonda col registratore per raccogliere le voci dei morti (Berlinguer, Giuseppe Verdi, Dorando Pietri); oppure Genova assatanato del tavolo verde; o ancora Condor dalla memoria prodigiosa, Savana grande ballista, Virus capace di inghiottire per scommessa vermi, lampadine e persino automobili... E questo deve essere un personaggio vero, o molto inventato, perché di un tipo che si trangugiava beghi vivi per scommessa, annaffiandoli con un sorso di vino, mi ha parlato spesso anche mia zia Lina, che vive dalle parti di Brescello.

Questo "mondo piccolo" dagli echi ancora guareschiani, magari mescolati a un po' di *Fellini Amarcord* e al Cavazzoni dei *Lunatici*, fa da basso continuo ai racconti e al film di Ligabue. Ma su tutto ancora una volta sovrasta il martellare del basso elettrico che si sente da lontano, il rombo delle percussioni, lo stridore delle chitarre distorte, per tacere le paranoie erotiche dei tecnici del suono, o certi "piccoli show padani" di gruppi che non hanno mai superato la fama locale. È il grande viaggio sull'onda del rock, baby! Quello che se diventi famoso ti squarcia le barriere della provincia e ti porta lontano, a vivere il mito in prima persona.

Tu, che per le vie del borgo una volta eri nessuno, adesso puoi stare sul palco alla pari con Mick Taylor chitarrista degli Stones all'epoca di *Sticky Fingers* (*Fuori dagli Stones*), o duettare con Pavarotti, davvero un tenore di gran peso, come guest star nei suoi concertoni pop-benefici (*Lucianone e Lucianino*)...

Siamo o non siamo il paese del melodramma? "In quella enorme zanzariera che è la valle del Po fra Parma e Mantova doveva nascere il genio di Giuseppe Verdi",[20] scriveva nel 1930 Bruno Barilli, rivendicando che "Per toccare il fondo dell'anima di Verdi non nuoce l'aver vissuto a lungo là dentro, quarant'anni fa, fra un popolo facile ad accalorarsi, travagliato e pieno di una sinistra inclinazione musicale".[21]

Tutto si può dire di Pavarotti, del suo kitsch ben lardellato, delle tinture troppo nere che gli colano dalla barba e dai capelli sul candido sparato, mentre spara uno dei suoi sempre meno memorabili acuti. Si possono deprecare le sue evasioni fiscali e i suoi divorzi multimiliardari, persino i suoi gusti musicali. Ma una cosa di certo l'ha capita: che l'icona del Tenore e quella della Rockstar stanno bene insieme, sono fatte per completarsi e ribadirsi reciprocamente. L'una non è che l'erede dell'altra, la sua versione "on the road". Jeans e chiodo invece di smoking e camicia con jabots. Ma

---

[20] Bruno Barilli, *Il paese del melodramma*, Adelphi, Milano, 2000, p. 13.
[21] *Ibid.*

chi ricorda l'abbigliamento di tanti gruppi dell'era beat, dagli inglesi Kinks e Hollies ai nostrani Equipe 84 o Corvi, rammenta anche che indossavano proprio camicie del genere, con un deliberato anacronismo pop che gettava un ponte tra la Swingin' London, o la Swingin' Modena, e l'Ottocento di Byron e dei Decadenti.

Se davvero l'abito "parla" il monaco, come s'affannava a spiegarci più o meno in quegli anni Umberto Eco, zazzere e abbigliamenti della generazione beat potrebbero dirci un sacco di cose, tutte molto ribelli per un' epoca in cui la trasgressione vestimentale, come del resto quella sessuale, non era ancora diventata norma. E un pantalone a zampa d'elefante, una "gnagna" lunga sul collo, costavano liti in famiglia o addirittura un certo interdetto sociale.

Forse per questo le canzoni grondavano lamentazioni. Ma che colpa abbiamo noi? Come potete giudicar, come potete condannar? Chi vi credete che noi siam, per i capelli che portiam? Io sono quel che sono, non faccio la vita che fai. Io vivo ai margini della città... Sono un ragazzo di strada e tu ti prendi gioco di me. Oh yeah!

Che struggente colonna sonora, sospesa tra vittimismo generazionale e protervo orgoglio da *outcast*, verrebbe fuori a mescolare i memorabili ritornelli canori della generazione che nei primi anni Sessanta scandiva il proprio romanzo di formazione sui riff delle chitarre elettriche brandite come armi letali da quelli che allora si definivano "complessi"...

Se vai a leggerti *Canzoni-Storie dell'Italia leggera*,[22] il Sentimental Journey compiuto dal politologo Edmondo Berselli (nato anche lui dalle parti della via Emilia) attraverso cinquant'anni di quelle che Paul McCartney chiamava "silly love songs", stupide canzoni d'amore, be': ti viene davvero il sospetto che i falsetti dell'Equipe 84 abbiano contribuito a cambiare un'intera generazione più dei *Grundrisse* di Karl Marx. Tu chiamala, se vuoi, eterogenesi dei fini... Perseguìta attraverso una poetica della "cover" che cercava l'originalità attraverso l'imitazione, riproponendo in versione italiana brani celebri degli Stones e dei Beach Boys, dei Beatles e dei Kinks, degli Animals e dei Searchers, dello Spencer Davis Group e dei Rockin' Berries, nonché dei Move, di Sonny & Cher, dei Vanilla Fudge...

Un po' quel che è successo nella nostra narrativa a partire dagli anni Ottanta, con l'imitazione dei minimalisti americani spacciata per novità a tutti i costi. Anche quei romanzi erano "covers". Però inconsapevoli. Per questo non hanno funzionato. Invece i rifacimenti nostrani dell'era beat, a riascoltarli oggi, stanno spesso alla pari degli originali. E a volte sono persino meglio. Basta posare il

---

[22] ed. il Mulino, Bologna, 1999.

pick-up sui solchi a 45 giri di *Quel che ti ho dato* (Equipe 84), versione italiana di *Tell me* degli Stones, per rendersene conto. Il motivo è semplice. Lo spiega ancora una volta Ceccarelli in *Io ho in mente te*: "L'idea era quella di trovare parole italiane che riproducessero – invece di tradurre – quelle inglesi, il loro suono al posto del significato letterale... Se qualcuno avesse voglia di confrontare gli originali si renderebbe conto della fatica fatta per dare un senso al testo senza alterare i suoni originari".[23] Così *And My Baby's Gone* (Moody Blues) diventa *Mi fa bene*; *Don't Worry Baby* (Beach Boys) si trasforma in *Sei già d'un altro*, *Time Is On My Side* (Rolling Stones) trapassa nella *Fine del libro*. E via schitarrando. Mentre il Significato nasce direttamente dal Suono, cioé dal Significante. Come di lì a poco diranno i semiologi, in modo assai meno divertente.

E intanto corre, corre la locomotiva in una celebre canzone di Francesco Guccini; adagio adagio transita invece la corriera del mito lungo la via Emilia. Siamo a Modena, poco dopo la metà degli anni Sessanta. Il quindicenne Vasco Rossi, studente di ragioneria, siede come ogni giorno sul pullman che lo riporta a Zocca, il paese dell'Appennino dove vive. Zocca alias Rocca, il toponimo di *Papà non era comunista*. Zocca terra di musicisti: la frazione di Montecorone ha infatti dato i natali alla dinastia dei Bononcini, il cui esponente più noto, Giovanni, compositore di fama europea, fu rivale di Händel a Londra. Ma Vasco queste cose non le sa. Distratto, un po' svagato, guarda fuori dal finestrino. Roba da farsi venire un colpo: all'angolo, proprio davanti al Bar Italia, c'è Maurizio Vandelli, riccioli al vento. Proprio lui, il leader indiscusso dell'Equipe 84. L'emozione è tale che Vasco non la dimenticherà più.

Perché il rock ha questo di bello: che ti porta il mito sotto casa, anche se vivi in provincia. Ti dà l'idea, molto americana, che tutti quanti ce la possono fare. Persino tu. È una bella scorciatoia verso il successo, rispetto alle solitarie passeggiate che faceva Antonio Delfini sotto i Portici del Collegio, nella vana speranza che qualche concittadino si congratulasse con lui per i suoi successi lettterari.

Che bello invece camminare per la tua città ed essere fermato dalla gente che ti riconosce, ti chiede l'autografo...

C'è un cortocircuito benefico tra i sapori, gli odori, i piccoli miti della provincia – ciò che Guccini canta nella chiave elegiaca della "Piccola città/ bastardo posto" o delle "stoviglie color nostalgia" – e la carica energetica, la vitalità vagabonda, in una parola il carisma della rock-star.

Ma la vita in provincia è sempre il sentimento di un'occasione perduta. "Mi puoi portare a casha queshta sèra? Abito fuori Modena, Modena Paark/ Ti porterei anche in America, ho comperato

---

[23] Franco Ceccarelli, *Io ho in mente te*, cit., p. 32.

la macchina apòsta". Invece, macché: "mi son *dishtratto* un attimo/ colpa d'Alfredo/ che con i suoi discorsi seri e ino*p*ortuni/ mi fa *si*upare tutte le o*c*asioni". E così, inevitabilmente, la faccenda finisce male: "è andata con il negro, la troia".

Colpa d'Alfredo, una delle prime canzoni di Vasco Rossi, è un gran bello spaccato di quella provincia emiliana che si sente sempre all'avanguardia ma, nel profondo, non cambia. La ritrovi, spostata un poco più a sud lungo la linea adriatica, nell'epica rocchettara del *Compleanno dell'iguana* e della *Guerra degli Antò*, libri d'esordio della marchigiana Silvia Ballestra. Oppure, in versione metropolitana, nel Brizzi di *Jack Frusciante*. La *Weltanschauung* della provincia si rivela intatta, nel suo dinamismo e nella sua volgarità, anche nel recentissimo *L'isterico a metano*, (Mondadori 1999) che il disegnatore satirico Filippo Scòzzari ha scritto assieme al nipote Pietro. Il libro è piuttosto brutto, ma le prime ottanta pagine sulla maschia esistenza "shasshuolese" (come direbbe lui) del protagonista Barozzi Vanes non sono poi male. Vanes è un ragazzo come tanti altri che s'aggirano, con gli occhi foderati di mortadella, nel comprensorio della ceramica stretto fra la via Emilia e l'Appennino. La sua vita scorre beota tra il piastrellificio e la balera, il crack e quella droga più potente che in gergo locale si chiama "gnocca". Con un'unica, vera passione: la rossa per eccellenza, il bolide di Maranello, la mitica vettura del Cavallino rampante: insomma, la Ferrari. Ma a un certo punto il "mondo piccolo" non basta più. Per ovviare alla sua "cafoneria inguaribile", Vanes inizia un bizzarro viaggio di formazione "da Sassuolo a Bologna, passando per il mondo". Da qui in poi il romanzo flippa nella fantascemenza a buon mercato. Ma la grottesca e inquinatissima capitale della ceramica è ancora rispecchiabile nella "presuntuosa Sassuolo" descritta da Delfini quasi quarant'anni prima (*Le colline modenesi e il Frignano*) come la città "degli industriali paraboemi delle mattonelle per bagno, delle saponiere e dei bicchieri per sciacquarsi i denti".[24]

Altroché i trip di Vanes: altri viaggi, assai più ariosteschi, ci fa immaginare Delfini lungo l'antica via Vandelli che, nel Settecento, passava da Sassuolo, girava attorno al colle di Fiorano e s'inerpicava su per l'Appennino, per poi gettarsi verso le Apuane e il mare: "Eravamo intorno al 1750. Nella Corte modenese degli Este si preparava il matrimonio con l'ultima Cybo-Malaspina per ottenere il Principato di Massa e riavere, sul Tirreno, quel mare che due secoli prima era stato perduto sull'Adriatico. Le nozze avrebbero dovuto coincidere con l'inaugurazione della strada".[25]

---

[24]Antonio Delfini, *Manifesto per un partito conservatore e comunista e altri scritti*, cit., p. 207.
[25]*Ibid.*

Vandelli era un "capriccioso, fantastico e inarrestabile" ingegnere ducale, destinato a morire suicida prima del compimento della strada da lui progettata. Ma il suo è un cognome – credo d'origine appenninica – molto comune nel modenese. Vandelli si chiamava anche il capo dell'Equipe 84. Così, una decina d'anni fa, mi credetti molto originale nello scrivere un racconto lungo in cui, sul rimando onomastico della parola *Vandelli*, mescolavo antiche vicende fiorite attorno alla strada ducale, in particolare quella del matrimonio fra Ercole III e Maria Teresa Cybo-Malaspina, con storie di rock e provincia. Quando ho poi letto il brano di Delfini, recuperato da Cesare Garboli nella sua riedizione del *Manoscritto*, ho pensato che il mio libro se l'era già immaginato tutto lui, in poche righe. Ma la cosa, anziché sconfortarmi, mi ha fatto paradossalmente sentire orgoglioso. Come se davvero esistesse un genio del luogo che, vagabondo tra l'alpe e la pianura, va in giro a sussurrarci nel dormiveglia delle storie che poi ciascuno, alla sua maniera, proverà a raccontare.

Solo che questo "narratore totale" non è facile da riconoscere. Certe volte indossa il tabarro e ha un sacco sulle spalle come Zebio Còtal o i poveri di Santagata, altre invece porta la chitarra a tracolla, ha i capelli lunghi come Augusto dei Nomadi, frequenta balere e festival dell'Unità. C'è chi lo va a cercare fra i sassi arcani e le faggete dell'Appennino, in un imram iniziatico alla riscopera di remote radici, come fanno Francesco Benozzo e Matteo Meschiari con le loro poesie e prose che rimandano a una perduta eredità celtica. Alla quale si richiama anche il folk da combattimento dei Modena City Ramblers, che mescola i cori delle mondine di Novi ai reels irlandesi. La pianura, l'eterna pianura di don Camillo è la stessa che i Ramblers trovano alla fine del loro vagabondaggio: "È ancora caldo, ancora piatto/ Sul'orizzonte/ Ancora pioppi e bici/ E nubi bianche su queste pianure/ Per sempre casa" (*L'uomo delle pianure*, dal cd *Fuori campo*, 1999).

E c'è invece chi, come Ligabue, va a caccia del Grande Raccontatore Orale per le strade blu dell'Ameribassa. Perché su e giù per la via Emilia la narratività di questi anni è soprattutto un sound. Del resto lo cantavano già i Nomadi, parole e musica di un giovanissimo Guccini, ai tempi di *Per quando noi non ci saremo*: "Per quando solo la vibrazione d'acciaio resterà... ed il fiore di quiete della rosa fiorirà sulla terra... Lasciamo un suono".

Sarah Patricia Hill

L'occhio aperto:
Luigi Ghirri e i paesaggi della Via Emilia

Nonostante i viaggi, Luigi Ghirri ha sempre vissuto a pochi chilometri dalla Via Emilia. Le sue continue escursioni, da solo o in compagnia di artisti, scrittori, musicisti, intorno a quella che lui chiama con affetto "la nostra strada" sono state fondamentali per la formazione e la definizione del suo modo, molto particolare, di raccontare attraverso la fotografia. Le sue esperienze di questo paesaggio così come la sua incessante ricerca di nuovi modi di guardarlo hanno influenzato tutta la sua opera, anche quando il soggetto era un altro. Parlare, come cercherò di fare oggi, di alcune sue fotografie tratte da progetti "emiliani" non è solo un modo per mostrare come Ghirri ha ripreso i luoghi oggetto del nostro convegno, ma per cercare di descrivere alcune caratteristiche della poetica di uno dei fotografi più discreti e innovativi degli ultimi anni.

I luoghi attorno alla Via Emilia non sono quelli dell'Italia da cartolina o da poster delle agenzie turistiche. Non esiste per loro un'immagine codificata nell'immaginario collettivo. Per chi, come Luigi Ghirri, è alla ricerca di modi diversi di comunicare con la fotografia, modi capaci di evitare il traffico intasato di immagini stereotipate, pittoresche o sensazionali, questi paesaggi offrono una insolita possibilità: qui si può mettere da parte "la schedatura di un territorio, la resa oggettiva della realtà, il languore romantico del viaggio, l'affresco formalmente impeccabile" e "entrare in rapporto globale con il mondo esterno, (...) perché fotografare il mondo sia anche un modo per comprenderlo".[1] È questo il rapporto che Ghirri cerca sempre di instaurare con le sue immagini, e che si trova anche nelle opere di altri fotografi con cui ha lavorato, come Mimmo Jodice, Giovanni Chiaramonte, Claude Nori, Cuki White, per fare solo alcuni nomi.[2]

In un breve scritto del 1986, Ghirri racconta che molti fotografi, scrittori, pittori e registi che hanno attraversato i paesaggi

---

[1] Luigi Ghirri, *Niente di antico sotto il sole: Scritti e immagini per un'autobiografia*, a cura di Paolo Costantini e Giovanni Chiaramonte, S.E.I., Torino, 1997, p. 64.
[2] Molto importante l'aspetto collaborativo dei libri sulla via Emilia, *Esplorazioni sulla via Emilia: Vedute nel paesaggio*, Feltrinelli, Milano, 1986, a cura di Giulio Bizzarri e Eleonora Bronzoni con fotografie di Ghirri, Jodice, Chiaramonte, Nori, White, e anche Olivo Barbieri, Vittore Fossati, Gabriele Basilico, Guido Guidi, Vincenzo Castella e Manfred Willmann e *Esplorazioni sulla via Emilia: Scritture nel paesaggio*, Feltrinelli, Milano, 1986, a cura di Giulio Bizzarri, con scritti di molti scrittori, fra i quali Gianni Celati (che è stato influenzato dalla sua amicizia e dai suoi progetti con Ghirri), Ermanno Cavazzoni, Daniele Del Giudice e Giulia Niccolai.

della Via Emilia sono stati colpiti dalla difficoltà di conoscere, raccontare e rappresentare questi spazi.[3] Tutto appare così enorme, illimitato, e, allo stesso tempo, monotono e indecifrabile. Forse proprio per questo motivo, dice Ghirri, i frammenti, le intuizioni, i leggeri cambiamenti della luce, un colore particolare o un dettaglio di un edificio diventano particolarmente importanti. Per gli abitanti di questi luoghi, diventano "piccole certezze, un insieme di punti da unire fra di loro per tracciare un itinerario possibile, come fossero i sassi di Pollicino, per ritrovare la strada di casa".[4] Possiamo conoscere i luoghi, dunque, solo attraverso una specie di mosaico percettivo, un gioco di narrazione visiva del tipo "unisci-i-puntini" che ammetta la nostra dipendenza dalle apparenze e accetti l'essenziale inconoscibilità del mondo esterno.

Per riuscire a cogliere i piccoli punti dell'insieme, le sfumature, i frammenti, per riuscire a sentirsi a proprio agio in paesaggi che altrimenti rischierebbero di sembrare alienanti nella loro vuota vastità, o invisibili nella loro marginalità e quotidianità, è necessario rinunciare a uno sguardo che sa già quello che vuol vedere e che sa già come giudicare e ordinare il reale. Bisogna abbassare piuttosto lo sguardo e ridurre al minimo i pregiudizi, consapevoli dell'impossibilità di giungere a un modo oggettivo di fotografare. Uno sguardo abbassato, aperto, non vuole evidentemente spiegare il mondo: cercherà semmai di comprenderlo nella sua ambiguità e nelle sue contraddizioni. È uno sguardo che non pretende di ordinare e irrigidire il mondo in un'immagine definitiva e globalizzante, ma si accontenta di "un vedere e un sentire 'a strati'".[5]

L'immagine di Piacenza per il volume *Esplorazioni sulla via Emilia* è un esempio di questo tipo di percezione "a strati". Ci si trova di fronte ad un paesaggio urbano che presenta una stretta compenetrazione fra antico e moderno, fra naturale e artificiale. I diversi livelli dell'immagine funzionano come gli strati cronologici che coesistono nei paesaggi di questa zona, da quelli geologici a quelli tecnologici. A prescindere da tale stratificazione, questa è un'immagine in cui Ghirri cerca di minimizzare le gerarchie visive, peraltro inevitabili in ogni rappresentazione. Sulla sinistra si vedono il lampione stradale e il filo elettrico. Sono ripresi senza alcun tentativo né di demonizzazione né di travestimento, ma con il medesimo risalto visuale del vecchio ponte e dell'alveo asciutto. È l'immagine di un luogo in cui la presenza umana permea l'ambiente, ed è osservato intensamente con sguardo aperto e privo di pregiudizi. Questo "sguardo aperto" ci invita a vedere questi luoghi come spazi abitati, degni di essere guardati e valorizzati in sé

[3] Luigi Ghirri, *Niente di antico, cit.*, p. 88.
[4] *Ibid.*, p. 88.
[5] *Ibid.*, p. 296.

stessi. Le piccole figure umane consentono di vedere in proporzione le dimensioni degli oggetti, costituendo una specie di indicatore della scala dell'immagine; allo stesso tempo ricordano che questo paesaggio, come tutti i paesaggi, si fonda su un punto di contatto tra gli esseri umani e lo spazio circostante. Esso è insieme sfondo e protagonista delle vite dei suoi abitanti. Concedere la nostra attenzione a paesaggi come questo vuol dire renderli più vivibili e rendere tollerabile la confusione delle apparenze attraverso una riconciliazione tra persone e ambiente.

Vale la pena di soffermarsi sull'importanza della persona-indice nella fotografia di Ghirri, il quale scriveva spesso del fascino della figura di quello che chiamava "l'omino sul ciglio del burrone" che appare in tanti paesaggi dipinti. In queste immagini, come, per esempio, in quelle di Caspar David Friedrich, le piccole figure umane funzionano come delegati dello spettatore, che lo invitano a seguire i loro sguardi dentro l'immagine. Queste figure danno risalto al potere maestoso e sublime della natura e fungono da intermediario tra spettatore e scena dipinta; stimolano la curiosità e la fantasia dello spettatore perché possono vedere il vuoto a cui il suo sguardo non può giungere. Nelle fotografie di Ghirri, però, gli indici della presenza umana non evocano sgomento verso il sublime, ma invece una relazione più varia tra esseri umani e ambiente. In questi paesaggi i segni dell'insediamento umano, storico e attuale, spezzano la divisione binaria fra antropico e naturale. Queste immagini fanno vedere come gli esseri umani influiscono sul paesaggio e viceversa, creando una narrazione di luogo che mescola vicende personali e collettive in una complessa interazione di storia, natura e quotidianità.

Così facendo, Ghirri gioca con le nostre aspettative relative alla rappresentazione paesaggistica. Per esempio in una sua fotografia di un campo in gran parte vuoto[6], non ci sono figure umane friedrichiane che guidano lo sguardo dello spettatore, ma invece vi sono le linee verticali dei pali del telegrafo, la massa ingombrante del trattore e il profilo affusolato di un altro attrezzo agricolo. Invece di indicare a loro volta qualche altro oggetto di interesse, questi elementi sono tutto quello che c'è tra lo spettatore e l'orizzonte dell'immagine e fungono da indice della presenza umana nel paesaggio. Ricordano la consolidata relazione tra esseri umani e terra in questa parte del mondo, e i modi in cui una particolare identità antropica ha dato e al contempo ricevuto forma da questi paesaggi.

---

[6]Giulio Bizzarri e Eleonora Bronzoni (a cura di), *Esplorazioni sulla via Emilia: Vedute nel paesaggio*, cit., p. 10.

Malgrado la grande differenza e resistenza di queste immagini alle rappresentazioni più tradizionali del paesaggio, esse partecipano a un dialogo scherzoso con la storia dell'arte, conferendo una specifica visione locale all'estetica della rappresentazione del paesaggio. Nelle immagini di Friedrich, o di altri pittori che a lui si possono accostare, le figure sono poste sul ciglio del vuoto, mentre molte delle fotografie di Ghirri capovolgono questa cornice tradizionale. In una fotografia di un fosso che sembra perdersi all'infinito[7], per esempio, l'orizzonte diviene il vuoto, l'orlo della fotografia diviene il precipizio che porta ad esso, e le linee convergenti del fosso e della strada possiedono la vertiginosa attrazione della gravità. È questo forse il vero significato della profondità per un abitante di pianura, ma è anche il significato della profondità nella rappresentazione bidimensionale. Ghirri gioca con questa convenzione della storia dell'arte, ridefinendo la profondità per assegnarle un senso in un ambiente che ne è apparentemente privo. In altre parole, adatta una convenzione visuale al paesaggio invece di forzare il paesaggio ad assumere la forma della convenzione. Cerca così di essere fedele al vero carattere del luogo e non a idee preconcette di quello che il paesaggio è oppure dovrebbe essere.

Quest'approccio riflette il suo tentativo di "aprire il paesaggio, dislocare lo sguardo, uscire dal muro dell'arte",[8] non solo come un modo per costruire le proprie fotografie, ma anche come un mezzo per liberare i suoi spettatori dalle costrizioni tradizionali, permettendo loro di trovare nuove modalità per guardare paesaggi che altrimenti potrebbero sembrare alienanti o noiosi. Per esempio, la curiosa piattezza di questi spazi, intersecati da linee di alberi, di fossi, di strade, di campi arati, crea un sistema in cui la prospettiva viene riaffermata tramite la convergenza di queste linee e simultaneamente scalzata dall'apparente mancanza di gerarchie visuali, che sembra rifiutare sistemi prospettici fissi. Celati ha scritto che nei suoi paesaggi Ghirri

> è riuscito a raccontare la fissità dello spazio vuoto, lo spazio che non si riesce a capire. Ha compiuto una radicale pulizia negli intenti o scopi dello sguardo. Finalmente ci ha fatto vedere uno sguardo che non spia un bottino da catturare, che non va a caccia di avventure eccezionali, ma scopre che tutto può avere interesse perché fa parte dell'esistente.[9]

---

[7] Vedi Luigi Ghirri, *Vista con camera: 200 foto in Emilia Romagna*, a cura di Paola Ghirri and Ennery Taramelli, Motta Editore, Milano, 1992, p. 73.
[8] Luigi Ghirri, citato da Celati nei suoi "Commenti su un teatro naturale delle immagini", in Luigi Ghirri, *Il profilo delle nuvole*, Feltrinelli, Milano, 1989, 4 settembre.
[9] Gianni Celati, "Finzioni a cui credere, un esempio", in Luigi Ghirri, *Paesaggio italiano*, Feltrinelli, Milano, 1989, p. 32.

Vediamo quest'approccio in fotografie come quella della strada e del fosso di cui parlavo prima. Un soggetto quotidiano come questo viene utilizzato per catturare la vastità straordinaria della pianura. Le linee convergenti spariscono in un immaginario punto all'orizzonte che ricorda e allo stesso tempo mina la prospettiva albertiana delle rappresentazioni tradizionali di paesaggio dominante a partire dal Rinascimento. Nessun palazzo idealizzato appare in fondo a questa caduta libera prospettica. Al suo posto, diversi edifici agricoli bassi e di forma semplice si raggruppano a lato del punto di fuga. Le convenzionali regole della prospettiva vengono distorte dalla superficie piatta e uniforme della terra che insieme invita e rifiuta la rappresentazione. La prospettiva matematica impiega un sistema di linee per posizionare persone o oggetti nello spazio pittorico. Qui, invece, c'è un vuoto sconcertante che distilla perfettamente l'impressione di spaesamento che conferiscono queste pianure. Esse permettono allo sguardo una libertà incondizionata, che viene ulteriormente corroborata attraverso il deliberato contrasto con un sistema prospettico che forma e dirige lo sguardo dello spettatore.

Il tentativo di evitare questo tipo di sistema convenzionale ha rappresentato per il fotografo reggiano una costante fondamentale nella ricerca di metodi alternativi di rappresentazione che rivelassero questi paesaggi per quello che sono. Invece di andare incontro alle aspettative paesaggistiche, Ghirri cercava di pensare alle aspettative del paesaggio stesso. Come egli ha scritto, "forse alla fine i luoghi, gli oggetti, le cose o i volti incontrati per caso, aspettano semplicemente che qualcuno li guardi, li riconosca, e non li disprezzi relegandoli negli scaffali dello sterminato *supermarket dell'esterno*". Questo voleva dire permettere una visione localizzata del paesaggio, liberandolo così dal destino di divenire "luogo di nessuna storia e di nessuna geografia".[10]

Invece di creare immagini che si conformassero alle nozioni tradizionali di "bello" o di "interessante", Ghirri cercava una visione fedele alla natura di questi luoghi e alla sua esperienza di essi, in un tentativo di "guardare le cose come richiedono di essere guardate".[11] Con questa espressione egli non intende riferirsi a una comunicazione privilegiata e mistica con il paesaggio, vuole soltanto indicare la necessità di evitare i modi preconcetti di guardare e di interpretare il mondo. In questo modo, cerca di guardare le fattezze del paesaggio "secondo i movimenti e le angolature che ci portano a verderle meglio".[12] Pur riconoscendo la natura sempre e

---

[10]Luigi Ghirri, *Niente di antico*, cit., pp. 88-89.
[11]Luigi Ghirri, citato da Celati nei suoi "Commenti su un teatro naturale delle immagini", in Ghirri, *Il profilo delle nuvole*, cit., 4 settembre.
[12]*Ibid.*

inevitabilmente soggettiva delle interpretazioni spaziali, Ghirri si impegna a preservare questa soggettività nei termini di un dialogo tra identità individuale e paesaggio, senza lasciare che essa venga assorbita nelle convenzioni della cultura di massa. Guardare i luoghi "come richiedono di essere guardati" richiede una mente aperta alle loro diverse possibilità, una sensibilità ai modi in cui il territorio è stato formato per essere osservato in particolari maniere o per opporre resistenza ad altre prospettive con cui guardarlo. Si tratta dunque di un invito a pensare e tentare modalità di incorniciare il paesaggio che si distacchino dalla tradizione.

In queste ricerche vi sono alcune costanti della poetica di Ghirri che cercherò ora brevemente di indicare. Egli vedeva come un grande vantaggio della fotografia il suo "carattere di fissità", che permette una lettura più meditata del paesaggio rispetto a quella dell'esperienza reale. Nondimeno, egli cercava, nei limiti costituzionali del *medium* fotografico, di raccontare il paesaggio così come esso è percepito da uno spettatore che si trovi dentro al paesaggio stesso. In questa direzione va inteso l'uso privilegiato del grandangolo che, invece di concentrarsi su un particolare elemento, allarga l'orizzonte dello sguardo. Nei testi che accompagnano le fotografie del volume *Il profilo delle nuvole* Gianni Celati riconosce a Ghirri il merito di avergli fatto capire come ci si trovi "sempre dentro a qualcosa che è come un abbraccio avvolgente", per cui è importante adottare uno sguardo a 180 gradi, una "visione periferica".[13]

Prestando attenzione alla "visione periferica" Ghirri utilizza la fotografia non come strumento di categorizzazione ma come metodo "per scoprire e costruire immagini che siano anche nuove possibilità di percezione", per interrogare i criteri di valore prevalentemente adottati e suggerirne altri più legati alla dimensione autoctona di radicamento nei luoghi.[14] Il fotografo reggiano cerca di rendere compatibile il suo tentativo di riconoscere lo specifico significato locale del paesaggio con il desiderio di condividere questa esperienza con un pubblico più vasto. Nella medesima direzione si colloca la fotografia di una casa abbandonata[15], nella quale i risultati del degrado ambientale sono pienamente evidenti e diventano una metafora del deterioramento della nostra capacità di vedere con chiarezza e di comunicare con efficacia. Lo sguardo aperto di Ghirri nota e valorizza ogni oggetto, ogni figura e ogni spazio dentro i confini della fotografia, ad illustrazione della sua convinzione che è soprattutto necessario trovare punti di vista comprensibili agli altri. Uno sguardo che valorizzi tutte le apparenze,

---

[13]Gianni Celati, "Commenti su un teatro naturale delle immagini", in Luigi Ghirri, *Il profilo delle nuvole*, cit., 12 maggio.
[14]Luigi Ghirri, *op. cit.*, p. 63.
[15]Vedi Luigi Ghirri, *Vista con camera: 200 foto in Emilia Romagna*, cit., p. 62.

senza imporre interpretazioni, può produrre un'immagine capace di sollecitare e stimolare al dialogo chi la osserva. L'immagine che il lettore si trova davanti pretende una sua attiva partecipazione, lo costringe, in un qualche modo, a interagire e a comunicare. Non è mai un prodotto convenzionale, scontato, prevedibile. È piuttosto un'opera che richiede uno sforzo interpretativo e di immaginazione, un dialogo indiretto tra fotografo e fruitore, che attraverso l'immagine vengono posti di fronte a un mondo che può e deve essere continuamente riletto e riguardato.

Nelle sue opere fotografiche Ghirri cercava una forma di narrazione visiva che potesse stimolare nuovi modi di organizzazione dello sguardo affinchè "non rimanga più inerte di fronte ad un esterno sempre più incomprensibile e complesso".[16] Egli credeva che fosse questo tipo di inerzia a provocare l'inquinamento del paesaggio, il corrispondente degrado della nostra capacità di viverlo e, infine, la nostra assoluta inabilità di comunicare. In questo senso diveniva cruciale recuperare l'intensità dello sguardo e così impegnarsi in un'osservazione del mondo che, come ha scritto Celati nell'introduzione a *Verso la foce*, "ci rende meno apatici (più pazzi o più savi, più allegri o più disperati)", o almeno consapevoli del deterioramento dell'ambiente naturale e sociale.[17]

Per Ghirri il paesaggio rappresenta un racconto sempre in movimento, i cui episodi sono i cambiamenti operati su di esso dagli esseri umani e dalla natura. A sua volta, il paesaggio influisce sulle storie delle persone. Anche le stagioni e le condizioni atmosferiche costituiscono un importante elemento narrativo in molte sue immagini, nelle quali le nuvole, le nebbie, il sole e le ombre sono spesso i protagonisti principali che modulano un paesaggio in continuo cambiamento. Mediante lo studio attento di tali elementi, Ghirri dimostra l'infinita varietà di questi paesaggi solo apparentemente monotoni, e stuzzica un "appetito visivo" per la vasta gamma di possibilità che ogni paesaggio offre. Invitando ad uno sguardo impegnato e stimolando l'immaginazione dello spettatore, queste fotografie contrastano l'ottundimento percettivo procurato dall'aggressione dell'uomo alla natura.

Ghirri era molto interessato ai modi in cui le persone reagiscono all'ambiente. In un articolo del 1986 esprimeva la propria sorpresa nell'aver letto che la visibilità sul nostro pianeta era diminuita del dieci percento. Malgrado lo sgomento di fronte a un inquinamento che avvicina e limita sempre più l'orizzonte, egli scrive di aver provato un piacere paradossale all'idea che "se la linea di passaggio del finito si è avvicinata, allora anche l'infinito è più

---

[16] Luigi Ghirri "Rappresentare per immagini", in *Quindi,* gennaio (1986), p. 15.
[17] Gianni Celari, *Verso la foce*, Feltrinelli, Milano, 1992, p. 9.

vicino a noi".[18] L'avvicinamento e l'allontanamento dell'orizzonte assumono significati specifici se applicati a un paesaggio di fitte nebbie e di foschie mutevoli come quello della pianura padana. La sua preoccupazione per le problematiche ecologiche si accompagnava a una preoccupazione altrettanto viva per l'inquinamento della mente e della vista causato dai mezzi di comunicazione visivi odierni.[19] Entrambi i tipi di inquinamento producono una saturazione che impedisce di vedere con chiarezza e che erode la nostra abilità di comunicare o di stabilire rapporti con gli altri e con ciò che ci circonda.

Per evitare che la via Emilia diventi una specie di "Terra di Babele", un luogo "di nessuna storia e di nessuna geografia",[20] bisogna dimenticare i paesaggi visti di passaggio, e cercare di "entrare in una relazione di affetto perché i luoghi, gli spazi, le architetture, i volti possano diventare riconoscibili, familiari, abitabili o forse semplicemente si rivelino di nuovo al nostro sguardo".[21] C'è una foto[22] di un paesaggio invernale, in cui una macchina passa veloce sullo sfondo e il sole tramonta sopra la neve. Qui si ha la possibilità di entrare in una relazione con il paesaggio che è diversa da quella permessa ai passeggeri della macchina. Guardando quest'immagine, si ha il tempo per esaminare il rapporto tra la macchina e la pianura, tra i sottili fili elettrici e la linea sfumata dell'orizzonte, e per scoprire il rispetto e l'affetto del fotografo per i suoi soggetti, e in particolare per la Via Emilia. Il suo è un approccio gentile, meditativo, alla rappresentazione e c'è una specie di tenerezza nel modo in cui egli guarda a questi luoghi. Ghirri parlava delle fotografie di Walker Evans come "carezze fatte al mondo", definizione che potrebbe valere altrettanto per le sue immagini.

La "sua" Via Emilia "è percorsa da una doppia velocità, quella del movimento delle macchine e quella del continuo mutamento del paesaggio. Per fotografarla bisogna scoprire il semplice valore della lentezza, che non è il semplice sostare o il soffermarsi, ma il percorrere con attenzione questi duecentosessanta chilometri".[23] È questa la reazione del fotografo alla moltiplicazione sempre più vertiginosa degli stimoli visivi che sembrano "ricoprire tutto il mondo in maniera totalizzante, rendendo il nostro esterno di una densità e di una capacità indistruttibile e apparentemente incomprensibile".[24] Mentre lo sviluppo di tecnologie post-fotografiche

---

[18] Luigi Ghirri, "Rappresentare per immagini", cit., p. 15.
[19] Si veda Luigi Ghirri, *Niente di antico*, cit., p. 86.
[20] *Ibid.*, p. 89.
[21] *Ibid.*, p. 86.
[22] Giulio Bizzarri e Eleonora Bronzoni (a cura di), *Esplorazioni sulla via Emilia: Vedute nel paesaggio*, cit., p. 43.
[23] Luigi Ghirri, *Niente di antico*, cit., p. 85.
[24] Luigi Ghirri, "Rappresentare per immagini", cit., p. 15.

sembrava condannare la fotografia ad una posizione di retroguardia, Ghirri si interessava del suo ruolo futuro. Per lui la fotografia poteva ancora essere "un non marginale momento di pausa e di riflessione, un necessario momento di riattivazione dei circuiti dell'attenzione fatti saltare dalla velocità dell'esterno." La fotografia non avrebbe fermato il tempo, ma avrebbe funzionato come "un'immagine di equilibrio, o di pacificazione, tra le rappresentazioni conosciute e quelle che saranno, tra la saturazione dell'esterno e il vuoto su cui cadono sempre più spesso i nostri sguardi".[25] Quelle di Ghirri sono immagini dotate esattamente di questo tipo di equilibrio, caratterizzate da un'infinita e paziente attenzione per il mondo esterno e per le sue apparenze, e dalla tranquillità che le pervade.

Oltre alla fissità, alla lentezza, alla tenerezza, alla pacatezza e all'equilibrio, Ghirri era interessato anche alle potenzialità narrative delle sue fotografie: esse potevano diventare l'immagine di un evento e non solo la fotografia di un oggetto. Nell'immagine di un campo da calcio vicino a Parma[26] egli fa leva sulla condivisa conoscenza delle convenzioni fotografiche e cinematografiche per farci interpretare l'indefinitezza delle figure come indice di movimento attraverso lo spazio e il tempo. Questa indefinitezza accentua anche l'evanescenza delle apparenze e segnala ancor più marcatamente la differenza tra la visione fotografica e quella naturale. Ghirri riesce così a sottolineare l'artificio della fotografia, messo in evidenza anche dalla simmetrica divisione orizzontale fra la parte in luce e le parti in ombra. La linea ordinata degli alberi piantati al bordo del campo, sullo sfondo dell'immagine, è inoltre traccia dell'intervento dell'uomo sulla natura. La predominanza del buio rimpicciolisce i pali della porta e la successione simmetrica degli alberi. Si crea in questo modo uno spazio irreale di luce incorniciato da quinte scure che richiama l'esperienza visuale dello spettatore al cinema. La fotografia evoca una serie di narrazioni che divengono via via più complesse anche attraverso l'accostamento con le foto che vengono prima e dopo.

Ghirri stesso parlava del paesaggio mentale o immaginario che intendeva produrre con le proprie sequenze fotografiche. Ponendo le fotografie in successione, egli constatava che:

> questi luoghi formano una specie di sequenza, fatta di pietre, chiese, gesti, luci, nebbie, rami coperti di brina, mari azzurri, e così diventano il nostro paesaggio impossibile, senza scala, senza un ordine geografico per orientarci, un groviglio di monumenti, luci, pensieri, oggetti, momenti, analogie formano il nostro

---
[25] *Ibid.*
[26] Vedi Luigi Ghirri, *Vista con camera: 200 foto in Emilia Romagna*, cit., p. 124.

paesaggio della mente che andiamo a cercare, anche inconsciamente, tutte le volte che guardiamo fuori della finestra, nell'aperto del mondo esterno, come fossero i punti di un'immaginaria bussola che indica una direzione possibile.[27]

L'interesse per la narrativa come mezzo per trovare "una direzione possibile", nei paesaggi concreti come in quelli mentali e la capacità di narrare attraverso l'immagine singola o l'accostamento di più fotografie sono aspetti centrali dell'opera di Ghirri. Come scrive Arturo Carlo Quintavalle:

> Ghirri, diversamente da quello che si potrebbe pensare, è un grande narratore, e lo è soprattutto perché ha come dei sistemi narrativi minori, che sono le sue immagini...[che] appaiono ... come una successione narrata, come una costruzione, come un discorso.[28]

Il potenziale narrativo è per Ghirri parte inevitabile della fotografia: nel momento in cui un'immagine viene avvicinata a un'altra si ha l'inizio di un racconto. Il montaggio fotografico avviene anche quando le immagini sono accostate casualmente: "le foto stanno (...) assieme come in un album di famiglia, dove c'è una narrazione che appare mentre lo sfogli".[29] Queste narrazioni sono sempre aperte alla possibilità del cambiamento poiché, a differenza della maggior parte dei testi letterari, anche quando le fotografie appaiono sotto forma di un libro si possono leggere in diverse direzioni. Ogni fotografia contiene tante narrazioni possibili. Quando poi più fotografie sono accostate l'una all'altra, il loro potenziale narrativo viene moltiplicato esponenzialmente da ogni ulteriore immagine. La fotografia così può funzionare come *ars combinatoria*, oppure come arte della memoria, collegando racconti reali e fantastici in una rete di narrazioni possibili che permette il massimo numero di opzioni comunicative e di punti di contatto.

La possibilità di leggere le fotografie in diversi modi è uno dei motivi per cui esse hanno rappresentato per Ghirri un mezzo ideale per l'indagine sul nostro complesso rapporto con il mondo delle immagini. La doppiezza della fotografia è analoga alla duplicità del mondo percepito attraverso i sensi; natura doppia alla quale non necessariamente, come di solito avviene, va associata una connotazione negativa. Uno dei principi fondamentali sottostanti l'opera di Ghirri è infatti l'idea che le apparenze sono tutto quello che

---

[27] *Ibid.*, p. 181.
[28] Arturo Carlo Quintavalle, *Muri di carta: fotografia e paesaggio dopo le avanguardie*, Electa, Milano, 1993, p. 135.
[29] Luigi Ghirri, citato da Celati nei suoi "Commenti su un teatro naturale delle immagini", 27 giugno, in *Il profilo delle nuvole*, cit.

abbiamo per orientarci nel mondo. Per questo motivo, come scrive Franco La Cecla, per Ghirri anche "la banalità apparente" va "presa sul serio": "bisogna ridare dignità individuale a ciò che sembra ovvio".[30]

Ghirri, con il suo sguardo abbassato, fatto di lentezza, fissità, tenerezza, pacatezza, equilibrio, prova a raccontare con le sue fotografie e con queste parole uno dei luoghi più ovvi della valle Padana, la sua Via Emilia:

> questa è diventata un luogo anonimo, dove possiamo trovare tutto e di tutto, sterminato emporio del moderno, pieno di segni, segnali, insegne, gente, automobili e fabbricati che purtuttavia non riescono a nascondere spazi, squarci di paesaggio, torri, chiese, palazzi, cortili, giardini e mausolei. Ma è pur vero che, stranamente, gli abitanti riconoscono a questi luoghi un carattere preciso, una loro particolarità ed a questa non rinunciano, pur sapendo che il paese, la borgata o la città più vicina, a est o ad ovest non importa, sembrano stranamente simili ai luoghi in cui vivono. È che forse guardano i luoghi che abitano come si legge il palmo di una mano, sapendo che per scoprire qualcosa bisogna leggere con attenzione, perché le linee principali sono nette e appaiono chiaramente ma sono formate da tante innumerevoli altre piccole linee.[31]

---

[30]Franco La Cecla, "In un'idea di Mente Locale", in Luigi Ghirri, *Vista con camera*, cit., p. 191.
[31]Luigi Ghirri, *Niente di antico*, cit., p. 85.

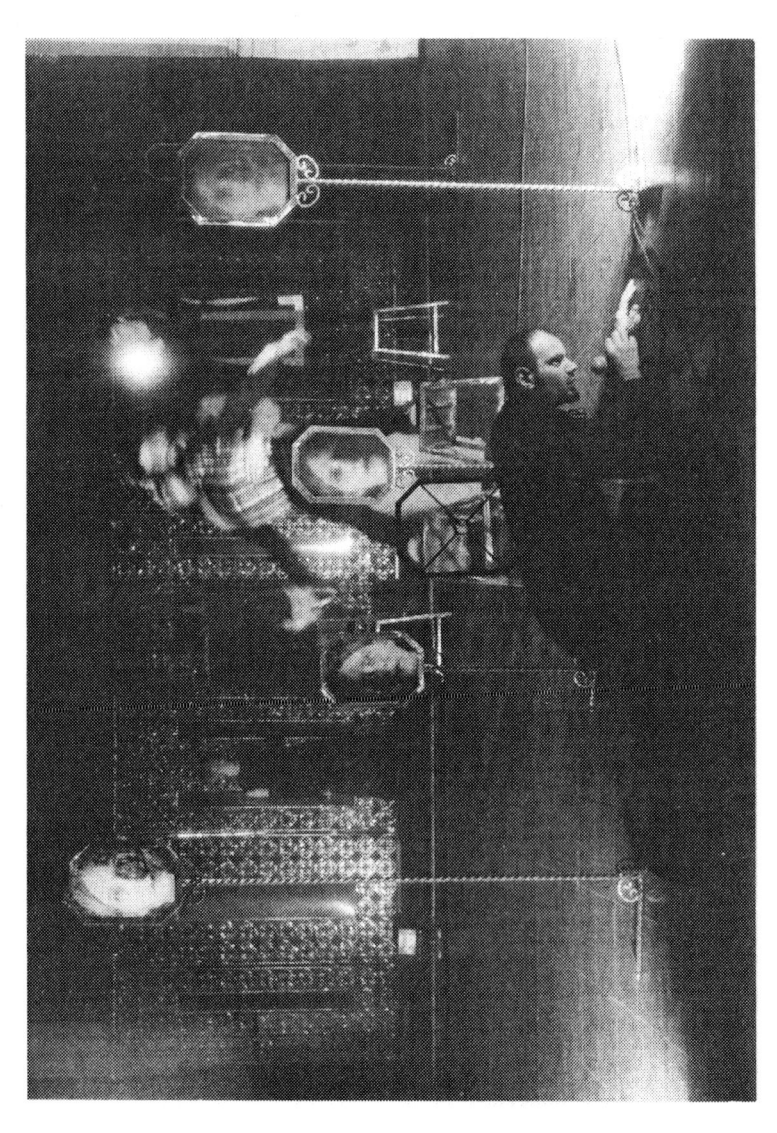

Fanny & Alexander, *Romeo e Giulietta et Ultra*,
foto di Enrico Fedrigoli

Luca Caminati

Oltre la Via Emilia e ritorno: *Sul 45° parallelo*

A Vinicio

Perché parlare di un documentario sulla Mongolia (questo sembra essere a prima vista *Sul 45° parallelo* di Davide Ferrario) a una conferenza dedicata ai prodotti culturali della Via Emilia? Io credo si tratti di una questione di occhiali. Molto spesso facciamo fatica a guardarci, a parlare della nostra "casa occidentale" in maniera critica e costruttiva. Soprattutto quando la "casa" è l'Emilia, la cui storia moderna fa da sfondo, e a volte da protagonista, a tanto cinema italiano. Emiliane erano nel 1943 le prime inquadrature "neoreliste" di *Ossessione* di Visconti; emiliane quelle del primo esperimento documentaristico di Antonioni (*Gente del Po*), sempre nel 1943; e poi Fellini, Bertolucci, fino a Mazzacurati di *Notte italiana* e a Celati documentarista. L'eredità del cinema che corre lungo la Via Emilia, da Parma fino al delta del Po, è ingombrante e, credo, difficile da gestire. Per questo è necessario un nuovo paio di lenti. E Ferrario ha deciso di indossare, per spiegare l'Emilia, un paio di occhiali "orientali", e di ri-guardare all'Emilia da molto lontano, per riscoprirla.

Critica post-coloniale alla rappresentazione

> L'esotismo mette davanti agli occhi una pluralità illusoria – i paesi del mondo, il nuovo, la brulicante vita d'oltremare. Dopo l'espansione mondiale della "civiltà" viene il momento di guardare la meravigliosa varietà delle terre conquistate, prestare attenzione ai loro colori e profumi come fanno gli scrittori dell'esotismo. L'esotismo dunque come falsa varietà del mondo tutto catturato da un unico sguardo che parifica le differenze, proprio nel momento in cui affascina con il discorso delle differenze – il che vale anche per la letteratura etnografica.[1]

Celati coglie in poche frasi, prima di Said[2], il problema della rappresentazione delle culture altre nella letteratura "esotica", dove con questo intendiamo sia i saggi scientifici dell'etnografia, sia la diaristica e la letteratura di viaggio. Con termini come "pluralità illusoria" e "falsa varietà" Celati sottolinea quella tecnica di appiattimento e di normalizzazione che sono tipiche delle letterature esotiche, e soprattutto enfatizza il discorso dello "sguardo che pa-

---
[1]Gianni Celati, *Saggio introduttivo* a Anita Licari, Roberta Maccagnani, Lina Zecchi, *Letteratura Esotismo Colonialismo*, Cappelli, Bologna, 1978, p. 9.
[2]Edward Said, *Orientalism*, Vintage Books, New York, 1979.

rifica", l'occhio imperiale e coloniale che razionalizza, occidentalizza il diverso, l'esotico, l'orientale, e lo riduce a un blocco monolitico (senza passato e senza futuro) per il piacere voyeristico dello spettatore occidentale.

Queste osservazioni sono facilmente trasferibili dalla parola scritta all'immagine. Particolarmente in Nord America si è fatta sentire fortissima negli ultimi anni una critica dell'autenticità. In che modo si può cercare di rappresentare una cultura altra rimanendo lontani dalla "parificazione" di cui ci ammonisce Celati? Come giudicare l'opera di etnografi che usano la macchina da presa senza porsi il problema dell'ideologia implicita nel dispositivo di riproduzione meccanica. Tra le varie posizioni è importante ricordare il femminismo radicale di Thrin T. Minh-ha che arriva a negare ogni possibile verità trascendentale alla riproduzione filmica (è nota la sua affermazone: "*There's no such thing as a documentary*"), o chi, come Hal Foster, procede in maniera inclusiva leggendo alcuni prodotti artistici come lavori di rilevanza etnografica, tanto che potremmo, suggerisce Foster, interpretare i lavori di Warhol come etnografo di una generazione (la New York degli anni Sessanta, il gruppo di artisti che gravitavano intorno alla Factory).[3] Queste due posizioni antitetiche circoscrivono, nella loro polarità, lo stato del dibattito: da una parte una critica all'ontologia stessa del genere documentario (definito come non-genere), e dall'altra una estensione del territorio del documentario (definito come supergenere, che attraversa forme espressive e artistiche). Questo brevemente il tipo di critica che va sotto il nome di critica post-coloniale alla rappresentazione, cioè di quel pensiero teso a mostrare i problemi stilistici, psicologici, politici e sociali che inevitabilmente scaturiscono dal tentativo di presentare, in parole o immagini, l'alterità.

Un film etnografico sperimentale

Il lavoro di Davide Ferrario è un caso interessantissimo di documentario ibrido, o, e vorrei suggerire una definizione, di film etnografico sperimentale. Rubo questa etichetta alla studiosa canadese Cathrine Russell, che vede questa pratica ibrida come "un'incursione metodologica dell'estetica nel campo della rappresentazione culturale, una collisione di teoria sociale e sperimentazione formale nata dal dibattito in corso alla "critica dell'autenticità".[4] Queste due categorie – l'etnografia e la rappresentazione

---

[3] Minh-ha Trinh, *Documentary Is /Not a Name*, in "October", 52 (1990), pp. 76-98. Hal Foster, *The Return of the Real: The Avant-Garde at the End of the Century*, MIT Press, Cambridge, 1996.
[4] Catherine Russel, *Experimental Ethnography*, Duke U.P., Durham and London, 1999, pp. xi-xii.

artistica – sono state da sempre tenute separate. Da una parte l'etnografia, con le sue pretese di esattezza scientifica e l'interesse nel tradurre costumi culturali per le platee occidentali (l'esempio più ovvio sono i documentari della *National Geographic*), dall'altra il film sperimentale e d'avanguardia interessato a rompere le tradizionali convenzioni narrative del cinema narrativo e a sperimentare con strutture e forme filmiche. Queste due tradizioni modern(ist)e spesso si sovrappongono nel lavoro di molte nuove figure del mondo artistico, ribattezzate "artisti-etnografi".[5] Nella loro "doppia poetica" questi artisti hanno molteplici finalità: produrre film e video che hanno come oggetto di studio l'Altro culturale (il non-occidentale) e continuare dal punto di vista stilistico la tradizione della sperimentazione, tipica del film d'avanguardia. Tra le figure seminali in questa pratica filmica dobbiamo ricordare il regista sovietico Vertov, e più recentemente Chris Marker, Erroll Morris e Mary Moffatt, artista aborigena australiana, che affronta il problema del razzismo attraverso complessi *tableaux vivant* di sapore caravaggesco.

L'opportunità per produrre *Sul 45° Parallelo* viene quando due membri del gruppo musicale dei C.S.I., già C.C.C.P., che dichiarava di suonare "punk filosovietico emiliano", partono per un viaggio verso la Mongolia. Il viaggio si svolge in treno, autobus, e jeep attraverso l'Asia. Un cameraman segue il piccolo gruppo di viaggiatori raccogliendo svariato materiale. Quello che avrebbe potuto essere solo un banale diario di viaggio, se non peggio un lungo spot pubblicitario per lanciare il nuovo disco della band, diventa nelle mani di Ferrario una sfida ai canoni del genere documentario. Il lavoro più interessante di questo film è stato fatto al ritorno dal viaggio, in sala di montaggio, quando il materiale è stato editato con altro proveniente dai luoghi più disparati: interviste a scrittori, fotografi, studiosi dell'oriente, materiale d'archivio che comprende Eiseinstein e test atomici americani, oltre, naturalmente, a immagini raccolte in Emilia.

La Mongolia dell'immaginario
Una delle prime scene mostra il fiume Po, e Gianni Celati che racconta: "Siccome i miei genitori sono ferraresi, ho sempre avuto voglia di andare in Mongolia". L'apparente non-sense di questa frase è in realtà la vera dichiarazione d'intenti del film: Celati si riferisce naturalmente alla tradizione ferrarese di Boiardo e del suo *Orlando Innamorato*, dove il viaggio verso la "tartarìa" attendeva molti dei suoi cavalieri. Ma più in generale possiamo dire che questa dichiarazione è sistemata nelle prime battute del film a mo' di

[5] *Ibid.*, p. 7.

garanzia di qualità, a testimoniare una presa d'atto da parte del regista dell'idea dell'Oriente come creazione dell'immaginario occidentale.

Tutto questo è ancor più chiaro se facciamo un passo indietro e torniamo all'incipit del documentario: sono due brevi clip di materiale d'archivio. Il primo, intitolato "Scene dal XX secolo", mostra un uomo e una donna in costumi da bagno *fin de siècle* che impartiscono quella che sembra essere una lezione di nuoto, sistemati su alti seggioloni in una stanza; subito dopo un'altra breve sequenza dal titolo "Test atomico" mostra un filmino sui possibili effetti di un'esplosione atomica su dei manichini. La "realtà" del nostro secolo, presentata attraverso due dei suoi aspetti più apparenti, la mercificazione del tempo libero e la catastrofe atomica, è contrapposto al commento di Celati a proposito dei luoghi immaginari, o, per meglio dire, dei luoghi reali dell'immaginazione come la Mongolia e l'Oriente in generale. L'Est è offerto allo spettatore come una forma d'evasione dai doveri e dalle imposizioni dello stile di vita occidentale e giustapposto alla realtà della guerra e della reificazione capitalistica.

La Mongolia dell'industrializzazione

Il viaggio verso la Mongolia dell'immaginario (quella di Boiardo, di Celati, e anche la nostra) ci mette però faccia a faccia con la realtà dell'industrializzazione. Agli altopiani abitati da tribù nomadiche si sta sostituendo una "tabula rasa elettrificata", come i CSI cantano in una delle loro canzoni ispirate dal viaggio. Le immagini che accompagnano la canzone non sono certo il solito video-clip a cui siamo abituati da MTV: dal punto di vista stilistico è a metà strada tra un video-rock, un documentario di montaggio e un filmino etnografico proprio secondo quello spirito sperimentalista che anima tutta la produzione. Dal punto di vista tematico, quello che vediamo sono le immagini della modernità imposta all'Asia (le insegne comuniste, la centrale elettrica, i fili della corrente alternati a immagini di film di propaganda e di film di Eisenstein), tesa a spingere il pubblico verso un processo di smitizzazione. Sono le immagini delle rovine del futuro anteriore, che portano con sé un'aura melanconica, come ricorda Benjamin, e funzionano sul territorio come *memento mori*, briciole di storia che svanisce. Dal punto di vista politico sono elementi di de-orientalizzazione del testo. Queste trame si riuniscono nelle ultime battute della canzone quando vediamo inquadrata dal basso l'architettura modernista di una fabbrica di automobili FIAT 600, la prima vera macchina di massa italiana, all'epoca del nuovo imborghesimento iniziato dal boom economico che ha convinto 50 milioni di contadini, a mala pena sopravvissuti al conflitto mondiale, che anche loro potevano essere americani e avere il loro modello T.

Il resto del documentario è teso a approfondire questa connessione tra Italia e Mongolia, alla luce del loro comune destino di forzata modernizzazione (piani quinquennali da una parte e nuove politiche industriali dall'altro). È così che Ferrario evita di farsi inghiottire dalle sabbie mobili dell'Orientalismo. E lo fa in due modi. Da una parte fa perdere all'oriente la sua oniricità attraverso l'insistenza su immagini di contraddizioni socio-culturali (passato nomadico e presente industriale, macchine e animali, altopiani da pascolo e centrali elettriche), dall'altro insiste nel muoversi avanti e indietro, dall'Oriente all'Occidente, dalla Mongolia all'Emilia. È lo stesso movimento di "to-and-fro", avanti e indietro di cui parla Minh-ha, per smascherare come il mito dell'Oriente viva nella mente dei narratori occidentali. Invece di cercare una "estetica della verità", cioè di mostrarci la vera Mongolia attraverso questa o quella tecnica cinematografica che dovrebbe essere più o meno vicina alla realtà (neorealismo, cinema verité, narrazione autobiografica), il regista presenta il suo lavoro come una meditazione filosofica, confrontando la propria cultura e quella dell'Altro. Così vediamo uno sciamano mongolo alternarsi a un culturista emiliano, una gara di lotta mongola a una competizione di imitatori di richiami per uccelli; un baraccone di bizzarrie che vuole confrontare l'alterità "altra" con quella della nostra cultura: alienazione, cultura dell'apparenza, conflitto di costumi rurali e urbani.

Il poema mix-mediatico dell'etnografo-artista

Ferrario, invece di rimanere inevitabilmente vittima dello iato che separa le cose e la loro rappresentazione, il significante e il significato, lo riempie sconvolgendo i parametri di quello che consideriamo un documentario etnografico, e in particolar modo rigettando l'idea di etnografia come traduzione e interpretazione di una cultura per un'altra. Così facendo non si creano gerarchie, lo spettatore non è aggiogato in una posizione di potere passivo tipica della tradizione documentaristica di viaggio. L'etnografia diventa nelle mani di Ferrario uno dei molti elementi tesi a presentare un'ipotesi piuttosto che un'idea, della Mongolia, una riflessione sui comuni destini piuttosto che uno sguardo coloniale nella dicotomia noi/loro, un poema mix-mediatico piuttosto che un saggio.

C'è un piccolo indizio nel film che non vorrei lasciarmi sfuggire: a un tratto vediamo l'indicazione stradale di una Via Pier Paolo Pasolini: Pasolini è forse il nome che non ho menzionato tra gli "artisti-etnografi" di cui ho fatto un breve elenco. Nei suoi documentari in Africa (*Appunti per un Orestiade africana, Sopralluoghi per il Vangelo, Le mura di Sana'a*) e in India (*Appunti per un film sull'India*) Pasolini ha viaggiato e raccontato dell'altro tenendo il sé, la casa occidentale, sempre come punto di riferimento: spesso anzi il conflitto che la modernità impone sul territorio e sui costumi degli abitanti sono il punto focale dei suoi lavori. Pasolini va in Oriente per capire, da etnografo, per sperimentare, da filmmaker, e per stabilire un rapporto tra la cultura del luogo e l'Italia (e l'Europa) di cui si sente profondamente parte. Ma soprattutto Pasolini scopre nel film e nel mezzo audiovisivo in generale il medium ideale per "rappresentare":

> Niente come fare un film costringe a guardare le cose. Lo sguardo di un letterato su un paesaggio, campestre o urbano, può escludere un'infinità di cose, ritagliando dal loro insieme solo quelle che emozionano o servono. Lo sguardo di un regista — su quello stesso paesaggio — non può invece non prendere coscienza — quasi elencandole — di tutte le cose che vi si trovano... In quanto regista ho visto (in Yemen) la presenza "espressiva", orribile, della modernità: una lebbra di pali della luce piantati caoticamente — casupole di cemento e bandone costruite senza senso là dove un tempo c'erano le mura della città — edifici pubblici in uno stile Novecento arabo spaventoso, eccetera. E naturalmente i miei occhi *hanno dovuto* posarsi anche su altre cose, più piccole o addirittura infime: oggetti di plastica, scatolame, scarpe e manufatti di cotone, miserabili pere in scatola (provenienti dalla Cina), radioline. Ho visto insomma la coesistenza di due mondi semanticamente diversi, uniti in un solo babelico sistema espressivo.[6]

I "due mondi" di Pasolini, il passato mitico e il presente industriale, sono riflessi nei due mondi nel documentario di Ferrario, presente e passato, modernità e tradizioni, ma investigati non solo nell'altrove, ma anche nel qui dell'occidente. L'occhio di Ferrario, come quello di Pasolini, *ha dovuto* (ha potuto) fermarsi sull'Occidente grazie all'Oriente, grazie alla distanza, fisica e mentale, che le immagini dell'altrove proiettano sulla Via Emilia. Popolata da Bar Nirvana e da Via del Negromante, la Via Emilia ne esce stranamente orientale, così come la Mongolia con i suoi volti e le sue parole, le sue famiglie e le piccole storie, ne esce stranamente familiare. Il documentario sulla Mongolia diventa alla fine una "discussione" sulla vita agrodolce dell'Emilia padana, in cui le due parti in causa dibattono dai poli opposti del globo.

E come colpo di teatro finale: Emilia e Mongolia sono entrambe sul 45° parallelo.

---

[6] Pier Paolo Pasolini, *Lettere luterane*, Einaudi, Torino, 1976, p. 38.

Davide Ferrario

Sul 45° parallelo

Innanzittuto voglio ringraziarvi perché oggi mi avete fatto ritornare a scuola – e l'ho trovato davvero interessante. Non entravo in un'università dai tempi della laurea e oggi mi sono molto divertito, anche se non ho capito bene se devo considerarmi uno studente o un professore.

Inoltre, amo i paradossi e per uno che da giovane leggeva Kerouac, ascoltava Bob Dylan e si faceva tutte queste fantasie sulla Highway 66, la Route 1 ecc., essere invitato a quarant'anni nella città del blues per parlare della Via Emilia è una sorta di nemesi dal significato arcano.

Ho ascoltato con attenzione le cose che Luca Caminati ha detto a proposito di *Sul 45° parallelo;* e, pur essendo d'accordo in linea di principio sulle sue dotte osservazioni, vorrei dire una cosa semplice ed essenziale: per me, più di ogni altra cosa, è importante raccontare una storia. Capisco che, proprio perchè uno si tira dietro sempre tutta la sua vita, la sua cultura e le sue esperienze, il suo lavoro può essere letto al di là delle sue intenzioni; ma sicuramente dentro l'anima di questo film, come di tanti altri, c'è qualche cosa di assolutamente irrazionale e indefinibile.

Non a caso oggi sono stato contento di sentir ripetere due volte una parola chiave. La prima volta questa mattina nell'intervento di Adria Bernardi; e più tardi nei dialoghi del documentario su Luigi Ghirri. Questa parola è "meraviglia", un concetto che secondo me è assolutamente connaturato al posto di cui stiamo parlando: la Via Emilia. A cominciare da quella strana sensazione che mi prende ogni volta che mi fermo a guardare la campagna padana. E cioè in un primo tempo il senso di stare a osservare qualcosa di assolutamente banale e piatto; e poi, a pensarci meglio, la scoperta di trovarla totalmente magica. Così magica che è facile sentirsi del tutto solidale con i tanti matti, sballati e lunatici che albergano da queste parti. Il quarantacinquesimo parallelo è un po' il simbolo di questo.

Sarà capitato a tutti quelli che hanno attraversato il nord Italia, sulla Milano–Genova o sulla Brescia–Piacenza, di osservare come a un certo punto, su queste "*autobahnen*" (tanto per citare Tondelli), normalmente dritte, senza arte né parte, – di osservare come appunto dal nulla compaiano un arco o un cartello che annunciano: "*State attraversando il 45° Parallelo, siete a metà strada tra il Polo Nord e l'Equatore*". In quel momento tu ti aspetteresti un colpo di scena, dici: "Accidenti, guarda te dove sono. Qui di sicuro capita qualcosa di speciale e la mia vita cambia". E invece, ovviamente, non succede niente. Tu sei lì che ti guardi intorno: è sempre la stessa campagna di prima, piatta e tutta uguale. Però se tu ti fermi, come ho cercato di fare in questo film, se fermi quella dannata macchina che va a 150 kilometri all'ora e cominci a guardarti intorno, con quella *necessità di guardare* che giustamente Caminati citava a proposito di Pasolini, o con quella importanza dello sguardo di cui Sarah Hill parlava per Ghirri, ecco allora ti accorgi che quel posto è davvero magico, che quel 45° Parallelo ha davvero qualcosa da raccontarti. E che quel qualcosa non è esprimibile in parole o quantomeno in concetti logici. Io ho cercato di raccontarlo in questo film.

Questo "qualcosa" è una faccenda che tanti dei musicisti e dei narratori citati oggi avvertono di sicuro, e che non è assente nemmeno dalla mente dei geometri comunali che hanno messo quei cartelli sbrindellati o arrugginiti, che saltano fuori dal niente, nei momenti più impensati, con su scritto "45° Parallelo", su un ponte, vicino a un fosso, davanti a una casa. Giustamente si sono citati anche Boiardo e Ariosto, e Davide Papotti, nella sua relazione "geografica", ha parlato di carte veline: perchè si ha come l'idea che questi mondi siano sovrapposti: è come se la fantasia che si fa in un posto aderisca, in una qualche maniera, alla realtà che c'è in quel mondo, trasformandolo.

Prendiamo ad esempio il pezzo di autostrada che attraversa l'Emilia intorno Carpi, sicuramente uno dei più noiosi del mondo, tanto che è un miracolo non addormentarsi mentre lo attraversi. Eppure, se decidi di fermarti, di *rallentare*, uscendo magari a Carpi o Reggiolo–Rolo, se cominci a navigare per queste strade provinciali in mezzo ai pioppi, dove sembra che abbiano messo le curve per compassione, per non diventar matti con tutto quel dritto; se cominci a guardarti intorno davvero, ti si aprono davanti dei posti che ti affascinano nella loro *apparenza*. Ogni prospettiva che vedi racconta qualche cosa. Cosa sia esattamente, anche lì, non si sa. Ma è un po' quello che diceva Ghirri: se tu guardi una cosa, se le presti la tua attenzione, quella comincia a raccontarti una storia. E non è necessariamente una storia oggettiva. È una storia che deriva da sedimentazioni, da fantasie, da rimbalzi. Ed è appunto la materia che rende così affascinanti le sue fotografie. È curioso, ma anche rivelatore, che Aldo Rossi dicesse che di fotografi come Ghirri in America ce n'erano duemila. Certo l'idea del "paesaggio vuoto" non è originale: in questo senso Ghirri non ha scoperto niente. Ma la sostanza della campagna emiliana è assolutamente unica – e non ha nulla a che fare con la rarefazione o la magnificenza del paesaggismo americano. Ed è la capacità di restituire la meraviglia di una scoperta che fa di Ghirri un grande artista.

Per esempio – e per venire a noi: che cosa c'entrano i Mongoli con il 45° parallelo e con la Via Emilia? Anch'io ho una storia da raccontare.

Una volta, in una trattoria di Ravenna, chiacchieravo del più e del meno con un vecchio partigiano. Tra una birra e l'altra si parlava di orsi e a un certo punto il mio commensale fa "Eh sì, perché qua, quando sono venuti i mongoli ne abbiamo visti di orsi". Dico io: "Come, quando sono venuti i mongoli? In che senso?". E lui mi ha raccontato la storia di questi prigionieri di guerra catturati dai nazisti sul fronte orientale all'inizio della guerra, nel 1941, e portati nei campi di concentramento, dove i nazisti li pongono di fronte a una scelta radicale: o morire di fame o andare a combattere con loro contro i vecchi compatrioti. Sarà che Stalin non era così popolare, soprattutto tra i sovietici delle repubbliche orientali, ma va a finire che i tedeschi riescono a organizzare un vero e proprio esercito di 150.000 uomini sotto il comando del generale rinnegato Vlasov. In verità i nazisti, di questi "mongoli" (ma sono anche azerbaigiani, uzbeki, kazaki...), non si fidano molto, per cui non li mandano a combattere davvero, ma li usano, almeno in Italia, in funzione anti–partigiana. Li spediscono qui come reparti speciali dediti alle rappresaglie. In questo senso fanno una paura bestiale. Intanto perché sono mongoli e gente così, a quei tempi, non la si vedeva tanto spesso. E poi perché giravano vestiti da SS, con lunghi coltelloni con cui, si diceva, scuoiavano un uomo vivo in cinque minuti. Per di più si portavano dietro donne, musicisti, animali (tra cui l'orso addomesticato di cui sopra), formavano come delle tribù nomadi: e così nell'immaginario della gente questa presenza dei Mongoli durante la guerra è diventata una cosa molto forte.

Nella primavera del '45, però, i tedeschi hanno altri pensieri che non aiutare i loro collaboratori. I mongoli sono odiati dalla popolazione perchè hanno perpetrato angherie nei confronti di tutti e la loro via d'uscita, essendo abbandonati da amici e da nemici, finisce per essere quella della fuga disperata giù per il Po o del suicidio. Nascono leggende (alcune con una base storica, come quella dell'annegamento in massa dei tartari a Linz) in cui si racconta che gruppi di mongoli si raccoglievano di sera sul fiume, si ubriacavano, cantavano, salivano sui camion e poi si buttavano dentro al Po. La mattina dopo le poche chiuse rimaste erano ingombre dei cadaveri dei mongoli.

Perciò è un fatto vero che i mongoli sulla Via Emilia ci sono stati. E sono tornati fuori nei momenti più strani. Qualcuno si ricorda un'altra leggenda, secondo cui, dopo l'alluvione del Polesine negli anni cinquanta, qualcuno ha visto i mongoli tornare fuori dalle acque del Po. Il fiume che li aveva inghiottiti ne avrebbe poi vomitato gli spettri.

E c'è questa persistenza nell'immaginario. Sull'onda della prima indicazione del signore di Ravenna, ho cominciato a parlare con persone più anziane e ho scoperto che dovunque, anche a Bergamo, dove abitavo, c'erano numerose storie di questo tipo. I mongoli sono stati dappertutto, però sono passati via così, proprio come una corrente. Hanno lasciato delle tracce, sono rimasti nell'inconscio della gente e sono spariti.

Ora apro una piccola parentesi per coloro che non sono tanto versati sulle questioni del rock italiano. Barbolini, prima, ha dissertato sulle relazioni tra rock e pianura emiliana. Concordo con tutto quello che ha detto, ma non a caso ha dovuto lasciare fuori un gruppo importantissimo nella storia del rock italiano, uno dei pochi che abbia saputo coniugare avanguardia, poesia vera e seguito di massa: i CSI (ex CCCP), la band reggiana capitanata da Giovanni Ferretti. Non a caso, dicevo: perché fin dai nomi adottati, si capisce che si tratta della *band* più antiamericana che si possa immaginare. In effetti, a rigore, non fanno nemmeno del rock: rielaborano influenze *punk* inglesi e tedesche con la tradizione della canzone italiana (il primo album non loro che hanno prodotto era una raccolta di Giovanna Daffini, la cantastorie delle mondine degli anni '50!). Sarà perché Ferretti e soci (sempre per rimanere dentro la dialettica di Barbolini) non vengono dalla pianura, ma dall'Appennino? Comunque, qua mi preme solo dire che i CSI sono un gruppo molto popolare e – guarda caso – ci siamo trovati spesso sulla medesima lunghezza d'onda. Loro hanno scritto musica per i miei film e io ho fatto film su loro iniziative (sono molto legato a *Materiale resistente*, un documentario su un concetto improbabile quanto rock'n'roll e Resistenza).

Così un giorno, per caso, scopro che Giovanni Ferretti e il suo socio Massimo Zamboni sono affascinati quanto me dai mongoli, fin da piccoli. E così ci siamo detti: "facciamo qualcosa su questa passione". Non avevamo quelle meravigliose idee programmatiche di cui parlava Caminati, però sentivamo che c'era qualcosa che legava l'Emilia, la nostra terra, a quei posti (io sono di Bergamo e abito a Torino, ma in realtà sono nato a Casalmaggiore che sta sul Po – esattamente sul 45° parallelo, come del resto Torino – appena oltre il ponte che collega Lombardia ed Emilia, ed è quindi qualcosa che sta anche sulla mia pelle). Abbiamo contattato l'associazione Italia–Mongolia e loro hanno organizzato un viaggio meraviglioso, in posti dove non erano mai stati europei, offrendoci la possibilità di accompagnare una troupe della televisione di stato mongola in giro per un documentario.

L'idea era, come sempre mi accade per questo tipo di progetto, banalissima: andiamo e giriamo, senza un programma. Personalmente, credo che i documentari devono "accadere", non "dimostrare". Successe poi che le date cambiarono e io mi ritrovai nel mezzo delle riprese di *Tutti giù per terra* proprio quando si doveva partire. Né si poteva rimandare, perché in Mongolia si può viaggiare solo d'estate. Il resto dell'anno sconsiglia spostamenti e avventure.

Finì che partirono solo i CSI (sottolineo che non andavano a fare concerti, ma proprio solo a viaggiare). Ovviamente, ho pensato di abbandonare il progetto. Poi, durante una notte tormentata e insonne, mi sono reso conto che a me di andare in Mongolia *davvero* non interessava. Mi interessava fare un film sulla Mongolia, quello sì, fare un film sulla fantasia della Mongolia che avevo in testa e che il mio film l'avrei realizzato meglio se giravo per la pianura padana che non per le steppe o per i deserti del Gobi, come se fossi io un mongolo che scopriva la "meraviglia" della via Emilia di oggi, con i libri di Ghirri – lo confesso con gioia e orgoglio – sotto il braccio.

E così abbiamo fatto. Ho dato un operatore a loro, con delle indicazioni di massima, e poi con un altro operatore mi sono messo a ciondolare per la pianura intorno alla via Emilia, qualche mese più tardi. Alla fine, ho rimescolato le immagini, le storie, le impressioni, la musica del nuovo CD dei CSI sulla Mongolia (che – incredibilmente – è diventato numero1 nelle *charts*, anche se solo per una settimana) – ed è venuto fuori un film che, come ho scritto sulla copertina della videocassetta (me ne ero dimenticato, ma mi cito con convinzione) *"è quanto di più lontano si possa immaginare da un film-concerto. I C.S.I. non vi suonano una sola nota* live. *Non è nemmeno un documentario su qualcosa. È un viaggio in uno spazio che si è creato fra la realtà e la fantasia di tutti coloro che vi sono stati coinvolti. Che è, precisamente, il luogo in cui esiste il cinema"*.

In un'altra occasione ho parlato del senso del viaggio, del vuoto e della sua vertigine, un viaggio nel vuoto e nella sua vertigine, e anche questa è un'altra immagine evocata frequentemente questa mattina, e segnatamente, di nuovo, a proposito di Luigi Ghirri.

Ho citato il caso molte volte, in questa presentazione. Ma credo che nulla succeda davvero per caso. C'è tutto un lavorìo arcano dietro le nostre azioni, come testimoniano tanti dei lunatici della via Emilia. E infatti una volta, aprendo un atlante, ho scoperto che il 45° parallelo, quella famosa linea che attraversa la pianura padana, casa mia, "metà strada tra Polo ed Equatore", va a finire – dall'altra parte del mondo – dritto sputato in Mongolia, nel deserto del Gobi. Tutto si tiene in qualche misterioso posto del destino. Perciò il mio invito è proprio quello di lasciarsi andare al viaggio, di lasciarsi trasportare, un pochino come la corrente del Po. È vero che il film non è un film colonialista (almeno lo spero!) però non vuole dimostrare niente. Così come non vogliono dimostrare niente i viaggi. Così come *Avventure in Africa* di Celati, un libro che mi è piaciuto molto, non tenta di dimostrare niente ed è proprio per questo rivelatore. *Sul 45° parallelo* è una sorta di diario di viaggio. Solo un pochino più complicato, perché invece di essere un viaggio raccontato in orizzontale è anche un viaggio che si svolge su molti altri piani.

PS: A proposito, cari amici di Chicago, se avete una carta del Midwest in casa, guardate un po' dove corre il fatidico parallelo...

Alberto Bertoni

Poesie per la Via Emilia (e dintorni)

A lungo, da bambino, ho sofferto di mal d'auto. E la colpa – naturalmente – era dei miei genitori, che preferivano muoversi da nord a sud piuttosto che da est a ovest (o viceversa). Forse perché incapaci di staccarsi dai luoghi del proprio lavoro (un lavoro che era fatica e passione insieme: mio padre nell'arco di quarant'anni ha svolto mansioni molteplici presso la mitica Scuderia Ferrari di Maranello; mia madre per un'altra vita è stata maestra elementare tra la Castelvetro che aveva a suo tempo "ospitato" Torquato Tasso e la Castelnuovo Rangone capitale dell'allevamento e della macellazione del suino), i miei genitori – infatti – sia stata semplice pigrizia o immobile fedeltà alle amicizie del quotidiano – non appena automobilizzati dal *boom* che allora percorreva l'Italia e l'Emilia in particolare – preferivano quasi sempre indirizzare le gite festive o domenicali, da cui solo di rado – grazie ai nonni – potevo esimermi, verso i luoghi consueti della propria giornaliera schiavitù, piuttosto che verso Bologna o verso Parma (non dico verso Reggio perché per dei modenesi purosangue...). E anche nei due mesi obbligati di vacanza, anche in quelli, niente Rimini o Riccione, mete che in un'alba domenicale avrebbero imposto almeno di imboccare la rettilinea Via Emilia, ma un amore assoluto per i dominî del vecchio stato estense: Marina di Carrara in luglio (proprio lo sbocco al mare del Ducato di Modena e Reggio, se non mi sbaglio) e Zocca in agosto. Tornanti, crinali da varcare, la Seicento celeste che sembrava venir meno a ogni curva, il mio stare male già su via Vignolese, appena prima o appena dopo la frazione di San Damaso, di cui – le rare volte che ero in me – mi colpiva la distorsione fonetica del dialetto, *Santalmès*, con quella *e* lunghissima e la *s* dolcissima...

Non c'è dubbio: fin dalla sua fondazione – progettata all'inizio del II sec. a.C. dal console romano (e repubblicano) Marco Emilio Lepido – la Via Emilia ha corrisposto a un'intenzione razionale espressa da una linea inequivocabilmente retta tra i suoi due estremi di Rimini e di Piacenza (da est a ovest o viceversa). Eppure, quando anche oggi la si chiama in causa, si deve sempre tener conto di una sua doppia funzione e quasi di una sua doppia natura. In primo luogo, in quanto strada che si sovrapponeva a sentieri già tracciati, la Via Emilia rispondeva ai criterî di consolidamento economico e militare con i quali Roma rendeva definitivo ed efficiente il proprio controllo sulle sue nuove colonie di fondazione etrusca e di successivo insediamento ligure, mercati spesso fiorenti dove si commerciavano i prodotti dei terreni soggetti a perfetta centuriazione della pianura di Po: terreni divisi tutti in parti pressappoco uguali, con i quali si premiavano i veterani vincitori di mille campagne militari (figli di etnìe, costoro, già piuttosto miste, ibridate) e sui quali sarebbe nato — poco più di un secolo dopo – Virgilio, il poeta insieme dell'epos rurale e di quello guerresco. Ma la Via Emilia non era e non è soltanto questo strumento di comunicazione, di viaggio o di commercio, vettore chiamato a innestare fino dalla sua costruzione la coordinata del tempo (dei tempi) su quella dello spazio (degli spazî)[1]. È anche, se ci si pensa, lo strumento per l'appunto rettilineo, razionale, che funge da spartiacque tra le due parti più ricche di mito e di metafisica (semplifico naturalmente molto) che compongono il territorio emiliano e parte di quello romagnolo. La direttrice sud/nord (o viceversa) conduce infatti – da una parte – al confondersi del territorio con l'orizzonte marino, attraverso la selva labirintica delle diramazioni del delta di Po, nel Ferrarese, e dei meandri dei suoi affluenti di riva destra, fiumi e torrenti avvinti in un intreccio pressoché inestricabile di propaggini paludose, di canali di irrigazione e di bonifica, di fossi che corrono dritti – di tanto in tanto – a marcare un confine di proprietà.

Dall'altra parte, la stessa direttrice che interseca la Via Emilia guarda al sublime dell'impervio e dell'ascendente che, attraverso calanchi e vallate, porta in alto – in un labirinto questa volta roccioso di strade, di sentieri e di corsi d'acqua prossimi al loro stato nascente – fino al crinale d'Appennino. La struttura di questa parte collinare e montana a sud della Via Emilia; e di quella piatta e a perdita d'occhio pianeggiante che, con la definizione diffusa di Bassa, si stende a nord verso il mare Adriatico è tortuosa e curvilinea, misteriosa e riecheggiante di favole arcaiche e di sperdimenti improvvisi, orientata dall'erranza di un girovagare brigantesco o pellegrino e dalle direttive di una bussola impazzita. Ecco la vera ragione di quel mio infantile mal d'auto (dal quale non sono mica sicuro di essere del tutto guarito neanche adesso che guido), che sembrava quasi anticipare le coordinate di libri fondamentali per la letteratura non solo emiliano–romagnola come *Il drago nella fumana* (1984) di Giuseppe Pederiali o *La strada fantasma* (1991) di Roberto Barbolini; e che – più semplicemente – era forse inscritto nel mio DNA integralmente modenese, di nativo insomma di una città dalla struttura un po' circolare un po' serpentina, non solo perché circolare era il tracciato delle mura che l'abbracciavano (in particolare di quelle erette nella seconda metà del Trecento), ma anche perché percorsa dal serpeggiare dei canali (oggi tutti

---

[1] Su quest'ordine di problemi e sulle altre implicazioni più esplicitamente geografiche, è da tener presente una volta di più l'intera prospettiva del finissimo libro di Luisa Bonesio, *Geofilosofia del paesaggio*, Mimesis, Milano, 1997.

interrati) ben dentro il cuore vivo del suo perimetro urbano: Corso Canalchiaro, via Canalino ecc.

Certo, viene il sospetto che il contrasto di fondo tra il razionale *esprit* che dal tracciato rettilineo della Via Emilia si irradia alla "rigida geometria" di uno spazio "invaso da linee rette", in una "monotonia di paesaggi agricoli uniformi", quasi per una rappresentazione viaria dell'andamento lineare del divenire hegeliano; e l'irrazionale che si materializza nei corsi curvilinei e nelle piene improvvise dei corsi d'acqua: ebbene si può quasi credere che questo contrasto non sia privo di conseguenze antropologiche e quasi psichiche non tanto sui caratteri quanto sulle facoltà percettive e di orientamento nel tempo e nello spazio che sono proprie degli abitanti (non importa se autoctoni o immigrati) dell'Emilia e della Romagna.

Lo ha messo in rilievo di recente uno scrittore che ha saputo riportare al punto di vista – ad un tempo buffo e disarmato – dei "semplici" e dei "narratori delle pianure" la vocazione razionale e oggettivante di un Italo Calvino. Sto parlando di Gianni Celati, che ha notato in paragrafi felici come "non esiste dalle nostre parti un'idea della natura riposante e idillica come in altri paesi" e come vi abbia proliferato – piuttosto – una genìa di spontanei affabulatori della "pazzia delle acque" che "mostravano sempre la loro tendenza all'invenzione fantastica, con modi di dire dialettali e bizzarri, con una svagatezza visionaria che lascia stupiti." Non è poi meno importante che Celati riporti a questa radice popolare della mania/maniera dello stravagante anche "grandi autori delle nostre parti", tra i quali annovera Ariosto, Boiardo, Folengo e poi Zavattini, Delfini, Fellini e infine Giorgio Manganelli, di cui ricorda la crescita dalle parti di Parma[2]. E non sarebbe inutile – forse – aggiungere alla lista il nome del Silvio D'Arzo di *Casa d'altri*, per una metafisica funebre ed estrema ambientata tra i calanchi dell'alto Appennino reggiano.

In ogni caso, in questi tempi di leghismo e di haiderismo orribilmente (ri)nascenti e forse presto – lo dico con intento puramente esorcistico – governanti, ogni discorso fondato sul "carattere" di un popolo suona vagamente sinistro, benché non ci sia dubbio che la simbiosi di spirito pratico, organizzativo e ordinatore; e di vanvera fantastica resti un tratto dominante, se si ritiene plausibile un prototipo dell'emiliano-romagnolo. Comunque, a parte il fatto che uno degli aspetti positivi della globalizzazione imperante è stato quello di indebolire quasi tutti gli stereotipi linguistici e antropologici correnti, l'elemento su cui vale la pena di

---

[2]Cfr. Gianni Celati, *Ultimi contemplatori*, in "IBC", V, 3, luglio–settembre 1997, pp. 25-27.

insistere, piuttosto, è quello dell'interazione fra gli orientamenti che ho cercato fin qui di sottolineare: la metafisica serpentina e acquatica dell'alto e del basso, tagliata in due dallo snodarsi rettilineo della Via Emilia, rimanda non da oggi a una dialettica emotiva e riflessiva capace di inquadrare e di determinare non solo la percezione dello spazio ma anche quella del tempo (o dei tempi).

E questo è tanto più vero quanto meglio si delinea – oggi e qui – lo sfondo umanamente ed economicamente più gremito e significativo di questa interazione, quello delle città, delle cittadine, delle frazioni che la Via Emilia attraversa, ognuna con la sua storia e la sua "lingua", con i suoi processi più o meno riusciti di integrazione e con la sua dialettica specifica tra centri storici in genere votati a un consumo quasi sempre sfarzoso (di giorno) e a un semideserto notturno; e le periferie degli Ipermercati e delle emarginazioni più o meno latenti, più o meno assorbite, più o meno esplosive e "vaghe". Senza dimenticare, poi, che questi spazî urbani sono stati spesso il teatro, tra la fine dell'Ottocento e almeno tutti gli anni '70 del Novecento, di conflitti ideologici e di classe anche molto accesi, non importa se derivati dalle dialettiche dello scenario contadino o di quello artigianale–industriale.

Non deve allora stupire che, dal suo punto di vista di classicista e di grammatico purista sollecito nell'affrontare a viso aperto i problemi del primo grande processo di modernizzazione italiana, all'inizio del Novecento, il romagnolo Alfredo Panzini mostrasse di avere intuito perfettamente questa molteplice radice spazio-temporale del paesaggio emiliano e romagnolo, mentre intraprendeva il viaggio in bicicletta dalla Milano della sua residenza alla Bellaria natale. Ne sarebbe uscito, nel 1907, il resoconto di genere misto fra diario e romanzo, ritmato e scintillante, intitolato *La lanterna di Diogene*, dal quale apprendiamo che – non certo per un vezzo, ma per uno scatto conoscitivo tanto repentino quanto necessario – proprio all'altezza di Modena lo scrittore–ciclista sentì il bisogno di lasciare la Via Emilia per imboccare la strada dell'Abetone e che solo dopo avere scalato i greppi del Frignano si concesse di ridiscendere a valle, riprendendo la direttrice rapida e razionale della strada maestra, per scivolare definitivamente verso le bassure adriatiche.

Così, circa mezzo secolo più tardi, un fine letterato di ascendenza bolognese, Gaetano Arcangeli, avrebbe dato – nel suo poemetto intitolato *L'Appennino* e composto fra il '51 e il '58 – notevole espressione poetica a questa stessa tensione verso l'alto e al senso precipitoso della successiva discesa a valle. Ed è questa sua un'esperienza che non teme di attraversare l'ombra, facendosi carico di "un discorso di morti,/ estranei, inquieti"[3]:

> Nel pomeriggio si raccoglie un'afa
> che livella le cime e delude gli slanci
> di ingenui escursionisti. Sopra, il monte
> non finge più infinito, si sorride
> come a superstizione se qualcuno
> nomina i sovrastanti innocui "Salti del Diavolo"...
> (...)
> E tu, che pur del tutto non hai perso
> la fede in questi luoghi, e ancora ti agiti
> un poco sul sedile per non perdere,
> dietro l'ultima svolta, la vista ultima
> dei coni solitari che nascondono
> lo Scaffaiolo, o il profilo curioso
> di monte Spigolino o, in altro punto,
> il balzare improvviso orgoglioso dell'Uccelliera;
> tu pure ti distrai ai gesti degli autisti,
> dimentichi Appennino, pensi già alla pianura...

In ogni caso, se poi è vero che l'espressione oggi più usata per designare la valenza simbolica dei nostri territori viene da un passo della canzone *Piccola città*, del 1972, dedicata alla Modena natale dal suo autore Francesco Guccini, quando afferma che "correva la fantasia verso la prateria/ fra la Via Emilia e il West...", non sarà ozioso chiederci la ragione di una simile fortuna. Guccini, tra l'altro, incarna perfettamente l'interazione che si è fin qui tratteggiata, perché è nato a Modena, in via Cucchiari, a due passi dalla Via Emilia, da madre carpigiana (di cui tuttora riproduce l'accento) e da padre originario di Pavana, borgo dell'Appennino pistoiese (ma di qua dal crinale) dove ha trascorso l'infanzia e dove tuttora ama passare estati e principî d'autunno: e si è trasferito nei primissimi anni '60 a Bologna, dove vive il resto dell'anno[4]. A interpellarlo direttamente, Guccini risponde che il "West" è da prendere in primo luogo alla lettera, come riferimento alla frontiera americana che era teatro – per la sua e per altre, posteriori generazioni "maschili" – di giochi, di film e di fumetti, fra Tom Mix e – di lì a poco – Tex Willer. Ma, ad andare appena oltre, ci si accorge che questo West rapportato alla Via Emilia rappresenta certamente una frontiera anche tutta spirituale, una sorta di luogo dell'anima, consegnato all'indeterminazione spazio–temporale del *fra*: un'indeterminazione, tuttavia, che deve venire posta in rapporto con una

---

[3] Cfr. Gaetano Arcangeli, *Le poesie*, Mondadori, Milano, 1971, pp. 194–95.
[4] In proposito, cfr. i due romanzi di Francesco Guccini, il primo d'ambientazione pavanese (*Cròniche Epafàniche*, Feltrinelli, Milano, 1989); e il secondo invece tutto modenese (*Vacca d'un cane*, Feltrinelli, Milano, 1993).

radice storicamente e geograficamente invece determinatissima; e che alla Via Emilia accredita, una volta di più, un ruolo di discrimine fra un prima e un dopo, una ascesa/ascesi e una discesa (fino agli inferi?), un'educazione sentimentale tutta individuale e l'approdo a una riva d'aria.

Naturalmente, una simile condizione di sospensione e di ricerca, di inadeguatezza al mondo e di entusiasmo giovanile, di ritualità familiare e di spinta all'evasione *on the road* non accetta alcun intento o atteggiamento di mitizzazione, tantomeno a posteriori. Va recepita, semmai, caso per caso, luogo per luogo, e verificata nelle manifestazioni storiche e concrete delle personalità e delle cerchie poetiche. Intanto, si deve dire subito che – da molti anni – la Via Emilia propriamente intesa non attraversa più i principali centri storici (sempre più votati allo shopping di lusso, alle cattedrali del terziario avanzato, alle sedi istituzionali, al passeggio/cazzeggio del sabato e della domenica pomeriggio), ma obbliga alle deviazioni circolari delle tangenziali o delle circonvallazioni. E si deve aggiungere che il suo tradizionale asse da est a ovest è composto in realtà da tre vie di comunicazione, spesso concentrate in alcune centinaia di metri: in parallelo, infatti, alla Strada Statale n. 9 propriamente intesa (il cui polo d'arrivo o di partenza è ormai da considerare non più Piacenza ma Milano) scorrono la linea ferroviaria e l'Autostrada del Sole, fulmineo "nonluogo"[5] che a Bologna si tripartisce, continuando ad accompagnare verso est – come A14 – il tracciato della Via Emilia consolare; e biforcandosi a sud verso Firenze e a nord verso Padova. È superfluo aggiungere che ognuno dei tre assi viari comporta ritmi proprî di movimento, detta tempi (e modalità) di viaggio assai differenti, misura impatti e distanze difformi tra centri storici e periferie, radicamenti nella memoria e nomadismi del presente.

A questo proposito, anzi, sembra quasi doveroso introdurre la corsiva campionatura di testi poetici che si verrà proponendo in questi paragrafi con una pagina del Giorgio Bassani ormai anziano, tratta dalla raccolta *In gran segreto*, del 1978[6]:

Modena Nord
Lasciala finalmente dimenticala l'atroce fiumara di sangue e di metallo esci
a sinistra nella intimidita verde quiete
improvvisa

---

[5]Su questa categoria, particolarmente significativa per l'antropologia contemporanea, cfr. Marc Augé, *Nonluoghi. Introduzione a una antropologia della surmodernità*, Eleuthera, Milano, 1993.
[6]Fatta prima confluire nella *summa* poetica *In rima e senza*, Mondadori, Milano, 1982; e poi nel "Meridiano" ottimamente curato da Roberto Cotroneo, Giorgio Bassani, *Opere*, Mondadori, Milano, 1998, p. 1490.

passa oltre qualcuno laggiù a Ferrara forse t'aspetta però non scordartene mai
più fin quando avrai vita fino a che
respirerai

dell'esile stradone a perpendicolo fiancheggiato da pioppi altissimi appena appena
serpeggiante che hai scorto a un tratto a lato della vecchia
provinciale delle lucciole

e in fondo al quale al termine del suo deserto della sua bigia tiepida
polvere era già
sera

È probabile che il predicato di "metafisico" sia oggi un po' troppo inflazionato e che venga usato in contesti a volte eterogenei, senza la precisione necessaria. Tuttavia, nel caso specifico, proprio questa sembra la sola sigla capace di rappresentare il movimento della poesia, con quella spinta repentina a uscire dal casello di Modena Nord (il viaggiatore proviene dunque da ovest) per dirigersi verso la Ferrara natale, da Bassani lasciata prima per Firenze, poi per la destinazione definitiva di Roma, subito dopo lo scoppio della guerra. Certo, sono qui numerose le barriere che il narratore propone a se stesso di varcare, grazie a quell'imperativo tutto autoreferenziale che si staglia all'inizio della poesia: quella tra un presente atroce e la dolcezza della memoria, un'altra tra l'orizzontalità assoluta del territorio e la verticalità dei pioppi, una ulteriore tra la dimensione rettilinea e quella serpeggiante. Ma se poi le lucciole sono anche un omaggio al Pasolini da poco trucidato, il confine vero che il viaggiatore si troverà a oltrepassare (muovendo dall'endiadi estrema di sangue e di metallo propria del nastro autostradale verso il recupero per via memoriale dell'eden originario di Ferrara) sarà quella tra la vita e la morte. E il recupero della quiete (e dell'umanità) potrà trovare un referente davvero concreto soltanto nel deserto (con tutto ciò che – sul piano simbolico – esso si trova ad implicare, ad esempio in quanto destino di pietrificazione dell'uomo contemporaneo), grazie a quella splendida immagine finale che sovrappone la polvere di cui il deserto si compone alla grana dell'aria, al colore che prende la sera.

Bassani condensa qui in una chiave lirica una gamma di osservazioni antropologiche e sociologiche che altri scrittori delle generazioni successive hanno esplorato con una dedizione analitica motivata anche su un piano riflessivo. Ad esempio, nessuno, tra gli scrittori italiani, ha descritto meglio di Pier Vittorio Tondelli la mutazione antropologica prodottasi a partire dagli anni '80 (più o meno in coincidenza con la fine di una devozione alla politica che aveva fatto dell'"Emilia rossa" un laboratorio ideologico istituzionale e organizzativo di rinomanza internazionale) in questo paesaggio ibrido, inquadrato – da una parte – dagli scenarî tradizionali dei nuclei urbani e dall'omologazione ipermercantile dei *terrains vagues* delle periferie, dalle osterie di tradizione centenaria e dai nuovi templi dello sballo, "aperto" tutta la notte e quasi privo di soluzione di continuità fra un territorio e l'altro, una provincia e l'altra.

D'altra parte, è una caratteristica diffusa del mondo globalizzato la sovrapposizione di modelli architettonici eterogenei a una morfologia paesaggistica in apparenza già cristallizzata negli immaginarî collettivi. Scrive infatti Tondelli: "In anni non lontani, avrei pensato alla Via Emilia come a una grande città della notte estesa trasversalmente sulla pianura del Po e percorsa, senza interruzione, dai TIR e dalle automobili, con le grandi discoteche come il Marabù di Villa Cella o il Bob Club di Modena innalzate nella campagna come sontuose cattedrali del divertimento, templi postmoderni di una gioventù ricca, attiva, disinibita...".

L'uso del condizionale passato, tuttavia, mostra che la progressiva velocizzazione della vita sulla (e della) Via Emilia non consentiva nemmeno a un osservatore acuto come il Tondelli del 1986 di fissare dei punti fermi, delle coordinate un minimo sicure attraverso le quali isolare e interpretare una serie di sintomi o di comportamenti consolidati. Piuttosto, è ancora la funzione di spartiacque svolta dalle diverse vie di comunicazione che corrono in parallelo lungo il "sistema" Via Emilia a costituire il solo possibile punto di partenza, entro una condizione di mobilità e di instabilità assolute. E pensiamo che erano ancora di là da venire i processi più o meno riusciti di integrazione sociale, razziale, religiosa che avrebbero caratterizzato la seconda metà degli anni '90 e anche questo inizio di nuovo millennio, tra educazioni sentimentali emotivamente accese ma deprivate ormai di ogni sistema di valori riconosciuti ed erranze sottratte ad ogni possibilità di giusta distanza, di dialogo compiuto. Tondelli, morto nel '91, non avrebbe fatto in tempo ad auscultare e a cercare di descrivere questo ordine nuovo di problemi: "Avrei visto allora il grande rullo d'asfalto come una linea di separazione fra la dolcezza della collina emiliana, che di notte s'illumina di fari, bagliori colorati e punti fluorescenti, e l'estesa pianura che affonda verso la foce del Po, con le sue strade che derivano dalla via principale come tanti canali dal letto di un fiume e che portano, anche nelle terre più lontane, quello stesso messaggio di irrequietezza..."[7].

Piuttosto, dal versante degli anni '90, sembra rispondergli nel modo più appropriato un notevole poeta in lingua romagnola quasi

---

[7] Pier Vittorio Tondelli, *Un weekend postmoderno. Cronache dagli anni ottanta*, Bompiani, Milano, 1990.

suo (nostro) coetaneo, il faentino Giovanni Nadiani. E sono versi tratti da un libro che è davvero significativo fino dal titolo, *TIR*[8]:

viaz
... puté zughêr a cut
tra du canton

sgvicè
l'acva sghinlê
int al carvai di fos
e no stê d'astêr incion...

(a segna incóra a cve
cun sta faza
ch'u s'i s–ciaza
i pignul in so?)

In italiano (versione dell'autore):

Viaggio
... poter giocare a nascondino tra due cantoni.
Sbirciare l'acqua scivolare nelle crepe dei fossi e non attendere nessuno...
(E noi siamo ancora qui con questa nostra faccia di bronzo?)

La poesia, comunque, rispetto alla pubblicistica e alla narrativa, ha tempi più lenti, di maturazione percettiva meno condizionata dalle pulsazioni impazzite del presente. E una riflessione sistematica dedicata alla poesia "della" Via Emilia o "sulla" Via Emilia o – meglio ancora – "fra la Via Emilia e il West" dovrebbe naturalmente muovere da ragioni storiche e fermarsi con attenzione sulle vicende delle riviste, dei magisteri poetici, dei movimenti degli scrittori dentro e fuori le province emiliano–romagnole[9] e – perché no? – delle canzoni più riuscite dei molti cantautori sbocciati da queste parti, fra la Zocca di Vasco Rossi e la Novellara dei Nomadi. Un poeta notevole come Roberto Roversi, ad esempio, è stato il paroliere dell'unico Dalla memorabile, con alcuni testi efficacissimi dedicati ai miti tutti emiliani delle auto e dei piloti da corsa.

Oggi e qui, comunque, si potranno aggiungere a quelli già chiamati in causa soltanto alcuni altri brani poetici, che non rispondono al minimo intento sistematico né tantomeno a un progetto di catalogazione esaustiva dei testi versificati che propongono la Via

---

[8] Cfr. Giovanni Nadiani, *TIR*, Mobydick, Faenza, 1994, con prefazione di Gianni D'Elia.
[9] Tentativi non ancora sistematici ma motivati in questa direzione sono svolti in Gian Mario Anselmi – Alberto Bertoni, *Una geografia letteraria tra Emilia e Romagna*, CLUEB, Bologna, 1997.

Emilia come proprio tema esplicito: eppure, al di là di stili, generazioni, scelte di poetica dei loro autori, sono tutte poesie da leggere in termini di movimento, poesie che – dall'interno – non si occupano del problema dell'origine né di quello del fondamento della loro parola, ma che – percorrendo l'asse del "sistema" Via Emilia o intersecandolo per vivere l'esperienza dell'ascesa al crinale d'Appennino o della discesa verso il Po oppure verso l'Adriatico – preferiscono "farsi accettare nel movimento di una grande onda"[10] e collocarsi *fra*, se è lecito tornare per l'ultima volta al verso di Guccini già più volte citato.

Naturalmente, il nodo geografico da cui prendere le mosse per verificare la possibilità e l'esistenza di un'esperienza poetica di questo genere resta quello del capoluogo di regione, Bologna. E per una serie di buoni motivi: in primo luogo, per la forza catalizzatrice della Facoltà di Lettere della sua Università, fin dai tempi del magistero carducciano; poi, per la sua capacità di trasformare in energia centrifuga questo magnetismo di partenza. E la destinazione poteva essere Milano (da Bacchelli a Barbolini) o Roma (basta pensare a Bertolucci, a Bassani, a Pasolini). Infine perché Bologna ha saputo trasformare in concreta azione di fondazione e di redazione di riviste decisive per lo svecchiamento della cultura italiana il fervore di energie nuove prodotto da autori nati lì o provenienti da fuori. Se si pensa alla svolta permanente di modernizzazione vissuta dalla cultura italiana (non solo dalla poesia) verso la metà degli anni '50, ci si rende conto che a Bologna venivano contemporaneamente prodotte o progettate riviste come "il Mulino", "Officina" o "il verri", il cui tratto distintivo era proprio la cooperazione tra personaggi nativi o residenti e gente (fosse o non fosse legata all'università) di passaggio: per "Officina" basta pensare alla fecondità dell'incontro tra i Roversi, i Leonetti, gli Scalia con i Romanò, i Fortini, i Pasolini (provenienti da Milano e da Roma). Per "il verri", non è una scoperta di oggi la fertilità mobile e curiosa del magistero fenomenologico di Luciano Anceschi dalla sua cattedra di Estetica, con i dialoghi intrattenuti fra portici, caffè, teatri con i fratelli Guglielmi, i poeti "novissimi", un Eco poco più che ventenne... E nel frattempo la Milano dell'educazione intellettuale di Anceschi alla scuola del filosofo Antonio Banfi, oltre che del sodale Vittorio Sereni, rimaneva sullo sfondo, luogo contrastivo – proprio in capo alla Via Emilia – di progettazione inesausta e di lavoro editoriale...

Non deve allora sorprendere se i primi due testi poetici chiamati qui in causa sono compresi tra quelli che Roberto Roversi collocò sul primo numero di "Officina", uscito nel maggio 1955,

---

[10]Gille Deleuze, *Pourparler*, Quodlibet, Macerata, 2000, pp. 161 e sgg.

raggruppandoli sotto il titolo complessivo *Il margine bianco della città*. Leggiamo:

> *Giugno*
> Strade assolate; la polvere ristagna;
> in cielo si gonfiano
> nuvole terribili e scompaiono.
> Sulle autostrade fiorite
> di sangue e di limoni
> – fra attoniti mendicanti –
> oh con le vele per lidi lontani
> per amori improvvisi vanno,
> su luminose ali d'acciaio,
> donne d'anfora e biondi lottatori.
> Chi resta ascolta
> il temporale di giugno che risale
> l'arco del monte e urla.
> Gli uomini, gonfi di vento,
> battono i piedi fra sassi e sentieri;
> l'ansia arde e chi non ha desidera
> e chi possiede
> uccide per avere ancora;
> i visi sono arsi
> come il garbino
> sull'Adriatico incostante.

Qui non ci si vuole naturalmente esercitare in un commento sistematico, ma soltanto portare l'attenzione su alcuni nuclei tematici, che fanno proprio – letteralmente – pensare a questi versi in termini di movimento. Ed è un genere di movimento che non ha un punto fisico–geografico d'appoggio, o di partenza. Vi si avverte quasi la presenza di una colonna d'aria ascensionale, che coinvolge l'immobilità iniziale della strada (trasformandola in autostrada forse *ante litteram*) per inserirsi in una trama di rapidissime, estreme metamorfosi. La concatenazione dei tropi, tra metonimie e metafore, infatti, tocca esiti a dir poco radicali con il passaggio dalle vele alle ali d'acciaio e di lì al comune predicato del vento, sempre più impetuoso, che prima è come oggettivato nell'arco del monte, poi – repentinamente – assume caratteristiche umane e diviene un tutt'uno con gli uomini "rimasti a terra". A questo punto, il vento forte ma generico (di specie dantesca, infernale) del temporale di giugno si precisa alla fine nel vento di terra così caratteristico dell'Adriatico, il garbino che spinge al largo, quasi in una prosecuzione infinita dell'impeto che viene dalla Via Emilia. Così l'associazione fulminea del sangue e dei limoni (la cui proprietà poetica è una solarità ancora molto montaliana) trasforma le strade assolate dell'incipit nominale nel prodotto di una combustione già avvenuta, perché i visi sono proprio arsi, a causa di un'ansia che ha straziato e bruciato il corpo, fino a trasmettersi – umanizzandolo in chiave negativa – all'altro corpo pulsante del mare, l'Adriatico incostante. Allo stesso tempo, sulla scia di un Bacchelli in versione *hard*, si fa strada di nuovo la poesia di un economico degradato perché – nella nuova società del disumano – fonte di delitto. Ed ecco il secondo testo di Roversi:

> *Periferia*
> È un deserto con croci dune
> pietre annerite,
> con logore bandiere ai davanzali.
> Un fiume iroso
> scorre, sporco di nebbia e nubi;
> sulla riva carri capovolti, mucchi
> di sassi, di terriccio, ferri
> arrugginiti, topi.
> Fra l'erba
> esili bambini senza voce
> hanno il cielo negli occhi
> e l'arcobaleno d'aprile
> (così a volte il cuore
> splende per una grande speranza).
> Oh temporali di primavera!
> Un fiume vecchio come il tempo,
> le case bianche, enormi;
> la miseria rode queste strade;
> il vento scuote i tendoni delle osterie,
> trascina la carta per i viottoli.
> In una pozza
> tre ragazzi varano una barca;
> ha lo stendardo nero, da pirata.

La periferia, il *terrain vague* per eccellenza, si allunga sulla direttrice curvilinea, acquatica, perpendicolare e conflittuale rispetto a quella della via maestra, lungo i meandri di un fiume partecipe del carattere troppo umano dell'ira: e il residuale, fossile, metallico, minerale, animale, si annida ai bordi, in lotta con l'erba, per uno scenario che il Pasolini totalmente coevo di *Ragazzi di vita* avrebbe eletto a cronotopo romanzesco. Distanza e vicinanza, estraneità e partecipazione coinvolgono un osservatore tanto poco distanziato da entrare nel quadro, facendosene carico: l'*è* iniziale rimanda esattamente a una prospettiva simile, in rapporto tra l'altro con l'emblema da Olocausto storico prima ancora che biblico del deserto, fino al deittico della presenza, dentro il verso e la metafora che trattengono il gesto più rappresentativo dell'intera poesia: "la miseria rode *queste* strade".

Vero e proprio anello congiuntivo tra lo sperimentalismo critico e gramsciano di "Officina" e il lavoro eversivo condotto sulle strutture linguistiche da parte degli esponenti della neoavanguardia, il viserbese Elio Pagliarani avrebbe invece saltato a pie' pari (se si fa eccezione per il rapporto intrattenuto con Anceschi) il capoluogo bolognese, per frequentare le scuole superiori a Rimini, l'università a Padova e per trasferirsi presto a Milano (di lì poi, a partire dal '60, a Roma). Suo capolavoro è il poemetto *La ragazza Carla*, pubblicato in prima istanza sul n. 2 (1960) del "Menabò" di Vittorini, di Calvino (e del giovane Crovi)[11]. L'incipit rende alla perfezione il senso di un capolinea ferroviario dentro un cuore cittadino, in questo caso metropolitano:

> 1
> Di là dal ponte della ferrovia
> una trasversa di viale Ripamonti
> c'è la casa di Carla, di sua madre, e di Angelo e Nerina.
>
> Il ponte sta lì buono e sotto passano
> treni carri vagoni frenatori e mandrie dei macelli
> e sopra passa il tram, la filovia di fianco, la gente che cammina
> i camion della frutta di Romagna.
>
>   Chi c'è nato vicino a questi posti
>   non gli passa neppure per la mente
>   come è utile averci un'abitudine
>
>   Le abitudini si fanno con la pelle
>   così tutti ce l'hanno se hanno pelle
>
> Ma c'è il momento che l'abitudine non tiene
> chissà che cosa insiste nel circuito
>   o fa contatto
>   o prende la tangente
> allora la burrasca
>   periferica, di terra,
> il ponte se lo copre e spazza e qualcheduno
> può cascar sotto
> e i film che Carla non li può soffrire
> un film di Jean Gabin può dire il vero
> è forse il fischio e nebbia o il disperato
> stridere di ferrame o il tuo cuore sorpreso, spaventato
> il cuore impreparato, per esempio, a due mani
> che piombano sul petto
>
>   Solo pudore non è che la fa andare
>   fuggitiva nei boschi di cemento
>   o il contagio spinoso della mano.

---

[11]Cfr. Elio Pagliarani, *La ragazza Carla e nuove poesie*, Mondadori, Milano, 1978, pp. 121–22.

Pezzo poetico tutto fondato su un'ambiguità programmaticamente irrisolta tra dinamismo e immobilità, ripiegamento lirico e intenzione di intervento critico–riflessivo, l'attacco della *Ragazza Carla*, secondo un modo per certi aspetti boccioniano, è attraversato da una serie non poco diramata di linee in movimento, di assi di transito che presentano come punto focale un ponte, vero e proprio archetipo del *fra*, vale a dire di una condizione sospesa, nella staticità contrastiva di un passaggio che è fisico e mentale insieme, formativo e negativo. Così, i diversi punti di vista, del narratore, della "gente" e di Carla, non sono rigidamente distinti come in una narrazione tradizionale, ma sono portati piuttosto a intrecciarsi e a scontrarsi, a correggersi reciprocamente e a interagire. È di nuovo una poesia dell'economico portata però da una parte a una dimensione satirica; e dall'altra a un silenzio carico di attesa, nel timore/speranza di un contatto sessuale al quale certo — tra sorpresa e impreparazione — non si è in grado di rispondere con la giusta sintonia: e il "fischio e nebbia" rende indeterminati anche i contorni del mondo, fino all'ossimoro dei "boschi di cemento" che sovrappongono una dimensione mitologica al qui ed ora della "trasversa di viale Ripamonti".

Anche lui protagonista della diaspora di autori emiliani verso le capitali culturali, il poeta parmigiano Attilio Bertolucci – invece – Bologna l'aveva attraversata e vissuta a fondo già negli anni '30 e (assieme a Bassani, ai fratelli Gaetano e Francesco Arcangeli, a Graziani) aveva tratto gran partito dal magistero di Roberto Longhi, sulla cattedra di Storia dell'arte. Trasferito a Roma quarantenne, nel '51, Bertolucci tuttavia non allentò mai del tutto i rapporti con la città natale, favorendo i poeti più giovani che il suo amico Pasolini avrebbe raggruppato sotto l'etichetta di "Officina parmigiana" e collaborando all'ottima rivista "Palatina". All'interno del suo libro più bello, *Viaggio d'inverno*, del '71 (e a conferma del fatto che la sua poesia può venir definita in molti modi, ma certo non con il predicato di idillica), Bertolucci inserisce un testo la cui importanza è subito introdotta dall'impegnativo titolo verdiano[12]. Nel caso specifico, poi, sembra non poco significativa anche la soglia paratestuale della dedica, *a Giorgio Cusatelli* (il germanista pure parmigiano) *che guardava dalla finestra distraendosi dallo "Stiffelio"* (un'altra opera verdiana). Ed è un'avvertenza decisiva perché l'atteggiamento dei due (il punto di vista dell'io narrante coincide con lo sguardo vagante del destinatario della poesia) è quello tipicamente proustiano di un *voyeur* un poco curioso e un poco ma-

---

[12]Cfr. Attilio Bertolucci, *Viaggio d'inverno*, Garzanti, Milano, 1971. La poesia *Un ballo in maschera*, assieme ovviamente all'intera raccolta di cui fa parte, è poi confluita in Attilio Bertolucci, *Opere*, Mondadori, Milano, 1997, pp. 275-77.

linconico, certo niente affatto timido o moralista, tra riso carnevalesco e struggimento:

> *Un ballo in maschera*
> Chi con cembali e timpani chi con risa e gridi
> con parrucche scivolanti in avanti sugli occhi allegri
>
> così anima il lungo fiume stipato di neve poi
> che l'ultima sera di carnevale ruotando s'accosta
>
> alle dodici e arde sui quadranti rivolti
> al cittadino un invito ruffiano o un ammonimento?
>
> Ma non sono clown questi che hanno graziosamente
> trasformato in teatro la pensilina delle foresi
>
> dormienti ora e ancora altre ore prima
> dell'amaro mercoledì che è domani in rimesse
>
> e parcheggi provinciali dislocati a monte
> a valle ben lontano da qui dove un torneo lento
>
> di macchine sfila procede e si perde
> per ricomparire luci versando a fiotti
>
> sulle instancabili provocatrici e loro
> stivali maculati di bianco corpetti
>
> in cui l'oro rilega pelo d'agnello
> madido di un inverno ormai al suo termine irreparabile...
>
> I travestiti di Parma erano un tempo commessi
> scolari sarti garzoni di barberìa
>
> in doppio apprendistato sotto maestri esperti
> nelle due arti e anche non sempre in bel canto
>
> col gusto di tradire il genio del luogo se è
> Cremonini a chiamare con tanta dolcezza
>
> l'animale gentile e canoro strumento
> ambiguo di voluttà alla mente convulsa...
>
> Vengono e vengono da città vicine
> alla petite capitale d'autrefois che suoi cittadini
>
> empi e rozzi non vogliono ducale per inserirla
> nel dialogo nell'abbraccio mortale America Russia

sotto il segno intrecciato della pop art e della democrazia
[progressiva.
Ma s'accostino prudenti che potrebbero sembrare

clienti timidi o voyeurs moralisti e venire
irrisi o colpiti da palle di neve infallibili

e riconoscano in queste feste di Parma
in questi costumi fantasiosi e impudenti

la linea serpentina locale ripresa
con inaudito sprezzo del pericolo

da figli del popolo e dei borghi malsani
fioriti di sorelle dalle dolci gambe cui

rubare atteggiamenti e fondi tinta
per la necessità di essere innanzitutto colpevoli.

Ha ripreso a nevicare i forestieri se ne vanno
felpati i rimasti non demordono

inventano mimiche accordate
all'infinita discesa di farfalle dal cielo.

È subito evidente il taglio cinematografico delle immagini, favorito dall'andamento simmetrico del distico, privo tuttavia di rime e composto di versi di lunghezza diversa. Così come è evidente che tema dominante è quello del travestitismo e della ambiguità sessuale, per un testo che certo può essere riconosciuto come il più esplicitamente pasoliniano di Bertolucci. L'elemento della festa rimanda a una sorta di quinta teatrale, tra il palcoscenico del tempio verdiano per antonomasia, il Regio (ma, ad aumentare il tasso di ambiguità, risulta assai efficace il riferimento al *Lohengrin* di Wagner) e le quinte del centro cittadino, stretto tra le piazze monumentali e il Lungoparma. Ciò che qui più interessa e coinvolge, però, è anche il movimento circolare del ballo e dei caroselli di adescamento dei clienti, consacrato in quella "linea serpentina locale" che certo — sul piano pittorico — accomuna Correggio e Parmigianino ma che anche è tutta propria del movimento tortuoso e curvilineo cui si accennava in precedenza, da sud a nord: la direzione del fiume coincide con la posizione dei "parcheggi provinciali dislocati a monte/ a valle". Allo stesso modo, ambiguità e finzione coinvolgono la prospettiva del centro cittadino, incapace di mantenere anche un minimo tono di monumentalità e di sacralità, perché osservato dal punto di vista di una zona di transito modesta e dormiente come la "pensilina delle foresi" (il capolinea, vale a dire, del tram che conduce ai borghi campagnoli) e ancor più perché abitato da persone che — oggi si direbbe per ragioni di ansia globalizzatrice – sembrano incapaci di accettare l'identità profonda della loro piccola capitale d'una volta. Ma parcheggi e pensiline sono alla lettera dei "nonluoghi": ed è la loro contiguità con il centro a divenire – sul piano simbolico — un tratto dominante di questa poesia. A un simile limbo, non meno "empi e rozzi" dei parmigiani che dovrebbero sperimentare un po' più spesso il "gusto di tradire il genio del luogo", appaiono vocati coloro che "vengono e vengono da città vicine" (presumibilmente lungo la Via Emilia, i cui molti incroci sono ora abitati da prostitute e travestiti costretti a condizioni di straniamento vitale non meno che esistenziale ben più estreme di queste descritte da Bertolucci all'inizio degli anni '70), incapaci con la loro timidezza e con il loro moralismo anche solo di assistere al dono meteorologico della neve. Il campo percettivo è gremito e l'identità doppia dei travestiti si trasmette dai corpi individuali ai corpi sociali e di qui ai rapporti sempre più ambigui che si creano tra centri storici e periferie, tra agglomerato e agglomerato, città e città, lungo la Via Emilia.

Non mancano poi, ed è naturale, i testi poetici che si riferiscono alla parte ferroviaria del "sistema" Via Emilia. E con i due di loro che meglio impongono il proprio valore esemplare ci si avvia alla conclusione. Il primo è anche il più recente, si intitola *E' treno* e appartiene a Raffaello Baldini, il poeta nato a Santarcangelo di Romagna ma dal '55 trasferito trentenne a Milano, ad ulteriore conferma di quella necessità di viaggio verso le capitali nazionali della cultura che – lungo il Novecento – ha accomunato tutti i principali scrittori emiliano-romagnoli, con l'eccezione di Silvio D'Arzo[13]. Se ne riporta qui solo la parte finale:

E' treno
(...)
a n so piò bón 'd farmèm, a n gne la faz,
a próv, gnént, a chin córr, ò d'arivé,
a n pòs pérd un minéut, a rài al léus,
a n finéss mai, avènti, sémpra drétt,
senza vultès, mo cs'èll alazó in fònd?
un lómm, e' déndla, ròss, l'è un ferovìr?
l'è un pasàg a livèl?
che se lómm ròss, bsògna farmès, e' treno
a s'è férum? chi sa, a n vèggh bén, magari
a l pòs rivé, s'e' sta lè bón un pó,
parchè córr che te córr, a n'ò vint'an,
mo vè l'érba tra i sas, csèll ch'e' vó déi?
i treni i n pasa piò?
ch'l'è un pèz, dabón, ció, ch'a n nu n vèggh, e córr

[13]Cfr. Raffaello Baldini, *Ad nòta*, Mondadori, Milano, 1995, pp. 28–31.

> tra tótta sta gramégna, da par mè,
> mo alazò e' lómm, dò ch'l'è?
> u n gn'è piò, dò ch'l'è 'ndè? a m'e' so insugné?
> aquè u n s capéss piò gnént, e turnè indrì,
> ènch' s'a putéss, ormai,
> ò fat tènt' ad cla strèda,
> piotòst, via ènch' sta gravata,
> ch'la m'astròza, e i calzéun, a m faz e' rudal,
> che s'a i penséva préima,
> u s va méi ad che pòch, e adès, 'ta bón,
> 'na gòzzla, do, csa fal? e' taca a pióv?
> la i vléva, a sciéun, pu bén, 'na rinfrischèda,
> ch'éva ènca sàida, a bèggh a bòcca vérta,
> pu ò tróv e' pas, amo cumè, se no,
> a córr pièn, 'na cursètta, 'd resistenza,
> senza strachèm, ècco, l'à fat, e' sgòzzla,
> alà, vèrda, l'arléus,
> ch'u s dì dal vólti, e' basta gnént, dabón,
> una nóvvla, un pó 'd sòul, e' cambia e' mònd,
> e la n'è méggh' finéida, sint che udòur,
> l'e què sòtta, vè, i taia la spagnèra,
> a téir sò, l'è cmè un bèlsum,
> che s'u s'i pensa, tótt i dè e' vén sàira,
> e' pasa tótt, la strachèzza, i pensìr,
> e avènti, al gambi, a so un cavàl da chéursa,
> ò di mumént, l'è cmè ch'a fóss partéi
> zéinch minéut fa, a m aséugh e' col, la faza,
> a m dagh una raviéda mi cavéll,
> sta sèrga, acsè, sbutunèda, l'è mèi,
> a córr, la sbat, ò agli èli, quant l'è tl'éultum
> arivarò ènca mè.

In italiano, nella versione dell'autore:

> *Il treno* (...) non sono più capace di fermarmi, non ce la faccio,/ provo, niente, sono costretto a correre, devo arrivare,/ non posso perdere un minuto, le rotaie luccicano,/ non finiscono mai, avanti, sempre dritto,/ senza voltarsi, ma cos'è laggiù in fondo?/ un lume, dondola, rosso, è un ferroviere?/ è un passaggio a livello?/ che con la luce rossa bisogna fermarsi, il treno/ s'è fermato? chi sa, non vedo bene, magari/ lo posso raggiungere, se sta lì buono un po',/ perché corri, corri, non ho vent'anni,/ ma ve' l'erba tra i sassi, cosa vuol dire?/ i treni non passano più?/ che è tanto, davvero, che non ne vedo, e correre/ tra tutta questa gramigna, da solo,/ ma laggiù il lume, dov'è?/ non c'è più, dov'è andato?/ me lo sono sognato?/ qui non si capisce più niente, e tornare indietro,/ anche se potessi, ormai/ ho fatto tanta di quella strada,/ piuttosto, via anche questa cravatta,/ che mi strozza, e i calzoni me li arrotolo,/ che se ci pensavo prima,/ si va meglio di quel po', e adesso, sta' buono,/ una goccia, due,

cosa fa? comincia a piovere?/ ci voleva, a scrosci, così, che bello, una rinfrescata,/ che avevo anche sete, bevo a bocca aperta,/ poi ho trovato il passo, perché qui se no,/ corro piano, una corsetta, di resistenza,/ senza stancarmi, ecco, ha finito, sgocciola,/ là, guarda, si schiarisce,/ che si dice delle volte, basta niente, davvero,/ una nuvola, un po' di sole, cambia il mondo,/ e non è mica finita, senti che odore,/ è qui sotto, ve', tagliano l'erba spagna,/ tiro su, è come un balsamo,/ che se ci si pensa, tutti i giorni viene sera,/ passa tutto, la stanchezza, i pensieri,/ e avanti, le gambe, sono un cavallo da corsa,/ ho dei momenti, è come se fossi partito/ cinque minuti fa, mi asciugo il collo, la faccia,/ mi do una ravviata ai capelli,/ questa giacca, così, sbottonata, è meglio,/ corro, sbatte, ho le ali, alla fine/ arriverò anch'io.

Baldini è un poeta tanto grande che la sua dovuta comprensione nel gruppo dei "dialettali" pare un dato meramente accessorio. La poesia muove dall'apparente bozzetto di vita quotidiana in cui è raffigurato un uomo che perde un treno che non dovrebbe in alcun modo perdere. E – in una sequenza ripresa *au ralenti* – si descrivono le movenze affannate di questa persona che dice io mentre le sue mani cercano di afferrare un corrimano proprio nell'attimo in cui il treno parte. Monologo drammatico, il testo introduce con intensità sempre crescente una palese situazione dell'assurdo: chi parla non interrompe la sua corsa, non si rassegna al contrattempo, ma si lancia ad inseguire il treno. Non importa che la stazione sia quella di Santarcangelo o quella di Milano, così come non importa la meta: importa anche qui l'atto in sé (benché affatto insensato) di movimento. Il ritmo della corsa e quello testuale accelerano di pari passo, finché non interviene – prima a disturbare poi a sconvolgere il campo percettivo – una serie di fattori di disordine. Il rapporto di causa ed effetto tende a non essere più lineare e tutti gli elementi che lo sguardo trasmette alla coscienza del protagonista vengono sottoposti a un processo progressivo di indecidibilità costitutiva: la luce rossa che appare sullo sfondo (e che procura un moto di irragionevole speranza) non si sa più se sia il lume di un ferroviere, il segnale di un passaggio a livello o un semaforo – appunto – provvidenziale (non per il treno e i suoi viaggiatori ma per chi insegue). Così, la stessa linea ferroviaria propone un'associazione impropria di elemento minerale e sostanza vegetale: ma l'erba che cresce in mezzo ai sassi ha già assunto le sembianze di una gramigna tanto folta da impedire ogni passaggio. Il primo dubbio da cui il monologante si lascia prendere è quello di trovarsi d'improvviso nel territorio di un sogno, lì dove ogni possibilità di comprensione logica viene meno: ma, subito, ad essere coinvolto è il suo stesso corpo, che prima si spoglia, a poco a poco, quindi – attraverso la bocca/ feritoia – si appresta a dissetarsi con la pioggia e infine – grazie alla *madeleine* olfattiva dell'erba spagna tagliata di fresco – si trasforma prima in un cavallo da corsa e poi in un essere alato (angelo o uccello non importa) che potrà condurre alla fine del viaggio. È notevole soprattutto, in sede di rapido rendiconto descrittivo, l'ulteriore indecidibilità che si trasmette dallo spaesamento del soggetto alla metafora centrale del mondo, la cui sostanza acquatica dovrebbe rimandare a un simbolo materno di rinascita. E così è, per l'azione vitale dell'acqua, anche se il passaggio dalle nuvole al sole è repentino e basta un niente a cambiare il mondo, a passare da una speranza di catarsi a una condizione di sera esistenziale, collettiva. Non c'è dubbio che questo treno magistralmente tratteggiato da Raffaello Baldini stia partendo, in parallelo alla Via Emilia, per un aldilà che chi lo ha perso raggiungerà con una difficoltà assai più penosa, e un'andatura sempre più lenta, da corsetta di resistenza, mentre la donna e i bambini che dall'ultima carrozza ne seguono per un tratto lo sforzo e gli fanno cenno con la mano intendono proprio rivolgergli – fuori di ogni metafora – un "adio", un congedo definitivo.

Non solo le traversie automobilistiche di me bambino portato in perpendicolo alla Via Emilia, piuttosto che lungo i suoi rettifili, e non solo il luogo in cui questo convegno è stato concepito, ma proprio le qualità strabiche e insieme estreme, finali, delle sue coordinate sensoriali ed espressive fanno sì che l'ultima parola debba tuttavia essere lasciata a uno scrittore modenese, Antonio Delfini, certo più noto come narratore che come poeta, ma autore – nel 1961 – di un libro di versi uscito da Feltrinelli e intitolato *Poesie della fine del mondo*[14]. Personalmente credo che si tratti di un grande libro, con la sua ricerca ora struggente ora disarmata ora rabbiosa dell'antigrazioso e – attraverso una visione apocalittica della storia e della realtà – di quelle macerie dell'umano che sole possono ancora fare argine al disumano (gli epiteti sono naturalmente delfiniani) ormai imperante nel nostro "primo mondo" occidentale. E dovere di ogni autore che abbia ricevuto un'"educazione umana" sarà in primo luogo quello di "scrivere la mala poesia". Ecco allora la poesia "ferroviaria" di Delfini, che – anche senza commento – pare la conclusione più appropriata di queste sparse osservazioni:

> *On se souvient de Baudelaire la nuit*
> On se souvient de Baudelaire la nuit
> dans le train en traversant notre Emilie
> ... ...
> *Les soirs illuminés par l'ardeur du charbon*

---

[14] Ma l'unica edizione oggi disponibile, preceduta da un'acutissima introduzione di Giorgio Agamben, è Antonio Delfini, *Poesie della fine del mondo e Poesie escluse*, Quodlibet, Macerata, 1995.

... ...
Solo Emilia e Romagna hanno i colori della sera
anche gli altri paesi li hanno
ma l'accentrarsi dei centri a poco a poco
e da Bologna il diradarsi dei centri
per Imola Modena Reggio e Forlì
(è il nostro supremo inganno e disinganno
di nascere di vivere e di tornare qui)
fa solo unico al mondo quel richiamo
della sera che dice sempre *io t'amo,*
anche se il mondo è morto e le colline
ricordano al Sovrastante le antichità bambine.

Tutto è finito
ma la sera
nell'Emilia impera.

Per sempre saremo fedeli
nell'eternità dei cieli...
... quando, tutto scomparso,
l'amor riapparso
un dì vedremo
colorarsi di rosso sulla sera
fermo rimaner
per altra ed altra sera.

da Roma a Milano, sul rapido, il 6 marzo 1960

Perché questa poesia, oggi, ci pare tanto attuale? Una prima spiegazione la dà Delfini stesso nella *Premessa* al suo libro (datata Roma, 29 aprile 1960), quando nelle prime righe scrive: "La fine del mondo può essere già avvenuta. Il poeta prova a ricordare, a riconnettere... i terribili avvenimenti." Delfini come suo solito — e come è proprio solo dei grandi — trae conseguenze radicali, percettive e compositive prima che tematiche, da una simile constatazione. L'uomo occidentale sta attraversando una fase post-storica (almeno dopo Auschwitz e dopo Hiroshima), una fase nella quale ogni coordinata spazio–temporale deve essere messa in discussione e addirittura capovolta. L'unica scrittura possibile è quella frammentaria e istantanea, per antonomasia fenomenologica e informale, del diario, dell'appunto di viaggio. E il ricorso alla memoria non è affatto pacifico, genera a sua volta mostri. Osserviamone gli effetti: la prima battuta è in francese, affiora cioè alla mente di Delfini nella veste linguistica ancora propria della cultura internazionale. Segue una citazione diretta da Baudelaire, dunque la memoria dell'autore percorre le zone altissime della poesia moderna. Poi, tuttavia, la facoltà di osservazione e di percezione porta chi dice "noi" (attenzione, non "io" ma "noi") verso la sovrapposizione di "inganno" e "disinganno" che si accompagna all'esperienza di una vita condotta "qui", tra Emilia e Romagna: un "qui" che è in realtà un "fra" e per la modalità del viaggio sui binari, attraverso le stazioni; e – sul piano esistenziale – per la condizione di chi un giorno si è sentito obbligato ad andarsene. E le stesse coordinate spaziali del viaggio rifiutano ogni dimensione lineare per ingarbugliarsi (a cosa corrisponde se non a un puro *flatus vocis* l'"accentrarsi dei centri"?) e prendere due direzioni contrapposte, a partire dallo snodo di Bologna: così, è la figura del chiasmo a rendere simmetrica l'elencazione toponomastica che viola anche il più elementare principio di non contraddizione ("per Imola Modena Reggio e Forlì"). Che il tempo del mondo e dell'umano sia un tempo esaurito, "morto", lo riafferma poi il distico finale della strofa, se anche la memoria di chi è definito "Sovrastante" deve essere sollecitata, per quello che è alla lettera un pensiero regressivo, contrappuntato dallo splendido ossimoro delle "antichità bambine". Tra creazione e distruzione non esiste più differenza, contrasto. Ma la rima baciata rimanda poi, nella strofa successiva, a un'intonazione e a una prosodia profondamente mutate, con il prevalere del verso breve e il gusto inusitato per un andamento da filastrocca infantile, con la triplice rima identica di "sera" che farebbe quasi pensare a un errore compositivo, non si trattasse di una necessità pressoché assoluta, a indicare iterativamente lo stato liminare, limbale, che ci è proprio.

E non è nostalgia ma proprio, per chi è nato da queste parti e ci sia sempre vissuto o si senta obbligato di tanto in tanto a ritornarci, volgare, troppo umano "magone".

Davide Rondoni

Appunti sulla nuova poesia lungo la Via Emilia. E tre nomi

La Via Emilia va da Rimini a Milano. Non è solo una visione che taglia la megalopoli della pianura padana tra Bologna e Parma, ed è un errore considerare la Via Emilia solo qualcosa che riguarda gli emiliani.

Ad esempio, quando chiesero a me e ad alcuni altri poeti (Raboni, Cucchi, De Angelis, Fiori) di scrivere quattro o cinque poesie per Milano in occasione di una grande mostra fotografica su e in quella città, scrissi una cosa in cui si parla della Via di Porta Romana, ovvero quel pezzo di Via Emilia che entra in centro a Milano.

> Si può anche non vedere Milano
> passandoci in mezzo, la notte
> veloce dei viali, la rumorosa
> sotto l'auto via di porta Romana
> i pozzi bui delle piazzette del centro
> la luce bianca gelata
> che viene alta dal catino del Duomo.
> Si può veder niente, esser niente
> i così voluminosi palazzi o bastioni
> di banche, di giornali mai chiusi –
> sentirli alle spalle come ombre delle favole
> e non pesar niente.
> Si può non vedere le bocche chiuse
> dei portali nelle chiese, le luci
> fuggite dalle finestre delle case,
> gli uomini disegnati a matita
> chiusi nelle auto o all'uscita
> dai ristoranti deserti –
>
> se hai la visione di lei che è donna
> e domina negli occhi
> e il suo dominio distende
> alle mie mani sul volante
> e nel carminio del sangue.
>
> Può anche non apparire Milano,
> o stare tutta in petto a una ragazza
> che magari non ne sa niente
> e sta a molti chilometri da qui.

Qualche tempo prima, nel mio libro *Il bar del tempo* avevo pubblicato un'altra poesia che parla di uno dei miei consueti arrivi a

Milano in autostrada (la "nuova" Via Emilia si chiama A1) e che inizia così:

> Quante volte, Milano
> dalla mia terra più dolce
> sono arrivato davanti al tuo volto
> piatto, senza respiro. (...)

In questi ultimi tempi, Milano sta tornando al centro di molta poesia. Lo si vede nei libri di Loi, di Raboni, di De Angelis, di Fiori, di Cucchi. Lei, la Via Emilia, prendendo molti nomi passa per la Santarcangelo di Guerra e Baldini, tocca la "mia" Forlì dove ha come sempre sede precaria ma vivace la mia rivista "clanDestino", passa per la Bologna dove Alberto Bertoni, Jean Robay e altri stampano e distribuiscono a mano "Frontiera" e arriva a Milano che, editorialmente parlando è quel grosso agglomerato di case che si trova presso Segrate, Mondadori, ma che è anche sede di alcune prestigiose collane di poesia che, pur se con esiti alterni, sono luoghi di conoscenza e di diffusione della vita della poesia italiana.

La Via Emilia, ancora, tocca la Santarcangelo dove una ragazza di ventun anni scrive in dialetto; tocca la dotta e accademica Bologna della rivista "il verri" fondata da Anceschi, dove Barilli continua a presentare come eredi del gruppo '63 un gruppo un poco informe di sfortunati e neppure tanto più giovani poeti, e dove, per iniziativa di alcuni poeti e di alcuni accademici è nato il "Centro di poesia contemporanea dell'Università di Bologna" (primo nel suo genere in Italia); passa per Reggio Emilia dove periodicamente si organizza un ritrovo di poeti e critici intorno a un laboratorio che ancora guarda alla neo-avanguardia; tocca Parma dove le migliori iniziative di poesia oggi si tengono in un luogo che, al di là del nome altisonante, "Archivio di stato", ha poi tutta la familiarità del lavoro di Paolo Lagazzi e di Stefano Lecchini, e dove vive un poeta vicino ai fascini lucreziani della natura, come Pierluigi Bacchini. E infine lei, la Via, arriva a Milano dove vivono molti poeti che si frequentano poco (tranne forse quelli che come Loi, Cucchi e pochi altri si ritrovano a veder l'Inter alla televisione) e si amano pochissimo.

Se ci figuriamo la Via Emilia come un fiume di poesia corrente – nel senso di mobile ma anche di recente – dovremmo contare tra gli affluenti che lo nutrono alcuni rivi magari nascosti ma ben vivi che provengono dalle pianure verso Mantova, dove instancabile e ferreo lavora Alberto Cappi e da dove è disceso a Bologna Giancarlo Sissa, o verso Cremona, dove c'era Bellintani e dove c'è l'innamorato di Dante Vittorio Cozzoli. O, ancora, dovremmo guardare cosa viene dalle colline verso Pistoia e Firenze, da dove arrivano le voci di Bigongiari (poeta nelle ultime prove altissimo) e di Luzi, che frequentava la Bologna di Morandi, e naturalmente dovremmo fare sosta a Porretta Terme, presso i "Quaderni del Battello Ebbro" di Loretto Raffanelli. O far sosta a Marradi, da dove discese Dino Campana.

Continuano ad esserci, e io ne conosco diversi, alcuni poeti selvaggi che appaiono sulla Via Emilia.

E giù verso il mare, alla foce della Via Emilia si formano laghi a cui giungono rivi che provengono da altre periferiche zone, come la Cervia di Tolmino Baldassarri, la Cesenatico di un sereniano ed insereno Benzoni, la Riccione del giovane e forte dialettale Gabellini, e dalle Marche dolci la voce pesarese di D'Elia che ha fatto apprendistato poetico e politico a Bologna, come tanti, e della rivista "Lengua" nonché l'eco della voce delle Cesane, Umberto Piersanti.

Si direbbe che la Via Emilia incrocia con quella che un lettore onnivoro come Fulvio Panzeri ha chiamato "linea adriatica", pur consapevoli che in essa convivono la parola generosa di un Baldini e la rastremazione di un De Signoribus.

Dall'altro capo del nostro "filo", a Milano, la presenza centrale di un Franco Loi, dialettale impastato di lombardo, dialetto della zona di Correggio e venature genovesi (oltre che notevolissimo poeta anche in lingua), basterebbe a mandare all'aria qualsiasi ordine lineare presunto.

E sempre guardando da Milano, la recente ripetuta confessione di un Raboni di avere come unico vero maestro Carlo Betocchi ridiscute le presunte autonomie di linee lombarde e simili.

Ditemi dunque come si può parlare di poesia recente lungo la Via Emilia...

Io non vorrei fare della sociologia della letteratura. Non sono un sociologo e nemmeno un letterato. Sotto le qualifiche di direttore del centro di poesia contemporanea dell'Università di Bologna e sotto quella ancor più stramba di poeta nascondo passioni molto varie. Dunque, se volete sapere qualcosa sulla poesia per come vive intorno alle riviste attualmente più significative andate a vedere il testo di Alberto Bertoni pubblicato in un volume intitolato "Le regioni della poesia" (Marcos y Marcos, 1998, a. c. di R. Deidier). A quell'attento repertorio c'è da aggiungere ora solo la nascita di una rivista a Parma che si chiama "Palazzo Sanvitale", diretta dal narratore Guido Conti e di una interessante rivista di arte e letteratura chiamata "Graphie", a Cesena. Ancora Bertoni, insieme a Raffaele Crovi, ha curato per la rivista "Origini" di Reggio Emilia (n.36, 1998) un recente panorama della poesia in Emilia Romagna.

Allora: intanto di poesia ce n'è a strafottere.

Quasi ogni paesucolo ha la sua iniziativa di poesia, svolta in piazza, in biblioteca, a scuola, sotto il campanile o tra i tavoli del bar. Sagre e festival si susseguono da Motta Visconti (vicino a Milano) fino a San Mauro Pascoli, paese natale di un poeta che ha traghettato il secolo, che ha reso, secondo alcuni, "democratica" la poesia. Pascoli sicuramente resta uno dei fuochi vivi della poesia contemporanea italiana, magari attraverso Pasolini (un pascoliano, in fondo) che studiò a Bologna e a questi luoghi fu legato da amicizie e legami letterari, o con la forza di suggestione che opera su poeti, come Vito Bonito, attenti ai margini feriti dell'affettività e della lingua.

La folta schiera di narratori che si affacciano sulla Via Emilia e guardano alla poesia sono la dimostrazione che, in realtà, anche oggi il problema non si pone nei termini di una poesia che va verso la prosa o viceversa. È vero, piuttosto, che qui è chiaro che ogni narrazione, per esser veramente credibile, cerca la poesia. Questa tensione, che è di ordine gnoseologico prima che stilistico, accomuna le prove di molti narratori e la genesi della poesia di alcuni autori, come Baldini e Bertolucci tra i maestri, o come Pagliarani e, tra i più giovani, Nadiani, Lauretano, Argnani, la Serra, la Gualtieri e le ultime prove della brava Maria Luisa Vezzali e di Alessandro Carrera.

La natura di tale tensione, che tra poco definirò di religiosità delirante, rende impossibile qualsiasi paragone tra la poesia (e non solo) della Via Emilia e la beat generation. Paragone peraltro abusato per motivi di marketing. Infatti, sulla Via Emilia non c'è zen, ma vino forte, velocità e delirio di grilli e di stelle, e l'immobilità è delle pianure non dei sentimenti.

Dunque non c'è da lamentarsi. Sono molti i poeti della Via Emilia che io e Franco Loi abbiamo selezionato per un'antologia della poesia italiana degli utlimi trent'anni in uscita da Garzanti. I professori nelle loro antologie, i poeti tristi nei loro tristi ritrovi o sulle loro riviste posson dire quel che vogliono ed alzare peana al cielo: io vedo che di poesia ce n'è, scritta da molti, letta – a volte bene a volte male – da molti, e ritenuta importante da quasi tutti. Dunque non c'è da lamentarsi. E poi i lamenti sono insopportabili. Sono tipici degli intellettuali.

Allora sceglierò un'altra Via, sarò perentorio. Dirò: ricordatevi tre nomi - Gianfranco Lauretano, Francesca Serragnoli, Antonio Riccardi. Non sono i più bravi, ma sono molto rappresentativi.

Ora due punti.

Primo. Ricordatevi che Miller scrisse che saremmo tutti diventati Rimbaud: ecco quell'epoca è arrivata, anche sulla Via Emilia. Tutti, più o meno, potremmo dire con Arthur Rimbaud: nessun antecedente nella storia di Francia (figuriamoci in quella della letteratura). E tutti abbiamo fuso le due condizioni rimbaudiane, riportandole all'unità che in vero le tiene: scrivere e sentirci distanti da quello scrivere, come in un'Africa fatta di altri commerci di altre questioni. Tre recentissime antologie di poesia: una curata da me (*I cercatori d'oro*. *Sei poeti scelti*, Nce-poeti di clanDestino, Forlì, 1999), una da Maurizio Cucchi e Mario Santagostini (*I poeti di vent'anni*, Stampa, Brunello Varese 2000), una da Giuliano Ladolfi (*L'opera comune*, Atelier ed., Borgomanero Novara, 1999) rilevano nei diversi poeti tra i venti e i trent'anni scelti nelle antologie che c'è un dato di *inappartenenza* alla storia precedente non solo della poesia ma della letteratura e di tutto. Questo dato di inappartenenza è, io credo, già evidente in poeti di età maggiore – io stesso me lo sento addosso e ne sarei divorato se non fosse per così dire sfondato e rivitalizzato dall'esser cristiano.

> Dicono che la mia era una poesia di inappartenenza
> ma se era tua era di qualcuno....

Montale per tutto il corso della sua poesia fissa nel breve limite del suo tu sempre ambiguo il termine di ciò a cui si appartiene. Oggi siamo per così dire alla fine di tutta la cascata delle disappartenenze.

Se qualcosa di specifico ha portato la Via Emilia in questa fuga dall'appartenenza è, appunto, la sua viabilità. Anzi, la sua sempre più eccitata viabilità. Di là da certi stereotipi davvero la Via Emilia è il luogo dove si può prender la macchina e andare, tenendo davanti agli occhi il miraggio buio o chiaro del mare e delle colline e stando nel frastuono di una sorta di metropoli diffusa. Tutto ciò è naturalmente molto sollecitato dai comunicatori di marketing. Qualcuno ha titolato il proprio libro, dedicato a un comico viaggio di iniziazione sentimentale di un giovane della bassa padana "L'isterico a metano". L'immagine di un'isteria a bassi giri, che non si consuma troppo, che con un pieno ci fai molta strada è abbastanza azzeccata. E andar via sulla Via Emilia è anche facile, poiché è facile poter tornare.

Il primo punto dunque è: crisi delle appartenenze. Il Novecento, letterario ma non solo, è per i poeti più giovani una sorta di magazzino teatrale dove alla rinfusa e senza acribie polemiche si pesca quel che può servire, anche come mascheratura. Ne risulta una difficoltà insormontabile a tirare linee di congiunzione in nome di ravvisabili precedenti non occasionali. Ne guadagna certo la disposizione a considerare ogni singola voce, ogni singolo evento di poesia sulla base delle sue prove piuttosto che su schieramenti o posticce definizioni di ideologia letteraria. D'altra parte, però, è condivisibile quel che diceva la grande narratrice Flannery O' Connor (una che di "matti" e *borderline* e lunatici se ne intendeva e che fu non a caso notata in Italia tra i primi da Attilio Bertolucci che le dedica acute paginette). Lei diceva che l'arte del nostro tempo è molto ricca di sensibilità e poco di visione.

Se per visione non intendiamo una definita *weltanshauung*, ma quell'impeto o quella disposizione a lasciarsi rapire in qualcosa che metta in discussione la propria individualità per esprimere qualcosa di più largo, di generale o, genialmente, di universale – beh, c'è da darle ragione. Come inciso c'è da notare che si tratta di ragazzi i quali sono i primi a vivere una formazione del gusto compiuta in modo paritetico sui libri e su altri strumenti di comunicazione. È cioè la prima serie di poeti in cui può verificarsi quel postulato di molta informazione nessuna informazione e quel travisamento del concetto di cultura come archivio che oggi imperano.

L'artista che non sperimenti, pur in modo drammatico, l'appartenenza a qualcosa di più grande di sé finisce (tanto più in quest'epoca di sovrapposizione dei linguaggi) per essere uno scarabocchio. Naturalmente, a questo punto si apre la questione, razionale e religiosa nel medesimo istante, che hanno toccato le parole che nei giorni scorsi abbiamo ascoltato di Celati da un lato (la letteratura come cerimonia del niente – poiché niente è il fondo della vita) e Ghirri dall'altro (lo stupore dell'esserci come regola). È la questione a cui ogni autentico artista risponde, anche senza volerlo, con la sua opera. Per intenderci: spesso i nuovi poeti non hanno letto "Tradizione e talento individuale" di T.S. Eliot, e poco sanno della tensione di conoscenza che animò Leopardi o Ungaretti, o, per dire, Milosz, Walcott, o Auden, o Luzi. Magari si sono formati in corsi universitari e in laboratori di scrittura su Zanzotto, Sanguineti, su Benni o su Celati, ma quelli sono gli unici modelli a cui l'industria letteraria, i giornali e tutto ciò che (per fortuna) non è scuola, e quindi è più ascoltato, li hanno indirizzati.

Ma il secondo punto, finalmente, è il seguente. Questi stessi giovani poeti (e non solo lungo la Via Emilia) sono i primi ad essere sorpresi per la possibilità stessa della poesia. In ciò assomigliano, paradossalmente, a chi come Mandel'stam – ma per tutt'altro motivo – viveva l'esperienza della poesia come di "aria rubata".

Nasce senza autorizzazione preventiva. Nasce loro tra le mani la poesia, e quasi non ci credono. Avvertono questa strana persistente e profonda forza e, sicuri come sono, il più delle volte, della fragile vanità di tutto, sicuri come sono solo dell'esser scettici, se ne stupiscono. E temono che non duri. E non sanno come fare. Quando la voce della poesia si fa largo in mezzo a tanti linguaggi comunicativi e anche fintamente espressivi standardizzati e funzionali, c'è uno stupore, una freschezza come di inaugurazione. Avete presente il linguaggio dei chattisti: è, per certi versi, una elementare, balbuziente, misera, felicità di dire.

La poesia come voce del primario, dell'irriducibile umano che, abisso invoca l'abisso, cerca forma in cui offrirsi.

Infine qualche parola sui tre nomi da tenere a memoria. Gianfranco Lauretano è di Cesena, è nato nel 1962, due anni più di me, e ha inventato il nome della rivista che abbiamo fondato insieme, "clanDestino". È un attento lettore della poesia altrui, oltre che un buon poeta.

> Appena rannicchiata, nella sua metà
> di automobile, fissa con un sorriso
> assorto la strada fedele al fosso
> che si snoda come un serpente fra i campi.
> C'è un sole arancione e mi ricordo
> una luce bella sul suo profilo
> la dolcezza sobria, lo stupore quando
> vede un bell'albero o una casa
> il ridacchiare per le mie battute.
> Per quanto durerà, qui, quella gioia?
> E si sarà accorta di essere un regalo?

***

> Credo che ogni cellula di noi
> sia costituita per stare davanti
> a qualcuno, cosicché fisicamente
> ogni incontro dimenticato
> è una ribellione delle cellule
> – dello stomaco ad esempio
> o degli occhi. Quando era qui
> non parlavo ero così stupido
> da non avere tempo per fare
> la cosa inutile di chiacchierare
> con lui. Dovrò chiederne perdono.
> Delle cose inutili, che non faccio mai
> o che faccio solo quando scrivo

(da *Preghiera nel corpo*, Nce-poeti di clanDestino, Forlì 1997)

Forse vale la pena ricordare che Cesena sta vicino a quello strano luogo della poesia che è Santarcangelo, patria dei Guerra, Baldini, Pedretti, Fucci etc. La frontalità e la posa narrativa (apparente, poiché sotto grida e s'impenna liricamente l'esistenza tutta) di molta poesia di Lauretano ha qualche debito con la sua costante e viva attenzione al lavoro dei dialettali, compresi quelli che abitano in luoghi non direttamente toccati dalla Via che ci interessa (e perseguita): ad esempio la poesia di Tolmino Baldassari, che abita vicino a Cervia. Il lavoro con "clanDestino" ha mostrato di Gianfranco, che è traduttore dal russo, cosa può realizzare in termini di poesia scritta e di poesia criticata l'eccentricità di una formazione letteraria. Lui non si è, per così dire, formato canonicamente. Se tutto ciò ha da un lato un emblema nella figura cesenate di Renato Serra, inquieto e acuto lettore del primo Novecento italiano, dall'altra credo che sia una stigma individuale che rende così riconoscibile la sua poesia. La libertà di assumere gli inviti della poesia da qualunque parte essi provengano (dal più giovane aspirante come dalla rilettura di un Puskin, dalla nascita della figlia ai tormenti di un ardore impuro, dalla visione delle calme colline romagnole alla rappresaglia delle stagioni) porta Lauretano a dare vita a una poesia che non dichiara debiti con la koiné secondonovecentesca, intesa nei suoi versanti più fedeli al corso principe o meglio canonico della poesia italiana (da Montale a Giudici) o in quelli più antagonisti (la neoavanguardia o altri tipi di decostruttivismo). La "tipica" forza vitale e malinconica della poesia romagnola, che ha il suo dialetto in alcuni poeti segnati anche dall'uso vero e proprio del dialetto, trova in Lauretano una conferma ma su registri di rarefazione e del nitore che sono il segno non della distanza mentale o letteraria dalla materia della poesia quanto una sua penetrazione fino alla trasparenza. Un Piero della Francesca, insomma, che ci dà in altro modo la stessa Toscana di Giotto. In lui rimane quella che a proposito di Dante Mario Luzi ha chiamato imminenza. Non c'è separazione estetica tra la materia e il suo evento in poesia. La poesia non mette distanza, ma chiama le cose nel loro accadere. È una imminenza dantesca, ma anche baldassaresca, guerresca, baldinesca, fuccianesca. Non c'è nemmeno un grado zero della poesia cercato, invece, per vie diverse, da poeti della stessa zona come Zani o Nadiani. E non c'è qui l'arroventato medium sentimentale, la via dotta e fascinosa della poesia che sembra sempre doversi giustificare e che in tale giustificazione compie atti belli e giusti, come per Rosita Copioli, di Rimini.

Francesca Serragnoli – ovvero la poesia chiusa nel suo centro. Proprio a Bologna, nei luoghi della poesia che secondo quella radice unitaria dell'insegnamento anceschiano ha preso vie così apparentemente diverse come la neo-avanguardia e la risposta neo-orfica, la poesia ancora acerba per tanti aspetti di Francesca (nata nel 1972) è uno dei segni di alternativa a quelle due ipotesi (neoavanguardistica o neomitica). Bisognerebbe vedere le radici comuni – ad esempio il magistero di Banfi – e quel che dice Fortini a proposito degli antecedenti di Sereni in quanto insegnava Banfi, appunto, ai giovani Sereni e Anceschi sulla crisi come stato permanente dell'arte contemporanea. Si vedrebbe, forse, che quelle due radici procedono da un'unica radice e svolgono un duello che se è reale ed aspro dal punto di vista politico o personale, a volte mi pare fasullo dal punto di vista profondamente culturale. L'accettazione di una poesia della crisi, del disincanto può volgere i propri esiti stilistici lungo strade apparentemente opposte, ma in realtà omologhe. Questa poesia della crisi nasce, nei suoi penetrali esistenziali e filosofici, da una crisi del rapporto con il reale, che viene assunta come unico orizzonte gnoseologico possibile, con le sue conseguenze di dubitosità ed erosione dell'esperienza e dei suoi suggerimenti, fino alla vacuità della parola. Eppure, c'è come una costanza della poesia a ritornare alle sue più vere essenze, a recuperare lo stupore come momento primo della conoscenza, evitando quel che Hannah Arendt vede come l'operazione del pensiero moderno rispetto a quello degli antichi: la sostituzione, appunto, della meraviglia con il dubbio. I momenti di esacerbazione della crisi, lungo la vita di un periodo o lungo la vita di un poeta (si pensi a Porta) vengono risolti – non annullati – in un continuo riprendere del corso. Si tratta di momenti che, per dirla con lo Steiner di "vere presenze", non vogliono sottostare all'imperio del "secondario". In genere vige una sorta di poesia del disincanto, o di "crisi della crisi", che lascia però insoddisfatti alcuni più vigili tra i giovani poeti. I quali, per non cadere nell'ipnosi poco interessante di una poesia in cui sia in crisi la crisi, si attaccano a quel che hanno. Ad esempio all'uso di un armamentario appreso in aule universitarie e proveniente dalla neoavanguardia – che di quelle aule ha fatto la propria trincea – sposato con un neo-romanticismo raffreddato in immaginario minimalista (Lombardo) o, d'altra parte, alla più sincera attitudine – sereniana – a cristallizzare e a ricongetturare in poesia i sentimenti per cercarne una verità non dispersa, come fa Andrea Gibellini. In tale contesto la poesia di Francesca Serragnoli è un salutare richiamo alla poesia come riappropriazione dell'io più profondo e di accesso all'esperienza del primario.

> Non so se li lascerò
> i tuoi occhi andare dove credo
> linee di colline ti invitino
> e spie di luce brucino
> come un brivido
> non so neanche se vuoi tornare.
>
> Vorrei la spiaggia dei tuoi silenzi
> labbra ferme che la notte chiude a chiave
> formule di corolle, margherite
> alghe che rinvieni fra le gambe
> e se cambi destinazione elimini
> il mio nome dagli imbarchi guardami
> sono una riva che odia le onde
>
> brucando erba fingo
> avere altra terra altro vento e spengo
> tutto come un film

> me ne vado e una radio
> ridice il tuo viso
> scendo in corsa
> col dito e il passo teso
> profili e scale
> in fiamme familiari.
>
> (da *I cercatori d'oro. Sei poeti scelti*, cit.)

Abbiamo qui una sapiente dissimulazione del canto (in questo rimare e rimandare: invitino/brucino/brivido; fingo/spengo/film; me ne vado e una radio; viso/teso). C'è una musicalità e una ebbrezza che sembrano cercare una riva, in una situazione contrastiva rispetto alla nettezza del dettato: "sono una riva che odia le onde". È un genere di poesia (si potrebbe facilmente fare il nome della Dickinson, ma io preferisco indicare la Plath e Luzi) che desidera una riappropriazione profonda dell'io al punto in cui esso è affettivamente vivo. Per questo, salvando in modo stilisticamente riuscito, nella poesia di Francesca si avvera la presenza di un interlocutore, quell'interlocutore sfuggente e assoluto di fronte al quale nasce sempre la poesia.

> Vado all'indietro all'ombra
> giù per un canale d'erba tra felci d'acqua
> fino al vascone di sasso
> in un fondo di secoli e radici
> così lontano ma poco lontano da casa
> dove miste tra un bene e un altro bene
> si perdono stagioni senza peso
> al pasto del sole.
>
> Vado all'indietro nell'erba
> all'ombra tra gli alberi di porcellana
> nel segreto di una famiglia.
> Non so se questo mi salverà.
>
> (da *Il profitto domestico*, Mondadori, Milano 1996)

In Antonio Riccardi (nato nel 1964), il più "arrivato" e coscienzioso dei tre, la poesia è al tempo stesso nostalgia di un luogo, di una storia e nostalgia della Letteratura. In questa poesia, che può sembrare sereniana ma che della episteme sereniana costituisce uno sviluppo ancora in movimento, c'è il senso di una acquisizione lucida della rovina (familiare e culturale): il passaggio natura-civiltà, il bosco dantescamente dello sperdimento, le storie rovinose di singoli avi visitate con febbre e fermezza. E però vive, nella discrezione della forza inclusiva della poesia, il senso anche della uscita da tale condanna. È significativo notare la coincidenza per cui due poeti diversi come Riccardi e Mussapi abbiano posto in loro libri recenti, in modo del tutto distante, un evento simile: una spedizione tra i ghiacci. E che la sezione finale del libro di Riccardi identifica la donna in una "moneta" che è segno di un profitto inestinto da ogni possibile deriva, dazio di un passaggio, forse, o risorsa. Nella poesia di Riccardi riprende quota il valore dell'opera rispetto al singolo testo: il che significa da un lato la tentazione di una programmaticità della poesia, ma, dall'altro, la rinnovata coscienza della importanza etica dell'opera nella sua totale significanza. Voce asciutta, colta ma dotata di un proprio timbro, e visitata da brevi e intensi scatti lirici, quella di Riccardi chiama il lettore a una composta partecipazione, evocando non lo scatenamento della superficiale scena dei sentimenti, ma, più giù, il dramma della coscienza. In una spia testuale, a pagina 61, dove è quasi citato non so se per caso o volutamente un importante libro di poesia di questo secolo (*Rapporto dalla Città assediata*), colgo l'occasione per individuare al di là del troppo scontato debito di Riccardi a una linea lombarda e, direi, mondadoriana della poesia – da Montale a Sereni a Cucchi – l'apertura al dialogo con le esperienze più vigili di poesia internazionale, come, appunto quella di Herbert, di Auden e di Milosz. In questo libro, che è al tempo stesso d'esordio e di programma, il tema personalissimo della possibilità dell'appartenenza a un destino comune e a una forma comune del vivere è riaffermato come fuoco della vita della poesia, lasciando provvidenzialmente indietro troppe questioni secondarie e inautentiche che spesso ostruiscono il vero respiro del poetare.

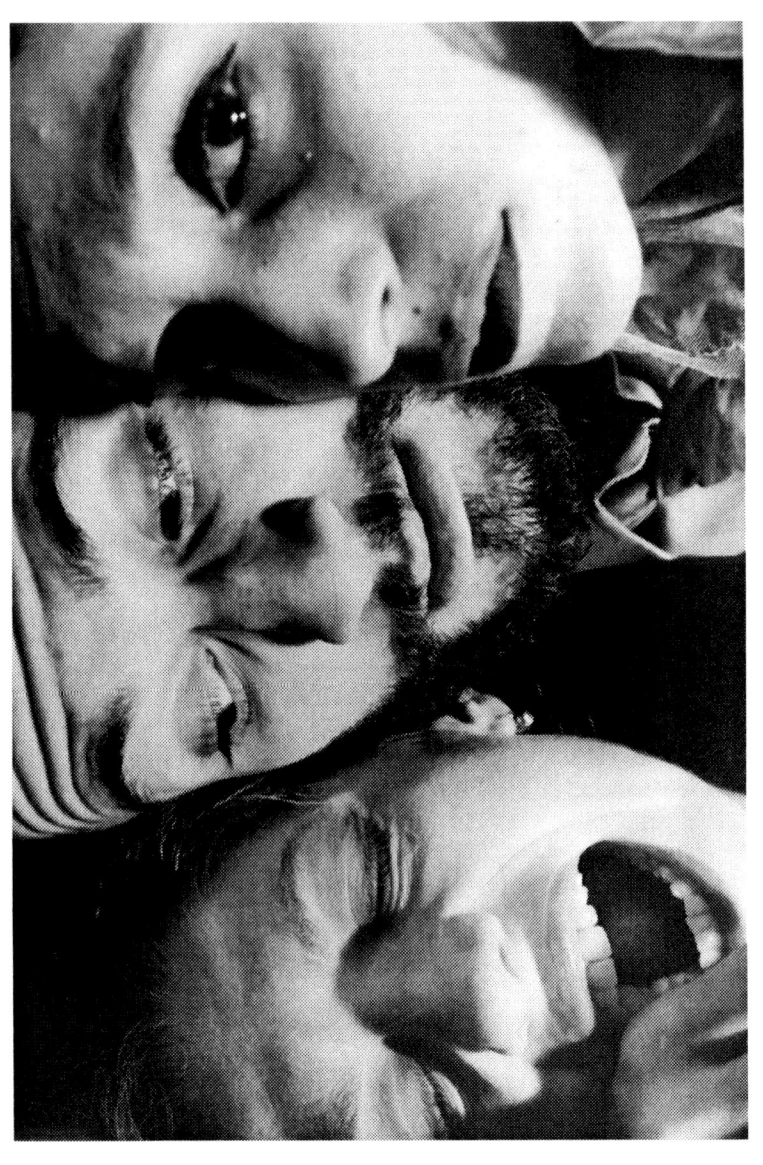

L'impasto, *Terra di Burro* (1998), foto di Majo

Walter Valeri

La via dei teatri

Gli emiliani e i romagnoli spesso sono ritratti come robusti, generosi, umorali, ricchi di un'oralità agitata dai fertili dialetti. Il loro parlare, sudente o focoso, procede per forme ellittiche e telluriche, condito di gesti coloriti che ostentano per strada. Pur nell'età pervasiva dei media e dell'industria culturale manifestano uno spiccato carattere critico, gusto del racconto, voglia ironica di commentare la vita, la sua unicità spartita in comune. Un bisogno egotistico di esteriorizzarsi senza rimorsi nei conversari, proprio come traspare dalla descrizione minuta e sontuosa dei versi di Dino Campana:

> Le rosse torri altissime ed accese
> Dentro dell'azzurrino tramonto commosso di vento
> Vegliavano dietro degli alti palazzi le imprese
> Gentili del serale animamento.[1]

Al centro della Via Emilia: Bologna. Non solo sede della prima Università e dotte Accademie, ma città simbolo. Nota per come ha sempre detestato e ancora detesti la quaresima, optando, sin dall'alto Medio Evo, per il gran raduno mascherato di giullari, goliardi e trovatori – giunto al culmine nel "Giovedì grasso" – che ben s'intreccia con l'origine Medioevale del rito scenico. Cito da uno dei tanti opuscoli che invitano il turista a visitare la città e a risanarsi nel corpo e nello spirito: "Il primo giorno di quaresima, le Ceneri, è chiamato *al dé d'San Grugnàn*, in onore di quanti si mostrano 'ingrugnati' e scontenti, dopo le gozzoviglie, i balli, le rappresentazioni teatrali spesso oscene del carnevale." Quella stessa Bologna che ha dato i natali a una delle più note e corpulente maschere della Commedia dell'Arte: il Dottor Balanzone, prima parodia dell'intellettuale che fa della medicina una scienza oscura e volta al proprio tornaconto; che ha ospitato più volte Carlo Goldoni nel suo peregrinare obbligato da debiti e avventure amorose; che ha dettato a Dario Fo un breve, scatologico e folgorante monologo dal titolo: *Il Tumulto di Bologna*, oppure a Roberto Roversi la tragedia, ancora inedita, *Re Enzo*, il figlio dell'imperatore Federico II, sconfitto dai bolognesi a Fossalta (1249) e imprigionato per ventitré anni nel Palazzo del Podestà: uno dei personaggi che per secoli più accesero le fantasie dei "contastorie". Mi diverte ricordare un aneddoto che soffia linfa nel carattere gaudente dei bolognesi. Si contavano ancora nel secolo scorso a Bologna quattro vicoli che, con la massima

---

[1] Dino Campana, *Canti orfici e altri scritti*, Mondadori, Milano, 1972, p. 75.

naturalezza, portavano il turpe nome di "Vicolo Fregatette". L'ultimo rimasto fu ribattezzato "Vicolo Senza Nome", solo pochi anni fa.

Ma tornando alla Via Emilia di oggi, bisogna dire che ha perso l'avventurosa istanza affidatale dai romani, che vollero scavalcare la linea divisoria fra la Gallia Cisalpina e l'Italia propriamente detta. Oggi, dopo secoli di transito d'eserciti, merci, mitiche gare automobilistiche, è una via quasi invisibile, carsica, relegata a una più prudente comunicazione interna, esente da pedaggi, per automobilisti parsimoniosi e notturni mercimoni. Fa capolino qua e là come una sorta di decumano minore, indicata da cartelli azzurrini, sbiaditi, offuscati sotto segnaletiche autostradali ben più squillanti.

> Riverbero di vetri
> di calce e segnaletica
> curve a gomito e incroci –
> rallentare, un semaforo –
> luce inquieta d'acrilici
> d'alluminio di plastica
> un olmo gigantesco
> non si sa come, intatto.[2]

Così ne parla pateticamente puntualizzando sul finire di un poemetto Tito Balestra.

Eppure ogni anno, proprio lungo la Via Emilia, vi si imbastisce l'importante cartellone teatrale di una regione che detiene il record territoriale di oltre cento teatri. Concentrati in città capoluogo di provincia, fra loro confinanti. "Tracce, segni di teatro si sono via via sedimentati nei secoli, hanno creato quella antica cultura teatrale cittadina che ha animato palazzi e ville, ha riempito teatri provvisori e stabili, ha generato artisti, attori e musicisti. Ha motivato e voluto, soprattutto, la costruzione di un teatro al centro della vita civile cittadina"[3] indistintamente in tutti gli agglomerati urbani importanti quali: Rimini, Cesena-Forlì, Imola, Bologna, Modena, Parma, Reggio Emilia, Piacenza. Non da meno i paesi più piccoli, di assoluto rispetto nella mappa della cultura teatrale, quali: Santarcangelo, Budrio, Longiano, Carpi, Bagnacavallo, Faenza, ecc. Ogni cittadina dell'entroterra o della costa, con più di diecimila abitanti, è sede di una o più compagnie teatrali e conserva un suo teatro storico. Ogni capoluogo di provincia ha la sua compagnia "tradizionale" a cui, per sintomi e accensioni, si aggiungono nuove compagnie motivate della così detta "ricerca e sperimentazione". L'intera regione è un cantiere teatrale animato da addetti ai lavori

---

[2] Tito Balestra, *Se hai una montagna di neve tienila all'ombra*, Garzanti, Milano, 1967, p. 115.
[3] Cesena Virtual Village, http://www.italiavirtuale.com/cesena/cultura/bonci.

che producono spettacoli oppure ospitano creazioni di altre regioni offerte in tournèe. Tramite i depliant di vari Assessorati l'Emilia Romagna è una regione che ama accreditare se stessa, come un "vero e proprio 'palcoscenico diffuso' per stagioni, festival e rassegne di vario tipo. Una delle regioni a più alta densità teatrale d'Europa." E questo, certamente, va visto come ricchezza, patrimonio culturale inestimabile.

Il sistema produttivo principale, a volerlo descrivere, ruota intorno all'ERT (*Emilia Romagna Teatro*), l'unico teatro pubblico regionale, che ha sede a Modena; mentre promozione e distribuzione degli spettacoli sono garantite da un altro organismo regionale, l'ATER (*Associazione Teatrale Emilia-Romagna*). Entrambe le associazioni usufruiscono di cospicui finanziamenti pubblici e operano per una solida sinergia fra istituzioni centrali e amministrazioni comunali, secondo meccanismi politici ed amministrativi (non sempre giudiziosamente separati) che favoriscono le arti sceniche. Altre due strutture pubbliche permanenti, *il Teatro Stabile di Parma* e l'*Arena del Sole* di Bologna, completano l'ossatura principale del teatro regionale che, teoricamente, dovrebbe soddisfare le aspettative di un pubblico motivato da un alto livello culturale, una robusta curiosità (a volte in vena di stravaganze) e un reddito invidiabile.

Buona parte dell'attuale sistema e distribuzione regionale, così come lo troviamo istituzionalizzato nell'Italia centro settentrionale, è nato agli inizi degli anni Settanta. Anticipato dall'esperienza di alcuni gruppi o personalità artistiche e amministrative che rompevano con il teatro di tradizione, inclusa l'attività dei primi teatri pubblici, e che si riconoscevano, in tutto o in parte, nel manifesto del Nuovo Teatro realizzato ad Ivrea nel giugno '67. Inoltre si è assistito, proprio in quel periodo, alla nascita di un pubblico teatrale del tutto nuovo, congiuntamente al "boom economico" e alla scolarizzazione universitaria di massa. Un pubblico di estrazione popolare che non si era mai seduto sui velluti rossi. E con esso un modo nuovo di far teatro, chiaramente congiunto alle spinte turbolente, in senso democratico, e alle modificazioni sociali del post '68. "Il segno del mutamento lo si leggeva soprattutto nel rifiuto dell'organizzazione istituzionale a favore di circuiti alternativi. Sulla scia della Comunità Teatrale dell'Emilia Romagna che svolse un intenso e coinvolgente biennio di attività, si moltiplicavano le cooperative autogestite, nascevano i primi 'gruppi di base', poi chiamati 'gruppi spontanei' e presto destinati a riconoscersi nel Terzo Teatro"[4]. Non a caso in un panorama così dinamico, effer-

---

[4]Franco Quadri, in AA.VV., *Le Forze in Campo: per una nuova cartografia del teatro: Atti del convegno, Modena, 24-25 Maggio 1986*, Mucchi Editore, Modena, 1987, p. 11.

vescente e ricco di mutamenti, due realtà come la Compagnia del Collettivo di Parma, o il Collettivo Teatrale Nuova Scena, sono poi divenute rispettivamente il Teatro Stabile di Parma e l'Arena del Sole Nuova Scena Teatro Stabile di Bologna.

Oggi, a seguito di accurati e dispendiosi restauri, molti sono i teatri storici che hanno ripreso l'attività. In buona parte sono documentati dalla bella mostra fotografica dell'Assessorato alla Cultura della Regione Emilia Romagna qui allestita. In essi prendono vita eventi d'importanza nazionale, per un pubblico che non si limita alla popolazione catastale del paese, ma che viene calamitato dal comprensorio provinciale e spesso dalle aree geografiche circostanti. Tante le manifestazioni che ogni anno si rinnovano, strillano dalle locandine o recenti web-site e video-clips aumentando, se necessario, il richiamo con l'offerta di spettacoli internazionali di pregevole qualità. Ne sono un esempio il *Teatro Festival di Parma*, tradizionalmente dedicato alla figura dell'attore e alla drammaturgia europea, che proprio quest'anno cambia rotta, dedicando gli undici giorni festivalieri a un progetto speciale che ha per titolo "Teatro e Cultura dell'Iran". Un'avventura insolita intesa a lacerare una cortina culturale che separa l'Europa e l'Iran. Per la prima volta compagnie del teatro ufficiale e popolare persiano verranno ad esibirsi in regione. Quindi il *Festival di Santarcangelo*, da sempre dedicato al teatro di ricerca e sperimentazione, dove nomi di compagnie internazionali e drammaturghi o registi di assoluto valore, che hanno fatto la storia del teatro europeo del secondo dopoguerra, si sono alternati con continuità durante trent'anni animando un'esperienza tra le più singolari nel panorama teatrale italiano ed europeo. "Il Festival ha ricreato l'atmosfera dell'incontro, dello scambio, dell'ospitalità, che apparteneva ed appartiene alle grandi fiere, quindi alla città. E lo ha fatto nel periodo estivo, quando i riflettori erano tutti puntati sulla costa"[5]. Così un Festival del nuovo teatro si è consolidato, registrando sino a 50.000 spettatori nelle edizioni più calde, come fucina teatrale di idee e talenti. Una normale 'eccezione' che compie la veneranda età di trent'anni, sotto la recente direzione di Silvio Castiglioni e codirezione di Massimo Marino. Un Festival che si regge sul consorzio di otto comuni della provincia di Rimini e venti sponsor pubblici e privati di livello nazionale. Va poi ricordata la prestigiosa rassegna dedicata al teatro d'animazione: "Arrivano dal Mare!", che ogni anno ha luogo nei bellissimi Magazzini del Sale di Cervia dove dà lustro e aggiorna i burattini di un tempo. Nè va dimenticato il primo *Centro Regionale della Danza italiano*, sorto all'inizio degli anni '90, come *joint-venture* della Regione Emilia-Romagna, dell'Ater e del Comune di

---

[5] Rita Giannini, *Una Storia Meravigliosa*, Sapignoli Editore, Forlì, 1993, p. 11.

Reggio Emilia, con un'attività cospicua di produzione, formazione, studio e ricerca della danza.

Quindi, non ultimo in ordine di importanza: il Teatro per ragazzi e giovani che in Emilia Romagna ha trovato un ampio terreno di diffusione, con cinque centri stabili di produzione che si occupano permanentemente della formazione del pubblico e dell'avviamento di una didattica teatrale nelle scuole: l'*Accademia Perduta* di Forlì, *La Baracca-Teatro Testoni* di Bologna, *Il Teatro delle Briciole* di Parma, *Teatro Gioco Vita* di Piacenza e il *Teatro Evento* di Casalecchio di Reno.

Ogni anno la gran kermesse teatrale conta più di cinquecento titoli, portati in scena da duecento compagnie. A queste vanno aggiunte diciassette opere liriche, allestite in sette teatri dedicati al belcanto e al melodramma. Solo uno spettatore 'virtuale' riuscirebbe a vedere o ad assistere a tutti gli avvenimenti. Per limitarci al settore musicale, a Parma, ad esempio, sono attive, fra le altre, La *Fondazione Arturo Toscanini* che è sede di due orchestre regionali di valore internazionale (una per la musica lirica e una per la musica sinfonica, con corsi di Alta Formazione in Orchestra Sinfonica, ANFOS) e *l'Accademia di canto "Giuseppe Verdi"*: la loro produzione è tale che spesso le proposte si sovrappongono.

Ma, stranamente, e lo si avverte specialmente indagando fra le compagnie più giovani, è un po' come viaggiare in un galeone carico d'oro e soffrire la fame. Al di là dell'impressionante efficienza organizzativa, ideativa e produttiva, (parzialmente elencata – scusandomi ovviamente con quelli non menzionati) esiste una crescente separazione fra gli esiti formali, le proposte allestite nella gran fabbrica del teatro e una richiesta di partecipazione che pulsa diversamente nelle compagnie più recenti:

> Il proliferare del teatro presenta un indubbio significato di contestazione dei mezzi di comunicazione di massa (cioè della loro gestione autoritaria, che è anche inefficace in quanto non può soddisfare un bisogno di comunicazione).[6]

Una galassia di registi, attori, compagnie e giovani spettatori, nata intorno alla metà degli anni Settanta-Ottanta, non si riconosce nelle scelte dei programmatori ufficialmente accreditati – sia nel merito organizzativo, nelle forme proposte e nei contenuti. Colpisce nel segno Tonino Guerra quando scrive: "bisogna tornare dove la parola è ridata alle nostre bocche e le immagini germogliano nella nostra fantasia".[7] Il meglio sembra non passi per la pur larga cruna di una democrazia basata sui principi del consumo. Creatività

---

[6]Antonio Attisani, *Teatro come differenza*, Edizioni Essegi, Ravenna, 1988, p. 16.
[7]*Programma Santarcangelo dei Teatri – 2000*

teatrale e ricchezza amministrata, ridistribuita secondo schemi sempre più coincidenti con quelli consumistici, sembra non si sposino. Da un lato c'è un vero e proprio brulicare di luoghi restaurati con vanto dalle amministrazioni pubbliche (non sempre becere e repressive), dall'altro ci sono le generazioni più giovani di teatranti che vorrebbero autonomamente caratterizzare e trasformare la natura di quei luoghi. Il semiologo Paolo Fabbri, presidente e docente del Dams (Dipartimento d'arte, musica e spettacolo dell'Università di Bologna) analizza il fenomeno e conclude:

> I modelli tradizionali di cultura sono in via di superamento: se negli anni Cinquanta il cinema era considerato la sintesi di tutte le arti, ora il mondo è diverso e sembra esprimersi al meglio nel teatro, dove si può far convergere di tutto e in luoghi non necessariamente 'teatrali'. Le culture giovanili innovative stanno affiancando le culture provinciali solide e capaci, ma senza cercare di comunicare.[8]

A sua volta, Oliviero Ponte di Pino in un libro curato qualche anno fa, a tutt'oggi insuperato per chiarezza e lucidità, parla del nuovo teatro come di

> un laboratorio in cui inventare una nuova grammatica spettacolare, scontrandosi con i moderni sistemi di comunicazione, tra simulazione e narrazione, riflettendo insieme i sogni e le inquietudini di una generazione, con le sue adesioni e i suoi rifiuti. È questo il teatro che hanno costruito coloro che si sono affacciati alle scene della ricerca alla metà degli anni Settanta.[9]

Da questo disagio nasce un autentico dibattito, ricco di scelte provocatorie, tensioni, forme teatrali produttive e contenuti imbastiti ai margini dell'ufficialità. Tra tradizione e visioni inedite del presente si assiste al proliferare di 'teatri storici' affiancati alla '*Romagna felix*' del nuovo teatro. Un fenomeno in parte analizzato da Gerardo Guccini, studioso dello sviluppo teatrale nel tempo in Romagna:

> In questi anni abbiamo assistito, specie in Romagna, a un radicarsi dei teatri di ricerca che ripropone in modo sorprendente, una situazione certamente analoga a quella verificatasi intorno alla seconda metà del Settecento, allorché in tale territorio si verificò

---

[8]Paolo Fabbri, "Il Sole 24 ORE on line", Cultura & Economia — Spettacoli, in http//www.ilsole24ore.it/archivio-osservatorio/os-emiliaromagna2.htm del 6/9/2000.
[9]Oliviero Ponte di Pino, *Il nuovo teatro Italiano 1975-1988*, Usher, Firenze, 1988, p. 16.

un moltiplicarsi di edifici teatrali che vennero fittamente utilizzati dalle formazioni autoctone.[10]

Una forma di teatro insorto (più che nato) all'inizio degli anni '80 grazie all'attività testarda e semi-clandestina di compagnie a conduzione famigliare (in questo vi è un certo legame con la tradizione del teatro all'Antica Italiana) e oggi, finalmente, di prestigio internazionale quali la *Società Raffaello Sanzio*, il *Teatro Valdoca*, nate all'ombra della rocca di Cesena e il formidabile gruppo ravennate *Teatro delle Albe* fondato da Marco Martinelli, Ermanna Montanari, Luigi Dadina, Marcella Nonni. Emblematicamente Giuseppe Bartolucci, uno dei critici più attenti al nuovo teatro italiano scriveva, a proposito della *Società Raffaello Sanzio* – nata nel 1981 da due coppie di fratelli: Romeo e Claudia Castellucci, Chiara e Paolo Guidi:

> Tiene molto alle sue origini, sia di natura culturale che di natura geografica. C'è in loro un modo di esporsi dal punto di vista del corpo e della voce che li riconduce ad una misura contadina romagnola; ma questo avviene più per sangue e per umore che per vera e propria corrispondenza sentimentale.[11]

Così come mi è capitato di scrivere del Teatro Valdoca, animato da Cesare Ronconi e dalla poetessa Mariangela Gualtieri, per un loro spettacolo dal titolo *Ossicine*:

> Danza giocosa ed esplorazione dei contenuti della favola, della vita arcaica e primordiale dove fare all'amore può significare anche fare alla morte, sono la ricetta e le preziose qualità di *Ossicine*. Uno spettacolo in sè felice che tende a tracciare la possibile rotta per un teatro che si apra a nuove o vecchie ma necessarie tendenze, perché si torni a passi di danza a far teatro.[12]

Ciascuna compagnia, a suo modo, ripropone e sottolinea una concezione particolare del ruolo del teatro: prima di definirsi da un punto di vista ideologico o estetico generale, esse si pongono come elemento vitale della società sotto casa (quella dei vicini e della propria città). Vi è un coinvolgimento diretto del pubblico del luogo, della città, nel percorso di ricerca della compagnia, un coinvolgimento che porta a un sorta di comune affinamento estetico che

---

[10] Gerardo Guccini, *Intervista*, in Eugenio Sideri, *Il nuovo teatro in Romagna*, Tesi di laurea Università di Bologna D.A.M.S., relatrice Prof.ssa Eugenia Casini Ropa, A.A. 1999-2000.
[11] Giuseppe Bartolucci, in AA.VV., *Il teatro iconoclasta*, Edizioni Essegi, Ravenna, 1989, p. 28.
[12] Walter Valeri, *Il sale della Valdoca*, in "Sipario Emilia-Romagna", supplemento n. 2, 1994, p. 9.

muove e si radica nel territorio stesso (basti pensare all'uso del dialetto, degli oggetti di scena, delle musiche), per poi dipartirne, trovando nel particolare, nel locale, il generale. È questa una strategia non priva di rischi ma è l'unica in grado di rilanciare il senso delle arti sceniche. Naturalmente queste tre compagnie non sono le sole di quegli anni; ma sono emblematiche di tante altre che qui, per ragioni di spazio, non vengono ricordate.

Alla fine degli anni '80, dai loro immediati dintorni, per mimesi o necessità, sono comparse altre e nuove compagnie di chiaro rilievo ed autorevolezza di discorso (sia produttivo che estetico) che nel linguaggio della critica ha preso il nome di *TEATRI 90*, dal titolo di una manifestazione milanese a cura di Antonio Calbi (prima edizione 1998). Scrive Cristina Ventrucci, in un articolo riassuntivo dal sottotitolo icastico: *Teatri, Malattie e Ferro in Emilia & Romagna*:

> Vent'anni di gruppi teatrali in Emilia Romagna significa anche il riecheggiare di frasi feroci, disciolte in rassicuranti arie di valzer; oppure parole dolcissime cantate alla cadenza di una macchina a vapore: significa usare come specchio il ritratto opaco dei CCCP fedeli alla linea, band musicale di etno-punk filo-sovietico legata personalmente a due gruppi fondamentali nella scena contemporanea come la Società Raffaello Sanzio e il Teatro delle Albe.[13]

Oggi lungo la Via Emilia, alle tre compagnie sommariamente definibili capostipiti, si aggiungono i *Teatri di Vita*, un teatro e una rivista di cultura e promozione teatrale animata da Stefano Casi e al tempo stesso officina di iniziative, festival e rassegne del teatro di sperimentazione e danza; i *Motus*, un gruppo salito alla cronaca nazionale con una recente produzione dal titolo alquanto programmatico *"O.F. ovvero ORLANDO FURIOSO impunemente eseguito da MOTUS"*, la cui versione video ha vinto il premio TTV di Riccione di quest'anno; *Gruppo di Lavoro Masque Teatro*, fondato nel 1988 da Lorenzo Bazzocchi e Catia Gatelli che reintroducono con forza il tema della macchina pensata drammaturgicamente e organizzatori di varie edizioni di un festival appartato ma importante delle più recenti esperienze dal titolo "CRISALIDE"; *Teatrino Clandestino* e *Fanny & Alexander* che con *"Romeo e Giulietta et ultra"* inaugurano sintomaticamente la BiennaleTeatro di Venezia, dopo essersi aggiudicati il prestigioso Premio Giuseppe Bartolucci nel 1997; *L'impasto* fondato nel 1995 da Alessandro Berti e Michela Lucenti, già memorabili per quel *Skankrèr* del 1996 – di cui vedremo uno spezzone in video – e un ciclo di esiti e

---

[13]Cristina Ventrucci, *Allerghia – Teatri Malattie e Ferro in Emilia&Romagna*, in "ART'O", numero zero, aprile 1998, p. 35.

ricerche culminate in *Terra di Burro* per Santarcangelo nel 1997; poi *Associazione Laminarie* di Febo del Zozzo, Bruna Gambarelli e Fabiana Terenzi nata agli inizi degli anni '90. A questa associazione dopo un lungo periodo di lavoro e ricerca teatrale associata al mondo infantile e *Tu, misura assoluta di tutte le cose*, è andato il *Premio Iceberg* come realtà emergente di evidente valore sociale del Comune di Bologna; poi *Terzadecade, Bobby Kent & Margot, Kinkaleri, Monica Francia, Silvia Traversi, Rose Rosse Internazionale*, e altri.

Una 'popolazione' di teatranti e pubblico, in qualche modo indipendente, che si spartisce il *continuum* di una regione-metropoli; ingloba e vivifica le memorie e le pratiche di luoghi teatrali (o pedagogie) a volte carsiche e labili, oppure di forte vocazione seminale. Referenti di questa popolazione sono le ricerche teatrali degli anni '70 fra cui spiccavano personalità come Dario Fo, Franca Rame, Carmelo Bene, Leo De Berardinis, Luca Ronconi, Eugenio Barba, Giuliano Scabia, sino ad Artaud e alle avanguardie figurative o letterarie europee ed americane degli anni '60.

Ultimamente si registra, come fenomeno non meno importante, la ricerca sull'uso dei dialetti in forma teatrale (mai abbandonati fra l'altro da autori quali Fo, Pirandello, Eduardo o Testori) e la rilettura del mito Greco; un modo per ricompattare le pulsioni proprie dell'universo assegnato a Dioniso, attraverso il suo potere evocativo, la sua funzione anarchico conservatrice profonda e il presente. Non a caso un altro straordinario poeta romagnolo, Raffaello Baldini, la cui opera già evidente crescerà, a mio avviso, in termini di importanza e guida nei prossimi anni, ha scritto tre monologhi teatrali rappresentati con grande successo dove il dialetto funge nuovamente da motore espressivo per ritrarre l'ordinaria creatura beckettiana a cui tutti, ormai, somigliamo: *Carta canta* e *Zitti tutti!*; a cui va aggiunto *In fondo a destra* – un monologo in italiano la cui struttura sintattica è chiaramente derivata da un 'parlare romagnolo'.[14]

Dal canto suo Marco Martinelli, uno degli attori-autori-registi di maggior spicco della nuova generazione, su di un programma-manifesto stampato in proprio nel 1996 (con la presenza di altri gruppi, quali: *Terza decade, Teatro del lemming, La nuova complesso camerata, Teatrino clandestino, Motus, Fanny e Alexander, Accademia degli artefatti, Aura teatro, Teatro dell'idra, Gruppo di lavoro Masque Teatro*) sotto il marchio di RAVENNA TEATRO scrive:

> Datemi un teatro che sia un mistero: come per gli antichi, un misto di oscurità e conoscenza. Datemi un teatro che abbia la

---

[14] Raffaello Baldini, *Carta canta, Zitti tutti!, In fondo a destra*, Einaudi, Torino, 1998.

disciplina dell'orgia sacra, in cui io possa godere fino in fondo, fino all'estremo dell'abbraccio con lo spettatore. Datemi un teatro che mi accompagni nella notte. Come le storie che gli anziani del villaggio raccontavano ai miei compagni africani. Un teatro per i cuccioli dell'uomo, accanto al fuoco, datemi un teatro che mi possa svegliare ogni giorno, che mi inizi ogni giorno al giorno e alla sua fatica, come le storie improvvisate del babbo narratore. Datemi un teatro per tutti quei dannati, come me, che non sanno cos'è un villaggio, che non sanno cosa sono le 'radici' e il 'popolo', che conoscono solo gli appartamenti e il loro orizzonte schiacciato, che invece con una comunità di presenze divine e di animali e di piante dividono lo spazio con il frigorifero la lavatrice e la televisione. Datemi un teatro da coltivare con pazienza, ogni giorno, un teatro che respiri insieme alla città, e alle sue generazioni, un teatro di vecchi e adolescenti, di capelli bianchi e di primi ardori sessuali, un teatro di sovversivi e di costruttori, in cui sia impossibile distinguere tra gli uni e gli altri, un teatro in cui i padri non divorino i figli, né i figli accoltellino i padri, un teatro così esuberante di storie e presuntuoso da porsi al di fuori della storia e dei suoi oltraggi... Datemi un teatro in cui, per magia, il tempo non conti e saltino i quadranti o tutti gli orologi.[15]

Gli esiti finali di un teatro così 'spesso' e 'imprendibile' non credo che possano essere descritti. Possono solo essere consegnati direttamente dalla scena agli spettatori, anche se esiste una vasta testimonianza cartacea, una letteratura calda, partecipata, ma, a mio parere, in gran parte insufficiente. Quindi vi propongo ora di guardare assieme alcuni brevi video, o frammenti di scene, scelte per esemplificare il contenuto di questa mia breve relazione introduttiva sulla Via Emilia e i suoi teatri. Sono spezzoni di spettacoli recenti dello *Stabile di Parma, Teatro delle Albe, Teatro della Valdoca, Motus, Masque Teatro, L'Impasto*. Altro materiale, ricevuto di recente, grazie anche a Fabio Bruschi direttore del TTV di Riccione, alla generosa risposta di tutte (indistintamente) le compagnie teatrali e teatri ufficiali interpellati, è a disposizione di quelli che vogliano visionarlo, presso l'Istituto Italiano di Cultura di Chicago.

---

[15] Marco Martinelli in http://www. teatrodellealbe.com

Motus, *Studi di Orfeo. Etrangeté: riflessi 999* (1999),
foto di Maurizio Buscarino

Motus, *Studi di Orfeo. Etrangeté: lo sguardo azzurro* (1999),
foto di Maurizio Buscarino

Nota sugli autori

Roberto Barbolini (Formigine, Mo, 1951), scrittore e giornalista culturale, è critico teatrale del settimanale *Panorama*. Ha dedicato saggi al fantastico letterario (*La chimera e il terrore*, Jaca Book, 1984; *Il riso di Melmoth*, Jaca Book, 1989) e ai miti del poliziesco (*Il detective sublime*, Theoria, 1988). Tra le sue opere di narrativa: *La strada fantasma* (Garzanti, 1991), *Il punteggio di Vienna* (Rizzoli, 1995), *Piccola città bastardo posto* (Mondadori, 1998).

Marco Belpoliti (Reggio Emilia 1954) ha pubblicato i romanzi *Quanto Basta* (Rusconi, 1989), *Italo* (Sestante, 1995) e i saggi *L'Occhio di Calvino* (Einaudi, 1996) e *Primo Levi* (Bruno Mondadori, 1998). Ha curato la nuova edizione dell'*Opera* di Primo Levi (Einaudi, 1997) e *Primo Levi, Conversazioni interviste 1963-1987* (Einaudi, 1997). Collabora a giornali e periodici, fra cui *La Stampa*, *il Manifesto* e l'*Espresso*. Ha fondato e dirige la rivista "Riga", di cui ha curato diversi numeri monografici (Delfini, Primo Levi, Calvino e la Rivista *Alì Babà*).

Daniele Benati (Reggio Emilia 1953) è lettore del governo italiano presso il MIT di Boston. Ha tradotto e curato opere di James Joyce, Flann O'Brien e Tony Cafferky. Un suo racconto è apparso nell'antologia curata da Gianni Celati, *Narratori delle riserve* (Feltrinelli, 1992). Sempre da Feltrinelli, nel 1997, ha pubblicato il volume di racconti *Silenzio in Emilia*. È stato redattore della rivista "Il Semplice".

Adria Bernardi (Highland Park, IL, 1957) è autrice del romanzo *The Day Laid on the Altar* (University Press of New England, 2000) e della raccolta di racconti *In the Gathering Woods* (University of Pittsburgh Press, 2000). Ha tradotto in inglese vari testi italiani fra cui *Adventures in Africa* di Gianni Celati (University of Chicago Press, 2000) e la raccolta di Tonino Guerra *Abandoned Places* (Guernica, 1999). Ha pubblicato inoltre un volume di storia orale su una comunità di immigrati dell'appennino modenese a Highwood, Illinois (*Houses with Names*, University of Illinois Press, 1990).

Alberto Bertoni (Modena 1955) è ricercatore presso il Dipartimento di Italianistica dell'Università di Bologna. Ha curato nel 1987 l'edizione *dei Taccuini 1915-21* di Marinetti (il Mulino). Ha pubblicato i volumi *Dai simbolisti al Novecento. Le origini del verso libero italiano* (il Mulino, 1995) e, assieme a Gian Mario Anselmi, *Una geografia letteraria tra Emilia e Romagna* (CLUEB, 1997). È redattore delle riviste "Frontiera" e "Origini" e, per l'editore Book, dirige la collana di poesia contemporanea "Fuoricasa". Come poeta è autore dei volumi *Lettere stagionali* (Book, 1996) e *Tatì* (Book, 1999), oltre che del libro+CD *La casa azzurra*, in collaborazione con il poeta Enrico Trebbi e con il saxofonista Ivan Valentini (Mobydick, 1997).

Luca Caminati (Genova 1965), laureato in lingue e letterature straniere all'università di Genova, sta terminando il dottorato in Italiano all'Università di Madison-Wisconsin con una tesi sulla rappresentazione dell'India in Pasolini e Rossellini e insegna italiano alla University of Florida a Gainesville. Si occupa in particolare di cinema italiano del dopoguerra, cinema documentario e orientalismo nel cinema e nella letteratura italiana.

Davide Ferrario (Casalmaggiore, Cremona, 1956), regista cinematografico e scrittore, è laureato in lingue e letterature straniere. Fra i film più recenti che ha diretto *Guardami* (1999), *Loro* (1998), *Figli di Annibale* (1998), *Sul 45° parallelo* (1997), *Tutti giù per terra* (1997), *Materiale resistente* (1995). Vive a Torino.

Sarah Patricia Hill (Auckland, Nuova Zelanda, 1971) ha conseguito un Master in Italiano alla University of Auckland, discutendo una tesi sul paesaggio nelle opere di Luigi Ghirri e Gianni Celati. Sta completando il dottorato presso il Dipartimento di Romance Languages and Literatures della University of Chicago dove continua ad occuparsi dei rapporti fra arti visive e letteratura.

Franco Nasi (Reggio Emilia 1956) è lettore del governo italiano presso la University of Chicago. Ha tradotto e curato opere di estetica e teoria letteraria di Coleridge, Wordsworth, J.S. Mill, e raccolte di poesie di McGough e Patten. È autore di *Stile e comprensione. Esercizi di critica fenomenologica sul Novecento*, CLUEB, 1999.

Davide Papotti (Parma 1965), laureato in Lettere all'Università di Parma, ha conseguito il Master in Italiano alla University of Virginia nel 1996 e sta terminando il dottorato di ricerca presso l'Università di Padova. Ha pubblicato il volume *Geografie della scrittura: paesaggi letterari del medio Po*, La goliardica pavese, 1996.

Davide Rondoni (Forlì 1964) è direttore del *Centro di poesia contemporanea dell'Università di Bologna* e svolge attività di consulenza editoriale. Ha pubblicato alcuni volumi di poesia, l'ultimo dei quali, *Il bar del tempo*, è uscito per Guanda nel 1999. Ha fondato e dirige la rivista trimestrale di letteratura "clanDestino" e la casa editrice NCE. Ha di recente curato un'antologia di scritti d'amore di Giacomo Leopardi (Garzanti), un libro-conversazione con Ezio Raimondi (Guaraldi), una versione poetica dei Salmi (Marietti). Con Franco Loi ha curato per Garzanti *Il pensiero dominante*, un'antologia della poesia italiana dagli anni '70 a oggi.

Walter Valeri (Forlì 1949) dal 1995 vive e lavora a Boston. Nel 1973 ha fondato a Cesenatico con Ferruccio Benzoni e Stefano Simoncelli la rivista "Sul Porto". Nel 1981 ha vinto inter-pares il premio di poesia Mondello con la raccolta *Canzoni dell'amante infelice* (Guanda). *Ora settima* (Edizioni Microprovincia 1998) è l'ultima sua raccolta di poesia. Da anni si occupa di teatro come scrittore, traduttore, organizzatore e critico. Tra le altre ricordiamo la sua lunga collaborazione con Dario Fo e Franca Rame.

Rebecca West è Professore di Italiano e Cinema alla University of Chicago dal 1973. Ha pubblicato numerosi articoli, da Dante al cinema italo americano di Scorsese e Ferrara. Fra i suoi volumi *Eugenio Montale: Poet on the Edge* (Harvard University Press, 1981), *Gianni Celati: The Craft of Everyday Storytelling* (University of Toronto Press, 2000), e la cura di *Women's Voices in Italian Literature* (numero monografico della rivista *Annali d'Italianistica*, 1989, curato con Dino Cervigni), *Pagina-pellicola-pratica: studi sul cinema italiano*, (Longo, 2000) e *The Cambridge Companion to Modern Italian Culture* (Cambridge University Press, in corso di stampa, curato con Zygmunt Baranski).

*This book was set in Microsoft Word
and QuarkXpress for Bordighera Press
by Deborah Starewich of Lafayette IN.
It was printed by Printing Services
of Purdue University,
West Lafayette
IN, U.S.A.*